컴퓨터와 통신의 새로운 결합

하모니시대

아노 펜지아스 지음
강 유 구 옮김

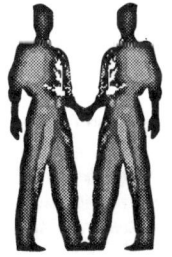

韓國經濟新聞社

역자의 말

　인간 활동의 여러 영역에서 모습을 드러내고, 또 새롭게 나타나는 움직임과 조짐을 포착해서 다듬어서 다져진, 그러나 경직된 독점권에 짓눌려서 개별적인 영역의 경계선을 감히 건너지 못하던 조직들이 이제는 하나둘씩 자신들이 그은 분할선을 지우고 폐쇄된 영역에서 빠져나오는 가운데 수많은 난제들이 태어나고 있다. 오늘날 우리는 증가하는 잉여 노동력, 문화 및 종교분쟁, 무자비한 경제전쟁·압력, 허물어지는 보호장벽, 핵무기와 핵연료에서 비롯되는 위험 등과 같은 쟁점으로 골머리를 앓고 있으며, 매순간 고민거리의 목록은 커져만 간다. 모두가 총체성을 외치면서 분할선을 지워가지만 그에 따라 구조 사이의 응집력은 약해지고 긴장은 오히려 고조되기만 한다. 세상은 탄성의 한계까지 늘어난 고무줄처럼 아슬아슬하기만 하다. 펜지아스는 이러한 전쟁터 속에서 새로운 기회를 건져올릴, 좀더 촘촘한 관계그물망 형성을 주장하고 나선다. 바로 컴퓨팅과 통신의 합병으로 이루어지는 전체적인 시스템 통합이 그것이다. 이 책은 그러한 통합작전의 실행, 위에 열거한 문제, 시스템 통합과정에서 발생할 수 있는 여러 가시 부작용에 대한 시니리오, 그리고 ㄱ에 따르는 해결방안 등을 펼쳐보이고 있다. 물론 그가 제시하는 진지한 밑그림에 덧칠을 하고 완성된 그림으로 이끌어내는 것은 오로지 우리들의 몫이다.

펜지아스가 일컫는 「하모니 시대」란 세계라는 그림을 이루는 개별적인 구성요소 간에 커뮤니케이션의 교량이 오밀조밀하게 건설되는, 그야말로 적절한 등가성의 원칙이 지배하는 조형적이고 유기적인 시대다. 컴퓨터를 기초로 하는 시스템 통합은 새로운 인권 개념을 창출해내면서 일상, 정치, 경제, 예술, 그리고 그 밖의 인간 활동 분야 사이의 간극을 그 어떠한 언어보다 더 적극적으로 좁혀나갈 것이다. 예컨대 이러한 세계를 건설하려면 기술을 생산하는 지식에 대한 대대적인 성형수술을 감행해야 할 것이다.

일반적으로 기초과학을 토대로 삼아온 —— 그리고 앞으로도 그럴 것인 —— 테크놀로지는 진리나 입장을 그 종착역으로 삼고 있지는 않다. 그것은 최소의 투입량으로 최대의 생산량을 올릴 수 있도록 설계되는 탄력적인 메커니즘이어야만 한다. 기업의 연구자금은 그 기업 내의 순이익으로 투자될 뿐 아니라 예상 순이익으로부터 선행투자되기도 한다. 신상품 개발에 요구되는 기술이나 기업의 조직 개선에 필요한 기술적·사회학적 지식을 생산하는 데 기업 자체에서 조달되는 자금은 필수조건이다. 상품이나 상품생산에 비효율적인 체제와 무관한 지식은 상품판매에서 비롯된 이익금으로 마련되는 자금을 받을 수 없게 될 것이다. 따라서 하모니 시대에 살아남아서 번창의 기회를 엿볼 수 있는 쪽은 고답주의를 고집하는 순수지식보다는 상품화될 수 있는 응용지식일 것이다.

사람들 사이의 물리적인 거리가 장방형의 작은 평면이나 좁은 가상공간 안에서 극복되어 나가는 지금, 컴퓨터로 재구성되는 세상을 걱정하는 이들의 목소리가 높다. 스스로를 환원주의자는 아니라고 밝힌, 인공지능의 아버지인 마빈 민스키(Marvin Minsky)는 언젠가 『인간의 마음은 살(meat)로 된 컴퓨터다』라는 말을 했다. 사실 기계적 모델을 토대로 인간을 재조명하려는 시도의 탄생은 컴퓨터의 역사를 훨씬 넘어서는 것이다. 더욱이 최근까지는 누구나가 『인간은 컴퓨터를 닮았다』라는 말을 한 번쯤은 듣고 말했을 정도로 인간과 컴퓨터가 대단히 유사하다는 생각은 통념화된 것이었다. 우리는 펜지아스의 「인텔리전트 관리자 시나리오」를 통해 컴퓨터에 대한 그의 시각은 분명 진화론적 과정을 거치면서 인간을 닮아가지만 결코 인간을 복제함으로써 인간을 대체시킬 수 있는 존재로는 보지 않는다는 것을 알 수 있다. 컴퓨터를 철저히 도구의 수준에 머물러 있도록 하는 것은 컴퓨터의 진화를 가로막는 우리의 방해도, 컴퓨터가 지닌 한계도 아닌, 바로 우리 스스로가 컴퓨터의 행동을 닮지 않는 것, 다시 말해 컴퓨터의 활동과 인간 활동을 혼동하지 않는 것이다. 펜지아스는, 컴퓨터의 행동을 결정하고 그 행동 실행이 지닌 의미를 아는 것은 컴퓨터 자체가 아닌 인간이라는 점을 강조한다. 그는 컴퓨터 테크놀로지가 아무리 발전하더라도 우리 모두의 목소리는 메아리를 잃지 않을 것이며, 우리 사이의 연대의식은 더욱 강화될 것이라고 확신한다. 이와 마찬가지로 이 책에서 펜지아스가 제기하는 수많은 쟁점 —— 조직의 구조에서 환경에 이르는 —— 과 그에 따르는 해결방안의 시나리오는 기업과 국가를 위한 새로운 기회, 그리고 더 나아가서는 개인 하나하나의 향상된 삶이라는 점에 초점을 맞추고 있다.

역자는 이 책을 번역하면서, 펜지아스가 노벨물리학상 수상자로서는 드물게 현대 산업기술 및 컴퓨터 기술의 과학적 배경을 쉽게 설명할 줄 아는, 그다지 많지 않은 인물 가운데 하나라는 생각을 했다. 그리고 그의 그러한 능력이 이 책을 여느 경영 관련서와 차별화시키는 듯하다.

1996년 9월

강 유 구

한국어판 서문

20세기가 지나고 21세기가 다가오고 있는 현재, 태평양의 서쪽에 위치한 국가들은 세계 경제무대의 선두로 나섰다. 한국은 그 국가들 중에서도 중심에 서 있다. 한국은 제강이나 조선과 같은 전통적인 「구식 산업」에서 컴퓨터 메모리 칩이나 전자제품과 같은 「하이테크」 산업에 이르기까지, 어떤 면에서는 그보다 훨씬 거대한 주변 국가들을 제치고 일어선, 소수의 세계적인 선두 주자들 사이에서 그 위치를 확고히 다져나가고 있다.

한국의 국민들, 우방 국가들, 그리고 한국에 대해 호의를 가진 모든 이들이 과거 수십 년간 한국이 이룬 성장을 만족스럽게 생각하는 것은 당연하다. 한국의 기업들과 세계적으로 퍼져 있는 그들의 파트너들은 정보혁명이 몰고 온 변화를 견뎌냈을 뿐 아니라 대체적으로 그것에서 기회를 찾는 데 성공했다.

그러나 미래에는 어떻게 될 것인가? 열의에 찬 모방자들이 오늘의 성공을 재현하기 위해 노력함에 따라 남보다 앞서 나가려면 단순히 길들여진 행동을 반복하는 이상의 그 무엇이 필요하다. 거대한 제강 공장과 컴퓨터 칩 생산 공장이 지구의 표면을 덮어가고 있으며 그 수는 앞으로도 더욱 늘어날 추세다. 따라서 테크놀로지의 진보가 정체된다 하더라도 오늘날의 승리자들은 이미 얻은 월계관에 만족할 여유가 없다.

그리고 정체 상태와는 반대로 테크놀로지의 움직임은 그 어느 때보다도 빠르게 진행되고 있다. 우리는 첨단산업 주식시장의 눈부신 순환을 통해 경제적 형세가 급변하고 있다는 사실을 알 수 있다. 혜성처럼 나타나서 한 해 만에 세계적으로 알려지고 수십억 달러의 규모로 성장하다가 다음 해가 시작되자마자 사라져버리고 마는 기업에 대해 우리는 무슨 말을 할 수 있을까? 컴퓨터와 테크놀로지가 우리의 작업장에 그 모습을 드러낸 지 4분의 1세기가 지났다. 그런데 하필이면 왜 이 순간에 그것들이 그토록 중요하게 취급되어야 하는 것일까? 그리고 더 나아가서 《하모니 시대》라는 책자가 그러한 혼돈 속에서 어떻게 적용될 것인가?

낯선 지역으로 들어섰을 때 대부분의 사람들처럼 나 또한 안내판을 찾으려 한다. 바로 지금, 나는 컴퓨팅과 통신의 합병이라는 중요 사건을 우리의 지표로 삼았다. 이 두 가지의 테크놀로지는 서로에게서 분리된 채 오랜 기간 동안 우리의 일터에서 유용한 도구로서, 그리고 우리의 가정에서 환영받는 문명의 이기로서 존재해왔다. 그러나 그것들이 합병될 경우에는 어떻게 될까?

전화기를 거쳐 홈 뱅크로 연결된 소형 컴퓨터처럼 현금자동지급기(ATM)는 전세계 시민들의 은행 업무방식을 바꾸어놓았다. 그 과정에서 한때는 전화를 받고 컴퓨터에 정보를 입력하던 수많은 일반 은행원들이 이 오래 된 두 가지 인공물의 합병으로 대체되고 있다.

이러한 변화는 너무 극단적인 예일까? 전혀 그렇지 않다. 수백만 명의 인터넷 사용자들에게 직접 정보접근을 제공하는 컴퓨팅과 통신의 합병은 셀 수 없이 많은 인간 중개자들, 조직들, 그리고 기업들을 제거했다. 이 합병 테크놀로지가 정보 사용자들에게 원천으로 통하는 직접 접근을 허용하기 전까지 그들 모두는 남들을 대신해 정보를 얻고 전달하곤 했다.

그러나 직접 정보접근은 새로운 사업과 새로운 직업을 창출하기도 한다. 예를 들어, 정보기술의 사용과 가장 밀접한 관계를 맺고 있는 미국의 경제는 매년 수백만 개의 새로운 사업 및 고용기회를 만들어낸다. 그것은 컴퓨터화에 의해 사라진 일자리보다도 훨씬 많은 숫자다. 이러한 환경에서 새로운 기회는 너무도 많다. 적어도 그 기회를 찾아서 개척하려는 준비가 되어 있는 이들에게는 말이다.

《하모니 시대》는 현재 진행 중인 상황과 그것이 의미하는 바를 알려주고, 한국의 국민들과 그들의 비즈니스가 현재의 혼란을 뚫고 미래로 나아가기 위한 방향을 잡을 수 있는 지침을 제공할 것이다. 사용자 자신, 여러 시스템, 그리고 자연환경과 함께 움직이는 재화와 용역은 단지 독립적인 방식에 국한되어 제 구실을 하던 전통적인 제공물을 퇴색시킬 것이다. 이 책에 소개되는 사례 가운데 대부분은 이러한 경향이 가장 두드러지게 나타나는 미국이라는 환경에서 나온 것들이다. 이 책이 한국 국민들이 스스로의 미래를 가늠하는 데 작은 도움이 될 수 있기를 바란다.

1996년 8월
아노 펜지아스

감사의 말

이 책의 구성 테마들은 빌 레이(Bill Leigh)의 올바른 조언과 통찰력 넘치는 비판에 힘입은 바 크다. 과학기술과 경제활동 사이의 상호작용에 관한 혼란스러운 소견들에 둘러싸여 시작하면서부터, 레이는 이 이야기의 본질을 정제해낼 수 있게끔 나의 발걸음 하나하나를 읽고, 행로를 수정하는 데 도움을 주기도 했다.

갓 부화한 생각을 믿고서 정열적인 관심으로 그것이 결실을 맺도록 도와준 애드리안 자카임(Adrian Zackheim)에게도 깊은 감사의 마음을 표한다. 출판에 앞서 자신의 표현 그대로 원고를 「이발」해준 샐리 아테세로스(Sally Arteseros)에게도 감사한다.

늘 그랬듯이 줄리아 헤이니(Julia Heiney)는 내 사무실의 모든 것(나를 포함해서)을 지속적으로 원활히 가동시키는 정규 업무에 덧붙여 한 권의 책을 만드는 데 필요한 가외업무까지 맡아주었다.

마지막으로 여러 가지 아이디어와 확고한 밑바탕이 되어주는 요소들을 찾아내고 짜맞추는 데 귀중한 시간과 통찰력을 제공해준 친구, 동료, 그리고 비즈니스 관계자들에게 감사한다. 그들의 이름을 모두 열거힐 수는 없지만, 그레그 블론더(Greg Blonder), 마틴 프랜스먼(Martin Fransman), 샌디 프레이저(Sandy Frazer), 피터 킨 (Peter Keene), 셔리 레빗(Sherry Levit), 애런 네트라발리(Arun Netravali), 토니 오팅거(Tony Ottinger), 래리 래비너(Larry Rabiner), 그리고 릭 라이트(Rick Right)에게 특히 감사를 표하고 싶다. 모두에게 감사한다.

머 리 말

고속의 광범위한 변화는 세계 경제의 모든 부분을 뒤흔들어놓는
다. 따라서 경제적 회복을 알리는 전통적인 징조들은 관련 수익자를
안심시키지 못한다. 그렇다면 이 실직 증가의 시대에서 기업가, 경
영자, 그리고 종업원이 확실히 믿을 수 있는 것은 무엇일까?

수십 년 간 세계의 기업 경영자들은 좀더 큰 효율성이 필요하다고
외쳐왔다. 그 결과 그들이 보게 된 것은, 이제 노동은 상당수의 직
무수행에 전혀 필요 없게 됐다는 사실이다. 그들의 처지에서 보면
정보 사용자들과 정보 공급자들이 단지 서로 의사를 소통할 뿐 그 사
이의 모든 단계들은 생략된다. 수백만 명의 사람들이 생계를 위해
여선히 서류를 뒤적이고 있지만, 점점 커져만 가는 변화의 신호를
아무도 무시할 수는 없다. 최근에 생겨난 도구만 보더라도 알 수 있
다. 팩스, 바코드 판독기, 현금자동지급기(ATM), 그리고 전자우편
등을 통해 더 많은 정보가 오갈수록 인간의 손을 거치는 과정은 더
간소해지고 있다. 어디에서 일하는 사무원이든 간에, 자신의 미래에
대해 의심을 품는 것은 그리 이상한 일이 아니다.

대부분의 사람들에게 정보혁명의 무성석인 측면은, 그것이 가져다

주는 이익보다 훨씬 명백히 드러나는 듯하다. 기업과 정부의 지도자들은 정보 초고속도로(Information Superhighways)의 출현을 환호하며 맞이하지만 구체적인 사항에 이르러서는 당황하지 않을 수 없게 된다. 어떠한 신상품과 새로운 서비스가 고객들을 끌어당기고, 투자가들에게 이득을 가져다 줄 것이며, 노동인구에게 의미 있는 새로운 직업을 제공할 것인가? 분명한 것은, 우리 가운데 소수만이 이런 저런 각본이 스스로 끝맺을 때까지 가만히 앉아서 기다리는 쪽을 택하리라는 사실이다.

투자가, 직장인, 그리고 구직자는 분명히 가능성이 아닌 통찰력을 토대로 그들의 돈과 경력을 관리해나가고 싶어할 것이다. 소비자들은 테크놀로지가 시장에 미치는 영향과 그것이 그들의 삶과 맺은 관계를 이해함으로써 이익을 얻게 될 것이다. 미래를 생각하는 시민들은 자신과 자녀의 앞에 무엇이 놓여 있는가를 확실히 보고 싶어할 것이다. 테크놀로지, 그리고 그것과 비즈니스와 경제학 사이의 상호작용은 과학 기술자들의 고유영역으로 남겨두기에는 너무나 중요하다. 특히 대변혁의 기운이 감돌고 있는 지금은 더욱 그렇다.

컴퓨터화와 고용감소 사이의 연관성에 대해 우리가 확신을 가지고 말할 수 있는 것은 무엇인가? 화이트 칼라의 해고는 비일비재한데도 불구하고 더 이상 사무실의 자동화에 대해 문제를 제기하는 사람은 없다. 심지어 가장 솔직한 인공 지능 매니아조차도 구매 담당자, 증권 분석가, 또는 지역 판매 관리자가 일상업무로 수행하는 과업들을 컴퓨터가 선택해서 절충적으로 처리할 수 있다고 주장하지는 않을 것이다. 그럼에도 불구하고 얼마 전까지만 해도 직장에서 바쁘게 일하던 사람들이 해고되는 상황을 목격하게 된다. 그리고 그들이 일했던 회사는 그들 없이도 계속 운영된다. 컴퓨터가 특정한 업무를 수행하는 인간 사무원을 대체하는 경우는 드물지만, 능률적인 정보 흐름은 잡다한 일들로 가득 찬 사무실을 불필요한 것으로 만들기에 족하다.

무슨 일이 일어나고 있는 것인가? 필자의 견해로는, 지금까지는 전통적인 컴퓨터가 사무의 속도를 크게 바꾸지 못한 듯하다. 1970년 대 이후 시작된 대대적인 컴퓨터 보급과 동시에 일어난 화이트 칼라 층의 고용증가를 생각해보라. 그러나 광범위한 변화는 그 이면에 숨어 있다. 특히 은행 업무, 계산서 작성, 여행권 예약, 그리고 목록 작성 등 중요한 기록 보관의 대부분이 이제는 컴퓨터화되기에 이르 렀다. 그리고 우리 삶의 행로를 결정하는 대부분의 거래가 최소한 하나 이상의 컴퓨터를 통해야 완결되기 때문에 모든 과업의 대부분 은 결국 그것에 알맞은 컴퓨터에게 명령을 내리는 것으로 요약되고 만다.

오늘날 이런저런 컴퓨터로부터 정보를 얻어내는 일은 일반적으로 인간 중재자라는 중첩층을 필요로 한다. 현재 이 중재자들——사 무원, 중간 관리자, 속기사, 주소·성명록 안내자, 교환수, 여행사 직원 등——은 「사무원」이라고 불리는 무리 중 대부분을 차지하고 있다. 지금까지 그 가운데 소수만이 컴퓨터 인터페이스의 역할을 시 작한 데 비해, 그들 주위의 컴퓨터 숫자는 엄청나게 증가했다.

모든 거래 기록을 컴퓨터에게 내맡긴 은행의 하루를 생각해보자. 고객의 예금액은 컴퓨터의 메모리에 저장된 숫자를 바꿈으로써 기록 된다. 은행은 신속한 처리를 위해 컴퓨터가 읽을 수 있는 기호로 입 금증을 번역할 데이터 입력자를 고용했다. 그러나 그의 업무는 오래 가지 못했다. 얼마 후 예금액은 금전 출납계원이 직접 터미널로 입 력해 넣음으로써 데이터 입력자의 기능을 대신 수행하게 되었다. 그리고 ATM이 등장하면서 고객과 은행 거래 기록 사이의 모든 작업은 생략되기에 이르렀다.

이러한 우회적인 처리는 서로 무관한 듯한 현상―― 예를 들면 조직 다지기(organizational flattening)와 품질의 마이너스 원가(negative cost of quality) ―― 의 한가운데에 존재한다. 예컨대, 후자는 결함 없는 VCR를 만드는 것이 결함 있는 VCR를 만드는 것보다 「돈이 적게」이 든다는 뜻이다. 그리고 나중에 다시 살펴보겠지만 컴퓨팅·통신혁신은 정보로 무장된 일본의 제조공장들이 기존의 미국 경쟁자들을 뛰어넘는 것을 가능케 해주었다.

미국의 생산자들이 실지(失地)의 일부분을 회복했다고는 하지만, 개조된 그들의 기업은 어쨌든 감원의 필요성을 느끼고 있다. 그리고 거기에 우리가 해결해야 할 문제가 있는 것이다. 재화와 용역의 생산에 필요한 인원이 줄어듦에 따라 전체 노동인구의 고용을 유지하기 위해서는 지속적이고 일정한 신상품의 흐름을 유지해야 한다. 이러한 기회는 어디에서 올 것인가? 거대한 세입의 물결로 인해 대부분의 기업은 기존 시장―― 이미 엇비슷한 상품으로 가득 찬 시장―― 에서의 점유를 유지하기 위해 안간힘을 쓰고 있다.

필자가 보기에 가장 유망한 기회는 오늘날의 재화와 용역의 주변, 그리고 그 사이의 틈새에 자리잡고 있다. 1985년 한 쌍의 젊은 부부가 그들의 차고에서 전자 사업을 시작했다. 10년이 흐른 후 〈월스트리트 저널(Wall Street Journal)〉지는 그들이 이룩한 시스코 시스템(Cisco Syatems)사의 자산을 50억 달러가 넘는 규모로 평가했다. 어떻게 된 것일까? 수십 개의 기존 컴퓨터 회사들이 네트워크에 연결할 수 있는 장비를 생산하느라 서로 경쟁하고 있는 동안 시스코의 젊은 개척자들은 여러 네트워크를 한데 연결하는 장치를 제작했던

것이다. 거대한 시스코의 경쟁자들은 기존의 제품을 판매하는 데만 급급한 나머지 그들의 기술이 지닌, 엄청나게 유익한 결점을 간과했던 것이다.

우리는 미래를 내다보면서 오늘의 단점이라는 씨앗으로부터 내일의 성공이 싹트리라는 것을 예상할 수 있다. 결점은 도처에 깔려 있다. 오늘날의 「고품질」제품 가운데 대부분은 설계자가 의도한 대로 그 기능을 수행하지만, 그러한 제품은 일반 사용자들을 당혹스럽게 한다. 시스템과 시스템 사이에 존재하는 골치 아픈 틈새들은 인간으로 하여금 어쩔 수 없이 그들 사이를 오가는 배달부 역할을 하게 한다. 오늘날의 병원을 보라. 여기저기에 「첨단 기술」장비가 있는데도 불구하고 의사와 간호원은 언제나 조잡한 종이뭉치를 뒤적거려야만 한다. 마지막으로 오늘날의 테크놀로지는 경제적 고려와 환경적 고려를 각각 반대편에 놓는 경우가 많다. 심각한 결점은 이러한 경쟁의 장에서도 그 모습을 드러낸다.

여기에 실업 번영(jobless prosperity)의 패러독스에 대한 해답이 있다. 참된 생산성이란 가치의 창출을 의미하는 것이다. 따라서 우리는 제품과 서비스가 그 자체로 끝나기보다는 인간의 삶의 질을 향상시키기 위해 존재한다는 사실을 기억해야만 한다. 낡은 패러다임에 사로잡힌 너무 많은 상품들, 그리고 너무 많은 생산자들이 공급 과잉 상태의 시장에서 경쟁하고 있다. 그러므로 우리는 불만족스러운 제품과 서비스를 구별해낼 줄 아는 넓은 시야를 가져야할 것이다.

나는, 우리가 이미 그 방향으로 움직이기 시작했다고 믿는다. 이 새로운 단계는 조화의 시기로서, 미래의 기업들은 글로벌 환경에 적합하면서도 인간과는 물론 제품 상호간에도 화합을 이루어나가는 물

품을 생산하게 될 것이다. 새로운 하모니의 시대(Era of Harmony)가 열리면 우리는 알찬 사회를 이룩하는 데 필요한 모든 기술과 능력에 합당한 일자리들을 생산해낼 수 있게 될 것이다.

나는 이 책이 우리 앞에 놓인 문제, 우리가 이용할 수 있는 기술, 그리고 그것을 가능케 하는 기회를 그려나감으로써 우리의 노력에 보탬이 되기를 바란다.

아노 펜지아스

차　례

대변혁

인간 수명의 세 배에 불과한 짧은 기간 동안 과학기술의 발달은 세 가지 분야에서, 즉 근대 농업과 제조 공업, 그리고 정보 분야에서 혁명을 불러왔다. 마치 비틀거리는 권투 선수처럼 우리의 경제는 정보혁명의 좌우 언터에 기우뚱거리고 있다. 처음에는 제조 공장이, 그리고 이제는 사무실이 그렇다. 1970년대 컴퓨터화된 제조업을 기점으로 모든 산업은 줄곧 대규모 강제휴업 사태에 직면했으며, 직무는 환태평양 지역의 한층 더 조직화된 제조 공장으로 이동해갔다.

사무실은 처음에는 영향을 받지 않는 듯했으나 1990년대 초반에 들어서면서 현저한 변화를 맞이했다. 그런데 이번에는 직무가 한 지역에서 다른 장소로 옮겨진 것이 아니라, 사람들에게서 그들의 편의를 돕는 컴퓨터에게로 옮겨졌다. 직접 정보접근이라는 새로운 방식이 성가신 서류사무를 폐기시켰으며, 결과적으로 회사는 수천 명의 고용인을 감원하는 일이 가능해졌다.

오늘날의 이러한 혼란에 직면한 현대인들은 좀더 단순했던 과거로의 회귀를 원하고 있다. 하지만 그들은 실현불가능한 일을 갈망하는 것이다. 혁명이 주도해온 변화는 이미 우리 생활에 너무 깊숙이 파고들었기 때문이다. 1960년대의 TV나 자동차와 같이 초라하기 그지없는 불완전의 상태로 되돌아간다는 것을 상상할 수 있을까? 물론 그럴 수는 없다. 오늘날의 소비자들은 질(quality)을 가장 기본적인 것으로 생각한다. 그리고 새로운 시장의 현실은 이제 사무 업무의 생산물에 대해서도 그와 동등한 극적 변화 —— 바로 내가 「하모니(harmony)」라고 부르는 것의 참의미 —— 를 강요한다.

우리는 이 하모니 시대의 다양한 국면을 앞으로 진행되는 여러 장(章)에서 탐구해나갈 것이다. 나는 하모니의 시대를 경제활동과 과학기술이 더욱 효율적으로 결합되는 시대인 동시에 기업이 관료제도를 향한 내부로의 시선을 거두고, 대신 눈을 바깥으로 돌려 고객을 바라보게 될 「탈서류사무(postpaperwork)」의 시대라고 본다. 그 결과 우리 앞에는 새롭게 약동하는 기회가 펼쳐질 것이다.

수십 년 동안의 침체기 이후 중간 관리자들 —— 적어도 여지껏 직업을 갖고 있는 관리자들 —— 이 과거보다 더 생산적으로 보이는 것은 틀림없는 사실이다. 오늘날의 노동인력은 환태평양으로부터 몰려든 고품질 제조의 도전에 가까스로 적응하자마자 전자산업의 폭발적인 성장에서 비롯된 것보다 더 큰 격변을 마주하게 됐다. 네트워크화된 세계에서 이루어지고 있는 경제활동은 광속으로 움직이지 않으면 뒤처지게 되는 위험부담을 안고 있다. 거의 정체되다시피 한 시장에서 자신의 점유율을 유지하기 위해 접전을 벌이면서, 변화에 대한 대항을 주장하는 사람들은 비용절감을 통해 이익을 증대시키려고 노력한다. 그리고 대체적으로 그런 방법이 결국 더 적은 노동자들로부터 더 많은 생산실적을 가져오도록 하는 것 또한 사실이다.

그런데 또 다른 사람들은 과학기술을 단순히 현재의 사업을 유지하는 방식으로 생각하기보다는 새로운 시장으로 향하는 길목 위에 놓인 디딤돌이라고 본다. 억만장자의 반열에 오른 열성 기업가들은 손에 꼽을 수 있을 만큼 소수인 반면, 백만장자는 부지기수다. 해고를 위한 방편, 그리고 동시에 경제의 새로운 기회를 마련하기 위한 도구로서의 과학기술은 일터의 모습을 현저히 바꾸어놓았다. 그리고 만일 오늘날과 같은 다음의 실례가 미래의 우리 경제상을 반영하는 것이라면, 그것은 단지 시작에 불과할 뿐이다.

정보접근

여전히 서류사무의 늪에서 헤어나지 못하고 있는 사무실들은 앞으로도 많은 변화를 겪어야 할 것이다. 약 30년 전 친구 하나가 펜실베이니아의 해리스버그에서 연료유 사업(fuel oil business)을 시작했을 당시에는 원료 공급지에서 유류를 트럭에 적재하는 과정에는 몇 장의 서류가 필연적으로 사용되었다.

그 시절 그 친구가 고용한 트럭 운전사들은 각 지역에 분포되어 있는 에소 유통 센터(local Esso distriburion center)에서 연료를 채워넣는 일을 했다. 운전사는 유통 센터의 사무실에 들러 부분적으로 완성된 몇 장의 카본 서류를 직원으로부터 받아들고 유류 펌프가 있는 곳――――매번 연료를 채운 후 펌프 기사가 분배량을 서류에 기록하는 곳――――으로 갔다가 다시 사무실로 돌아와야 했다. 숫자를 기입하고, 영수증 위에 서명하고, 카본지가 파손되면 부정이나 과실을 방지하기 위한 사본을 만들고, 점검했다. 이만하면 당시의 풍경을 상상할 수 있으리라.

오늘날 운전사들은 1960년대에 그들이 했던 것과 마찬가지로 여전히 같은 상표의 연료를 동일한 지역에 배달하고, 여전히 동일한 유통 센터로부터 그 연료를 수령한다. 그러나 유통 센터는 변화했다. 엑슨식 설비(Exxon facility)라고 불리는 유통 센터는 이제 더 이상 사무실이 필요 없게 됐다. 단지 한 명의 직원――――연료의 오용을 방지하는 안전 검사관――――이 있을 뿐이다.

각 운전사가 연료 펌프를 뽑아 호스를 연결한 후 얇은 홈에 회사 카드를 살짝 밀어넣기만 하면 연료가 흘러나온다. 연료가 다 채워지면 운전사는 카드를 회수하고 옆에 설치된 프린터에서 텍사스의 휴스턴에 있는 컴퓨터로부터 명령받은 계산서가 출력될 때까지 몇 초간 기다린다. 펌프 기사와 직원이 작성하던 모든 기록은 사라졌다. 펌프 기사와 직원, 그들의 동료와 관리자, 지역 사무실과 직원, 그리고 이제는 쓸모없어진 이들 서류와 관련된 인원, 그리고 정보를 관리하던 휴스턴 본부의 모든 사람들과 함께 말이다. 그들 대신 비교적 평범한 컴퓨터와 전화선으로 이루어진 네트워크, 이런저런 소프트웨어, 그리고 원격조정 입출력 장치가 모든 직무를 수행한다.

우리는 여기에서 직접 정보 연락망을 통해 업무를 단순화시키는 과학기술력의 명징한 실례를 보게 된다. 수많은 사람들이 고용되었다가 하루아침에 실질적으로는 텅빈 설비로 대체되는 것이다. 그래도 역시 기업은 돌아간다.

당연히 많은 사람들이 이 이야기의 어두운 면에 초점을 맞출 것이다. 『그와 같은 일이 내 직장에서 벌어지는 것을 어떻게 방지할 수 있을까?』좋은 질문이다. 내 견지에서 볼 때, 한 가지 형태의 정보를 컴퓨터로 입력시키는 과정에서부터 단지 다른 형태의 정보로 변화시키는 일에 이르기까지, 그 어떠한 업무에 대해서도 우려를 금할 수가 없다. 그러한 업무는 직접 접근방식(direct-access alternatives)을 이용하면 식은 죽 먹기 식으로 처리될 수 있는 것처럼 보이기 때문이다.

반면 신중한 독자라면 위험신호인 동시에 한편으로는 기회의 암시이기도 한 이 지평을 잘 살펴보기 바란다. 이 이야기에 등장한 휴스턴의 실례를 되새겨보라. 고작 몇 사람만으로 이제는 대륙 전체에 걸친 업무를 감시할 수 있다. 이러한 권한 부여가 당신의 비즈니스, 더 나아가서 현재 존재하지 않는 비즈니스에 어떠한 영향을 미칠 것인가? 세심하기 이를 데 없는 위험 회피자든 열성 기업가든 간에, 우리 모두는 컴퓨터를 이용해 필요한 정보로 접근함으로써 얻게 되는 위험과 기회에 대해 올바르게 이해할 필요가 있다.

약 한 세대 전 스탠리 큐브릭(Stanley Kubric) 감독은 그의 영화 〈서기 2001 : 우주 오디세이아〉에서 인간들과 할(Hal)이라고 불리는 컴퓨터 사이에서 벌어지는 흥미로운 지적 전쟁의 풍경화를 그려냈다. 지배권 장악을 향한 그 투쟁에서 용감무쌍한 인간 하나가 공학이 빚어낸 대항자의 지혜를 마침내 제압한다는 줄거리다. 그러나 그것은 컴퓨터인 할이 컴퓨터의 임무를 완수하기 위해 세워진 계획을 방해하려는 성가신 인간들 대부분을 성공적으로 사살하고 난 후였다.

사실 이 공상과학 영화가 그려낸 컴퓨터와 인간 사이의 경쟁은 오늘날의 직업 시장 안에서의 반향을 조명한다. 컴퓨터가 마지막 승리자라고 말할 수도 있을 것이다. 하지만 오늘날의 기계들은 할이라는 컴퓨터가 갈망했던 승리를 공표하기에는 여전히 지력이 부족한 형편이다. 몇몇 틈새 응용(niche application)을 제외하면, 할이 보여준 인공지능에 대한 웅대한 열망은 현대의 컴퓨터 과학 영역에서 크게 주목받지 못하고 있다. 재정적인 측면에서 보자면 인공지능으로 벌어들인 수익의 대부분은 이 전도 유망한 사업의 주식을 낙관적인 투자가들에게 매각해서 얻은 것이다.

그들이 가진 대부분의 에너지와 창조력이 이제는 주류 컴퓨터 과학분야로 집중되고 있다고는 하지만, 인공지능에 열광하는 적잖은 사람들은 여전히 처음의 환상적인 기대를 갖고 있다. 오늘날 일터를 지배하는 기계의 지능은 자랑할 정도는 못 된다. 부지런하지만 벙어리인 현금자동지급기(automatic teller machine : ATM)는 조용히 현금을 분배하고, 은행 구좌의 잔금을 점검하고, 영수증을 출력한다. 공상과학을 흉내내기에는 아직 빈약하지만 뉴델리에서 놈까지의 소액 은행업무(retail banking)를 근본적으로 변화시키기에는 충분할 정도의 기능을 지닌 것이다.

방금 언급한 연료유에 대한 이야기와 마찬가지로 ATM 방식은 연속적으로 진행되는 정보 전달방식(information hand-offs) —— 종이로 된 서류 중심의 정보 노동이라는 오랜 전통 —— 에 대해 결정적인 타격을 가한 실례다. 창구의 금전 출납계원에서 시작되어 은행의 원장부 관리자에 이르러서야 끝나는 인간 연쇄를 이제는 필요한 현금의 액수를 누르는 고객의 단순한 행위가 대신하는 것이다. 이는 은행 사이의 수많은 인습적인 거래도 불필요해진다는 의미다. 예를 들면 과거에는 휴가나 업무출장 도중에 타지역에서 현금을 인출할 경우 고객이 거래할 지역의 은행 앞으로 신용 보증 편지를 보내야 했다. 하지만 이제는 이리저리로 편지를 보내달라고 은행원에게 부탁할 필요가 없다. 그저 손에 들린 맛좋은 플라스틱 카드를 받아들일 ATM 기계를 찾아내기만 하면 되는 것이다.

오늘날 대부분의 정보전달 고리(information handoff chains)의 맨 끝부분에는 컴퓨터가 자리하고 있다. 컴퓨터에 저장된 문자열의 일부를 바꾸는 데 어느 정도의 수고가 필요할까? 자동차 가솔린 값을 지불하기 위해 수표장에 서명한다거나, 가까운 지역 전문대학의 야간 강좌를 신청한다거나, 마일리지 보너스를 바르바도스행 일반석 항공권으로 교환하는 일 따위를 생각해보자. 이와 같은 모든 일은 컴퓨터 내에 있는 기재 사항을 수정함으로써 이루어진다. 따라서 이와 같은 각각의 예를 통해, 그리고 그 밖의 일에서도 ATM 방식과 같은 간이화를 상상해볼 수 있다.

구식 은행처럼 현재 이와 같은 일은 서류사무의 시대에 생겨난 업무를 처리하는 많은 사람의 도움을 필요로 한다. 이 매개자들 가운데 상당수가 부가가치를 올리고 있는 것도 사실이다. 알뜰한 고객에게 값싼 전세 여행을 소개하는 유능한 여행사 직원을 예로 들 수 있다. 그의 업무는 최상의 거래를 위해 안내 책자와 업계 잡지를 면밀히 살피는 일일 것이다. 하지만 이런 종류의 일은 대부분 정보 포맷을 통한 취사선택적인 선별로 이루어져 있다. 정확한 확인이 필요한 다량의 우편물, 사전, 모든 종류의 광고, 정신 없이 오가야 하는 전화통화, 반드시 참석해야 하는 회의 등 고객을 대신해서 시간과 힘을 소비할 기회는 너무나 많다.

앞으로 종이로 된 안내 책자에서 전자 포맷으로의 변화가 도래할 경우 과연 이러한 일 가운데 어느 정도나 살아남을 것인가? 홈쇼핑 네트워크가 비디오게임과 유사한 대화 환경(interactive setting) 안에서 벌이는 하와이 여행 판매를 상상해보자. 대부분의 소비자는 자신이 찾는 정보에 좀더 직접적으로 접근하고 싶겠지만 그렇게 되면 데이터를 재포맷(reformat)하는 화이트 칼라층의 직장인은 부가가치를 높이는 또 다른 방법을 찾아야만 할 것이다. 좀더 직접적인 정보통로는 전통적인 고용 시스템을 과감하게 변화시키게 될 것이다.

위험과 기회

컴퓨터가 종이, 그리고 그런 종이를 이리저리 주고받는 사무원을 쫓아내기 시작하자 평생직장에 대한 보장은 이제 옛날얘기처럼 느껴진다. 오늘날 지식에 대한 폭발적인 습득과 응용은, 과거의 경험이 안내할 수 없는 생소한 지역으로 인류를 몰아넣고 있다. 자본가, 구직자, 부모, 경영자, 또는 단지 관심을 가진 시민으로서의 우리 모두는 그 동안 사용해왔던 기준만으로는 더 이상 우리의 움직임을 안전하게 관리할 수 없게 되었다. 예를 들어, 돈을 어디에다 투자해야 하는가? 오랜 기간 동안 좋은 실적을 기록하던 많은 우량주식이 심각한 고전을 면치 못하고 있다. 오늘날 우리는 파산하는 개인 기업뿐만 아니라, 단지 몇 개월이라는 짧은 기간 만에 대부분의 주주권을 상실해버리는, 오랜 역사를 지닌 은행과 항공 회사를 목격하게 된다. 그러나 앞으로 살펴보겠지만, 그 밖의 기업들은 성장했다. 특히 오늘날의 생산품과 서비스의 주변에서, 그리고 그 둘 사이에 있는 틈새에서 많은 기업들이 유리한 기회를 발견해낸 것이다.

오늘날의 구직자는 고용주를 선택할 때 어떤 점을 염두에 두어야 하는가? 과거 10년 사이에 최소한 한 차례 이상 감량을 실시한 기업들로 인해 미국 내 고용인구의 거의 절반쯤은 위기감을 느끼고 있다. 안정된 경영과 높은 이윤을 자랑하는 기업은 회사의 위기가 닥쳐오기 전에 감원조치를 취하기 때문에, 신중한 구직자라면 기회의 위치를 정확히 파악하고 함정을 피하기 위한 새로운 판단기준을 마련해야 한다. 예를 들면 회사가 고객의 욕구에 대한 광범위한 이해력을 지니고 있는지 정확히 파악해야 할 것이다. 내부 지향적인 (internally focused) 업무 형태——새로운 상품을 만들어내기보다는 서류 사무를 산출하는 경향——를 고수하는 회사의 앞날은 재난이 예정되어 있는 것이나 마찬가지다.

부모는 앞으로 다가올 세상에 대비해 자녀를 어떻게 교육시켜야 할 것인가? 과학기술과 경제활동에 필요한 기능은 너무 빠르게 변하기 때문에 학교에서 습득한 것만으로는 은퇴할 때까지 유효 적절히 대응해나갈 가능성이 희박하다. 지식 집약형 경제는 준비를 요구한다. 하지만 시대를 대표하는 경향은 어느 특정한 종류의 훈련방법을 다른 방법보다 더 선호하게 될 것이다. 특히 지금껏 타당하다고 인정받아온 지식의 대부분이 일생 동안 몇 차례에 걸쳐 바뀌리라는 전망이 지배적이므로 「어떻게 배울 것인가」를 아는 것이 가장 가치 있는 기술이 될 듯 싶다.

경영자는 경영전술을 짜내기 위해 어떠한 지침을 채택해야 하는가? 정보혁명은 분명히 상당수의 최고경영자에게 좌절을 안겨주었다. 그들 중에는 그러한 지위를 가져다준 확실한 신용과 그들에게 가해진 값진 충고에도 불구하고 힘겹게 발버둥치다가 실직한 이들도 있다. 그렇다면 하급 관리자의 곤경을 생각해보자. 나는 대항군의 무익한 후위대 편에 서느니 모든 관리자가 직접 정보 접근에 동참하는 것이 나으리라고 본다.

과거에 우리가 배운 것 가운데 대부분은 여전히 적용력을 갖고 있다. 결국 인류는 천천히 변할 수밖에 없는 것이다. 사람들은 여전히 일하고, 먹고, 잠자고, 사랑하고, 물건을 산다. 오랫동안 불평의 근원이 되어온 돈, 그리고 대중문화는 여전히 인류를 지배하고 있다. 경제 분야에서조차도 노동력과 자본, 수요와 공급 같은 전통적인 요인이 아직도 그 중요성을 잃지 않고 있다.

그러나 가속화하는 지식의 습득과 응용은 과거의 균형을 무너뜨렸다. 오늘날 현대 과학기술의 맹렬한 돌진이 지식을 너무 중요한 위치로 밀어올렸기 때문에 대부분의 인간 활동은 지식의 새로운 역할을 무시할 수 없을 지경에 이르렀다. 우리 시대의 지배적인 힘은 과학기술, 즉 지식의 응용, 그리고 그러한 힘의 풍부한 표본으로부터 흘러나온다. 우리는 영국 해협 아래에 터널을 건설하고, 생물의 유전 코드를 재배열했다. 우리가 쏘아올린 인공위성은 지구 주위를 돌며 모든 대륙을 환하게 밝혀준다. 지식을 소유함으로써 인류는 마치 자동차의 운전석에 앉은 것처럼 보이기도 한다.

게다가 과학기술이 그것을 소유한 사람들로 하여금 점점 더 많은 양의 지식을 얻게 하기 때문에 그 속도는 지속적으로 가속화된다. 정보기술 분석가인 피터 킨(Peter Keen)에 의하면 문자가 발명된 후 19세기 초까지 지구의 모든 문명이 생산해낸 것만큼의 새로운 텍스트가 이제는 날마다 출판되고 있다고 한다. 망원경이 우리가 사는 우주에서 가장 변두리에 위치한 은하계에 대한 세세한 화학적 분석을 가능하게 해주는 반면, 현미경은 인간으로 하여금 원자 하나하나에 근거를 둔 바이러스의 표면을 탐구할 수 있도록 해준다. 그 사이에서 전자통신은 지구의 구석구석을 눈 앞에 있는 TV 화면 만큼이나 가깝게 옮겨다 준다.

가장 중요한 것은, 엔진의 발명이 인간이 가진 근육의 범위와 힘을 증대시킨 것과 마찬가지로 인간 정신의 범위와 힘을 확장하도록 도와주는 기계, 즉 컴퓨터가 지식 건설의 수단이 되는 장비에 포함된다는 사실이다. 이 새로운 지식은 또한 더 많은 지식을 쌓는 데 도움을 주는 과학기술을 더 많이 창조해내도록 우리를 자극한다. 지식과 과학기술 사이의 이러한 상호작용은 그 자체의 폭발적인 관계 속에서 성장하면서, 지금껏 세계 경제의 근본적인 동력으로 활동해온 노동력과 자본을 밀어내기에 이르렀다.

농업과 제조 공업에서의 노동력에 대한 수요 감소로 인해 경제 선진국에서는 많은 노동자들이 실직상태에 처해 있다. 언뜻 보기에는 18세기 영국의 러다이트(Luddite)들이 방직 기계를 인간의 생계에 대한 위협으로 판단한 것은 잘못이라는 생각이 든다. 인간이 기계를 계속 가동시키기 위한 서류업무를 처리하는 데 반해, 기계는 물리적인 모든 일을 해낸다. 그러나 도처에서 서류의 양이 엄청나게 늘어날 경우 서류사무——조직체가 조직 내적인 필요를 충족시키기 위해 산출해내는 비생산적인 직무——는 더 이상 필요 불가결한 것이 아니다. 그러므로 우리가 이미 주목한 바와 같이 많은 중간 관리자들의 불필요성이 부각되면서 동시에 실직을 맞게 되는 것이다.

동시에 다른 사람들은 인습적인 지혜가 놓쳐버린 정보 격차를 메울 유익한 방법을 찾는다. 예를 들면 하워드 털먼(Howard Tullman)이라는 젊은 사업가는 자동차 보험회사가 보험 계약자에게 파손차량에 대한 보험금을 지급하기 위해 사용하는 가격기준표가 발행을 거듭하면서 유효성을 다소 상실했고, 지역적인 차이점——예를 들어, 한겨울의 밀워키와 마이애미에서 서로 다르게 나타나는 컨버터블 승용차의 가격 차이——을 상실했나는 네 착안했다. 그리한 기회를 포착한 그는 자동차 보험회사들을 대신해 가격기준표를 개량하는 「공인 부(副)저당 주식회사(Certified Collateral Corporation : CCC)」를 설립했다.

CCC는 출장사원과 전화조회를 통해 사실상 미국 전역의 중고 자동차 판매장에 있는 자동차들의 최신 재고품 목록——제작 연도, 형(model), 선택사양, 그리고 새로운 소유주가 지불할 가격 등에 대한 목록——을 구비해놓고 있다. 실제로 CCC를 통하면 이른바 블루 북(Blue Book)에 기입된 가격보다도 300달러 정도 싼 가격으로 자동차를 구입할 수 있다. 「박살 난(totaled)」자동차가 매년 100만 대에 이른다는 사실을 생각할 때 자동차들을 대체해주어야 하는 보험회사로서는 상당한 액수의 이익——CCC가 제공한 서비스 비용을 감안하더라도——이 되는 것이다.

보험 계약자들은 보험금을 지급받거나, 아니면 가까운 자동차 판매소를 통해 그들이 잃은 것과 동일한 자동차나 그와 비슷하지만 오히려 1, 2년 뒤에 출시된 새 자동차를 얻기도 한다. 자동차 판매업자는 차를 팔 수 있어서 좋으며 CCC가 보유한 최신 재고품 목록으로부터 도움을 받아 더욱 편리하다. 결국 정보는 가치 있는 것이다.

그러나 희망의 주위에는 도처에 불안이 자리잡고 있다. 로버트 레이(Robert Reich)에서 피터 드러커(Peter Drucker)에 이르는 경제 이론가들은 정보 노동자를 우리 시대의 핵심적인 자원으로 평가하는 반면에, 고용주들은 고용 인원을 줄이는 데 총력을 기울이는 것이 세계적인 추세인 듯하다. 그것은 경기의 주기적인 하향세인가, 아니면 정보 노동의 본질에서 비롯되는 근본적인 변화인가? 어느 쪽이 맞든 상관 없이, 지금까지 일어난 모든 사태는 우리에게 최대한 많이 배울 수 있는 기회를 제공해준다.

변화의 바람

오늘날 우리는 「혁명」이라는 것을 날마다 의례적으로 일어나는 현상으로 생각한다. 1960년대와 1970년대에 대중문학에서는 사무실 업무(office work) 분야에 컴퓨터와 전자통신이 일부 쓰이게 된 사실을 놓고 혁명이라는 말을 사용했다. 모든 주요 기업들은 이미 컴퓨터 센터를 보유하고 있었기 때문에 어떻게 생각하면 더 이상 일어날 수 있는 일은 아무것도 없는 듯이 보이기도 했다. 곧이어 사무실에 등장한 PC조차도 잔물결 정도를 일게 했을 뿐이다. 이른바 정보혁명은 1980년대의 어느 순간에 이르러서야 비로소 성과를 이룬 것처럼 보였다.

그러나 혁명의 끝은 당연히 안정의 시대를 약속해야만 한다. 혁명 도중에 일었던 거친 물결이 조용한 상태로 가라앉아야만 하는 것이다. 그러나 세계 경제는 새로운 힘의 집합체에 에워싸인 국가들과 기업들로 이루어진 혼란 속에 놓여 있다. 전통적인 경제학은 경제 성장기에는 고용률이 증가할 것이라고 예측한다. 그러나 미국 경제(corporate America)가 잉여 직원들에 대한 대규모 감원조치를 시작한 깃은 비교적 순조로운 시기였던 1980년대였다. 바로 그 시기에 〈포천(Fortune)〉지에 선정된 500대 기업들은 400만 명의 직원을 감원시켰다. 그러한 실직 사태가 경쟁적인 압박감을 부추긴 원인이 되었다. 매출과 소득이 전체적으로 뚜렷한 상승세를 보이자 미국 내의 주요 기업들은 종업원 수를 억제함으로써 스스로의 비용 경쟁력을 더욱 높인 것이다.

다른 전략을 채택한 기업도 있었다. 만약 1992년의 유럽 동합 전

략이 성공적이었더라면, 주요 과학기술 관련산업——— 집적 회로,
컴퓨터, 전자통신, 소비자 전자공학 등——— 의 국내 활성화에 몰두
한 유럽 국가 간의 협력은 미국과 일본에 만만찮은 위협이 될 수 있
었을 것이다. 그러나 유럽의 실업률은 1990년대 초반 두 자릿수로
치솟았다. 유럽 경제공동체(European Economy Community :
EEC) 국가들이 그들에 비해 상대적으로 불리한 처지에 있는 주변국
들로부터 유입되는 임시직 노동자들의 흐름을 남쪽으로 바꿔놓음으
로써 실업문제를 부분적으로나마 해결하지 못했다면 그 비율은 좀더
높아졌을지도 모른다.

장기간 계속되어온 일본의 경제적 성공 또한 어려움을 겪고 있
다. 지속적인 성공을 거듭해온 닛산 자동차(Nissan Motors)와 같은
기업조차도 한 세대가 지난 후에야 비로소 실패를 처음으로 공표했
다. 도쿄 증권시장의 주가 폭락은 쇠약해지는 경제를 지지하고 어두
운 미래에 대한 불안을 완화시키기 위한 정부 차원의 대대적인 지원
계획을 마련하게 했다. 그 후 일본의 경제적 전망이 밝아진 것을 볼
때, 우리가 배워야 할 교훈은 자명하다. 과거의 성공이 안전한 미래
를 보장할 수는 없다는 것이다.

세계 경제가 어떻게 될 것인가에 대한 단서를 찾을 경우 우리는
제조 공업 분야에 불어닥쳤던 변화의 물결로부터 지혜를 얻을 수 있
다. 과학기술의 진보는 과거에 들였던 노력보다 훨씬 적은 노력만으
로도 경탄을 금할 수 없는 물질적 재화——— 더 효율적이고, 더 안
정적이고, 기존의 것보다 생산비용이 훨씬 저렴한 재화———를 생
산할 수 있게 한다.

값비싸 보이는 시계들이 세계 어느 도시의 길가에서나 염가로 팔
리는 것을 생각해보라. 뉴질랜드의 오클랜드나 네덜란드의 암스테르

담, 또는 뉴멕시코의 알버커르키에서는 롤렉스와 꼭 닮은 손목시계를 20달러 정도면 구입할 수 있다. 많은 사람들이 그런 시계를 구입한다. 길가의 행상인이 판매하는 시계일지라도 배터리의 수명이 다하기 전까지는 변함 없이 정확한 시간을 알려주기 때문이다.

이른바 지하경제의 이러한 고질적 특징은 기적에 가까운 제조 공업의 효율성 때문에 가능한 것이다. 잠시 우리의 경제학을 거꾸로 돌려보자. 행상인은 30달러에는 흔쾌히 시계를 팔지만 20달러 이하로는 물건을 파는 경우가 드물기 때문에, 중개상으로부터의 구입 가격이 10달러를 넘지 않는다고 추정할 수 있다. 그렇지 않다면 행상인과 공급자는 이윤을 남길 수 없을 것이다. 포장 상자, 시계줄, 분자반, 유리 덮개, 그리고 조립 원가를 제한다면 전동 장치의 원가는 조금밖에 안 된다. 그런데도 전동장치의 생산자들은 터무니없이 싼 가격으로 전동장치를 공급하는 것이다.

어떻게 된 것인가? 저가 시계의 완제품은 대개 저임금 국가에서 소규모의 열악한 공정을 통해 유입되는 반면, 시계를 움직이는 전동 장치는 일본이나 스위스의 정교한 공장에서 생산된다. 산업 분석가들에 따르면 이와 같은 선진 공장에서 시계의 전동장치를 생산하는 비용은 모든 부품을 포함하더라도 신문 한 부의 가격보다 낮다고 한다. 그렇다면 부품 목록을 살펴보자. 배터리, 배터리 홀더, 눈금이 정해진 수정 진동자, 발진 회로, 계수 장치, 디바이더, 증폭기, 스테핑 모니터, 감속 기어, 그리고 그러한 부품들을 하나의 완성체로 꾸미는 데 필요한 하드웨어 등이 있다.

불가능한 얘기라고 말할 수도 있다. 그러나 도시의 상가를 거니는 동안 유심히 살펴보라. 시계를 선택하는 과정에서 스타일과 외형은 면밀하게 살피겠지만, 메커니즘의 정밀성은 이미 낭연한 것으로 여길 것이다. 각각의 전동장치 ——— 부속을 포함한 ——— 에 소요되는 노동시간은 단지 몇 분에 불과하기 때문에 제조업자는 그러한 전동장치에 대한 약간의 수리나 조정도 가할 수 없다. 똑같은 전동장치가 값비싼 시계 속에 내장되는 경우에도 그것을 감싼 고급 장식이 단가가 낮은 내부의 전동장치를 숨겨주는 것이다. 이미 그들이 만드는 시계가 완벽한 것이기 때문에 더 비싼 전동장치는 경제적인 측면에서 아무런 이득이 없다. 게다가 더 질 낮은 전동장치를 생산하려면 더 높은 생산비용이 들기 때문에 한 가지의 전동장치만으로도 충분한 것이다.

손목시계 전동장치 생산자의 놀라운 성공을 가능하게 한 것은 무엇인가? 값싼 노동력? 전동장치를 구성하는 각 요소를 제작하는 일은 상당히 어려워보이기는 하지만 실제로 많은 돈이 드는 것은 아니다. 대량의 자본? 자산에 대한 관심은 가격을 과다하게 높이는 원인이 될 수도 있다. 그렇다면 성공의 원천은 제조 공정 자체의 향상에 있는 것이 아닐까? 전동장치 생산자측의 기술자들은 초저가 조립에 필요한 그들의 지식과 세계 곳곳에서 조달된 부품을 짜맞추어 어떠한 노동과 돈으로도 흉내낼 수 없는 결합을 성공시킨 것이다.

최근까지 그와 비슷한 수익성을 자랑할 수 있었던 사무 관리자들은 극소수에 불과했다. 그러므로 통속적인 상상력의 사양화에 반해, 현대의 제조업자들은 앞에서 언급한 바와 같이 이미 1970년대와 1980년대를 거치는 동안 서류사무의 범위를 훨씬 넘어서는 혁명적인 변화를 경험했다. 그렇다면 과연 어떤 일들이 일어났는지 살펴보도록 하자.

최초의 정보혁명

　대부분의 인류 역사에서 더 많은 식량과 인공물에 대한 영속적인 요구는 개인이나 경제적 단위가 생산할 수 있는 재화의 양으로 경제적 성공을 평가하게 해왔다. 생산력의 증대가 가져다 준 풍요함에도 불구하고 경제적 선진국가에서 이미 그러한 「양(量)」의 시대는 종말을 고했다. 오늘날에는 자동차, TV, 그리고 서로 경쟁하는 패스트푸드 등이 흘러넘치기 때문에 「양」만으로는 생산성을 평가할 수 없게 되었다. 양 대신에 「질(質)」이 결정적인 쟁점으로 등장하여 그 자리를 대신 차지했다.

　테크놀로지를 향상시키는 데 가장 크게 공헌한 것은 인간의 배신이다. TV가 처음 등장했을 때 열성적인 소비자들은 앞다투어 TV를 구입하기 시작했다. 제조회사들은 가능한 한 최대속도로 제품을 만들어냈다. 물론 나중에는 잦은 고장이 문제점으로 부각되었고, 결국 고급 제품이 구식 제품을 시장에서 몰아냈다. 혁명적인 변화는 새로운 시대의 도래를 예고하면서 시대에 뒤진 사람들을 몰아낸다. 품질을 우위에 두는 생산자들이 시장을 점유하기 시작하자 여전히 양의 개념에 집착하던 사람들은 패배를 밋보게 되었다.

　점점 불어나는 소비자들의 불만족에 대한 관심 부족이 패배의 원인이었다는 사실을 깨닫기는 쉬운 일이다. 제품의 양에만 집착했던 생산자들은 여전히 진부하고 낡은 세계관 속에 안주한 채 명확히 모습을 드러내기 시작한 품질로의 변화에 대한 징조를 간과했다. 일정한 규칙을 지키는 시합에서 이겼다는 사실 때문에 또 다른 규칙이 적용되는 게임을 준비하는 데 소홀했던 것이다. 양보다는 질이 우선되어야 한다는 법칙이 제품의 가치를 결정하는 데 결정적인 요인으로 작용한 것이다.

양에서 질로의 전환은 한 시대의 종말과 또 다른 한 시대의 시작을 경계짓는 것으로 보인다. 두 시대를 자세히 살펴보면 19세기의 산업혁명 당시 대량 제조 공업이 과거의 가내 공업을 일소했을 때의 변화만큼이나 의미심장하고 근본적인 변화를 발견할 수 있다(〈표 1-1〉).

물론 위의 항목들을 계속해서 엄밀히 살펴보겠지만 먼저 한 번 훑어보는 것이 곧 이어질 토론의 틀을 가늠하는 데 도움이 될 것이다. 지금 당장은 생활의 변화를 생각해보면 된다. 생애를 거듭하면서 축적한 인습적인 지혜는 효력을 상실했다. 이러한 사실은 산업혁명 당시에 확립된 진리를 뒤흔든 대격변을 떠올리게 한다. 그리고 이미 말했듯이 생존은 비즈니스를 하는 데 새로운 방법을 요구하는 것이다.

그러나 가치 있는 배움에는 노력이 필요하다. 미국 제조업에서 질에 관한 연구는 1930년대부터 시작되었다. 그러나 품질 분야의 초기 주창자들이 저술한 책이 도서관에 진열되어 있음에도 불구하고 미국

〈표 1-1〉 양과 질의 시대 비교

양의 시대	질의 시대
생산 기계적 테크놀로지	프로그램 가능한 제어
규모의 경제	속도의 경제
사전계획 강조	고객의 의견 및 반응 강조
계급 중심적 구조	팀 위주의 조직
크기에 의한 가치	수행능력에 의한 가치
서로 고립된 테크놀로지	테크놀로지의 부분적 일치
환경에 대한 개발	환경보호에 대한 관심

의 가전제품 산업은 외국 경쟁자들——— 앞에서 언급한 책에서 품질 향상의 중요성을 배우고, 그에 따라 고품질의 제품을 생산해낸 경쟁자들——— 에게 사실상 시장의 전부를 잠식당하고 말았다. 변화의 물결에서 무엇인가를 배우는 능력이 중요하다는 사실이 확인된 것이다. 새로운 아이디어를 흡수해서 실행할 준비태세를 갖춘 사람만이 계속해서 닥쳐올 변화에 적응할 수 있는 가능성이 있는 것이다.

두번째 정보혁명

다시 강조하건대, 우리가 주목하는 것은 현상태의 경제난이다. 신문의 가전제품 광고를 보라. 선택의 범위는 넓어졌고 소비자들이 선택하는 제품의 질에 대해 그다지 심사숙고하지 않아도 될 정도로 제조상의 결점은 사라졌다. 이러한 환경에서 소비자들은 다른 문제점에 더 큰 관심을 갖고 있다. 즉「현재 내가 보유한 TV에 이 비디오 디스크 플레이어를 연결할 수 있을까?」, 또는「설명서를 제대로 이해하지 못하면 누구에게 연락을 취해야 하나?」와 같은 문제점이 대두된 것이다.

이유가 없는 것은 아니다. 통찰력 넘치는 시각으로 현대의 인공물을 다룬 저서《일상 속에서의 디자인(The Design of Everyday Things)》에서, 저자인 도널드 노먼(Donald Norman)은『대부분의 설계자들은 제품의 사용자인 비전문가의 진정한 요구보다는 전문가인 동료들로부터의 갈채에 더 큰 의미를 둔다』라고 했다. 그 결과는「컴퓨터 지식」의 부족으로 인한 불안에서부터「인간의 자체적인 오류(human error)」가 원인인 극석인 시스템 실패에 이르기까지 매우 다양하다. 흔히 볼 수 있는 VCR일지라도 대부분의 사용자들은 조작하는 데 어려움을 느끼고 있다.

과학기술과 사용자인 인간 사이의 성가신 불협화음과 아울러 과학기술과 자연의 충돌 또한 목격할 수 있다. 사려 깊은 소수의 사람들은 자연의 변덕으로부터 문명을 보호하는 데 과학기술의 도움을 받는 것을 환영하지 않겠지만 우리 주위에 환경을 경시하는 무서운 예는 너무나 많다.

마침내 테크놀로지는 상호간에 반목하는 것처럼 보인다. 개별적으로 착상된 시스템들은 상반되는 요구사항을 해결하기 위해 지속적으로 대중에게 책임을 전가시킨다. 병원에서 전형적으로 목격할 수 있는, 소름끼치는 정보 단절을 주목해보자. 값비싼 장비로 가득 찬 각 층에서 갈겨쓴 기록을 손에 든 직원들은 이 컴퓨터 스크린에서 저 컴퓨터 스크린으로 옮겨다니며 허둥지둥한다. 기계들은 제각기 다른 세상에 있는 것처럼 느껴진다.

엄청난 진보에도 불구하고 현대의 테크놀로지는 여전히 인간의 요구를 만족시키기에는 터무니없이 부족하다. 인간, 자연, 그리고 테크놀로지의 화합이라는 삼중의 작업은 우리에게 매력적인 목표를 제공한다. 과학 기술자들의 노역은 고달퍼보이지만, 작은 것에 만족할 수는 없는 노릇 아닌가? 결국 진보는 일반적으로 불만족에서 시작되는 것이다.

그러한 불만족은 가치 방정식(value equation) 내부로부터의 새로운 변화를 예고한다. 양에서 질로의 이동은 어떤 이들에게는 기회를, 또 다른 이들에게는 불운을 가져다 주었다. 이와 마찬가지로 새로운 패러다임(나는 이것을 하모니라고 표현한다)에 일찌감치 적응하려는 사람들은 점점 커져만 가는 불만족이 존재하는 오늘날, 다산을 위한 비옥한 토지를 찾아야 한다. 어떤 이들에게는 하모니로 향한 움직임이 품질 향상으로 나아갔던 때의 자연스러운 확장을 떠올리게 할 것이다. 어쨌든 VCR 사용자들이 기계의 특정한 기능을 사용하지 못하게 되면 그 기능의 조종장치 역시 도태되지 않겠는가.

오늘날의 경영학 문헌에서 우리는 이미 그러한 하모니 개념에 부합되는 개별적인 요인들을 발견할 수 있다〔「사용의 간편함」, 「시스템 통합」, 「환경상품(green manufacturing)」 등〕. 새로운 패러다임에 대한 요구는 점점 커져가는 것 같다.

오늘날 세계적 비즈니스 공동체 ─── 특히 경쟁을 정부의 보호에 의존하는 공동체 ─── 의 일부는 여전히 양에서 질로의 변천이 완전하게 이루어지지 못한 상태다. 그러나 변화의 속도가 가까스로 숨쉴 공간을 마련해주고 있다. 품질의 시대를 구성하는 요소가 거의 남아 있지 않은 지금의 상태, 내일의 테크놀로지를 대변할 테마인 컴퓨팅과 통신기술의 합병으로 움직이는 이러한 상태에서는 새로운 매개변수의 등장이 필요하다.

사람들에게 좀처럼 편안함을 선사하지 않는 것이 변화라고는 해도 막연히 지켜보고만 있다는 것은 오히려 상태를 더 악화시키지 않을

〈표 1-2〉 질과 하모니의 시대 비교

〈질의 시대〉	〈하모니의 시대〉
프로그램 가능한 제어	직접 정보접근
속도의 경제	편리성의 경제
고객의 의견 및 반응 강조	인간화 중심
팀 위주의 조직	건축적인 조직
수행능력에 의한 가치	결합력에 의한 가치
테크놀로지의 부분적 일치	테크놀로지의 통합
환경에 대한 관심	환경 재생

까? 하지만 일상적인 세상을 「소규모화」한 비즈니스의 기풍을 누가 즐길 수 있겠는가?

미래에 대한 준비

농업과 제조 공업 분야에서 일어났던 혁명처럼 가치의 새로운 변화는 형성되자마자 소멸된다. 그리고 아직도 수백만 명의 사람들이 변화의 부정적인 결과를 감내해야 한다. 무역수지 적자, 강제 휴업, 파산, 그리고 높은 세금에 대한 우려가 신문의 지면을 가득 메운다. 어떤 경제학자들은 이러한 상황을 세계 경제의 주기적인 쇠퇴기라고 진단하는 반면, 재정상의 재래식 자극――― 예를 들면 과거의 저금리 같은――― 은 별다른 효과를 얻지 못하고 있는 것 같다. 소비자들의 수요 한계를 넘어서는 온갖 종류의 재화가 넘쳐흐르는 지금, 세계 각국에서는 국내 생산자들을 보호하기 위해 저렴한 외국 제품을 자국 시장에서 몰아내려고 안간힘을 쓰고 있다. 어떤 이들은 테크놀로지가 소비 능력을 초과할 정도로 인류의 생산 능력을 증대시켰다고 말할 것이다.

그러나 나는 그 주장에 동의하지 않는다. 오늘날 제공되는 제품들이 현대의 삶을 더 만족스럽고 편리하게 하는, 온갖 가능한 수단을 모두 갖고 있다고는 생각할 수 없다. 대부분의 사람들이 소지하고 있는 카드에 대해 생각해보자. 내가 아는 어떤 사람은 의자에 앉기 전에 기계적으로 탁자 위에 지갑을 올려놓을 정도로 『당신의 지갑 속에 이 편리한 카드를 집어넣기만 하면 됩니다』라는 말을 마음 속 깊이 받아들인다. 어떤 척추 전문의에게서 들은 얘기인데, 카드로 가득 찬 무거운 지갑은 척추의 뒤틀림을 초래할 수도 있다고 한다.

플라스틱 카드를 하나 이상 휴대할 필요가 있는 것일까? 어떤 전자 기계나 프로그램에 카드를 끼워넣는 것은 필요를 충족시켜줄 여러 가지 기능을 움직이기 위함이다. 은행 업무, 여행, 쇼핑, 전화, 도서관, 주차장 사용, 클럽 등에 출입할 때도 마찬가지다. 병원에 갈 때마다 보험양식을 작성하는 대신 카드를 휘두르면 되는 것이다. 응급치료에 대한 정보에서부터 담당 의사가 X선 사진과 개인의 사생활 침해 방지를 위해 코드화된 진찰기록을 찾을 수 있도록 해주는 액세스 코드까지도 그처럼 작은 동작으로 해결되는 것이다.

무리한 상상일까? 현재의 테크놀로지로 비추어볼 때 우리는 벌써 스마트 카드(smart card)의 시장으로 들어선 첫 세대가 되었다는 것을 짐작할 수 있다. 쉽게 발견할 수 있는 이러한 특징으로 미루어볼 때——ATM, 팩스, 그리고 전문가들도 예상하지 못했던 놀라운 기구의 탄생을 볼 때——단지 몇 년 간의 경험이 전혀 예측하지 못했던 새로운 응용으로 이끌어가리라고 확신한다. 최근에 목격한 일인데 여행을 하려는 한 여성이 여행사 직원에게 항공권을 예약하고 전화를 통해 여행정보와 기타 데이터를 그녀의 스마트 카드에 전송받았다. 그녀는 나중에 근처의 ATM 기계로 그 카드를 밀어넣고, 즉석에서 인쇄되어 나온 항공권을 손에 넣었다.

두툼한 지갑으로 인한 번거로움을 피하는 데서부터 언제든지 준비되어 있어 생명을 구할 수 있는 의료 데이터로의 접근에 이르기까지 혜택은 다양하다. 가장 중요한 것은 이러한 접근방법이 개인적인 정보에 대한 개인적 통제력을 증대시킴으로써 개별 사용자들에게 그들의 사적인 상황에 대해 더욱 만족스런 통제력을 부여한다는 점이다. 미개척 상태의 수많은 기회들이 진취적인 경영자를 기다리고 있는 지금, 기나긴 절망의 늪에서 헤멜 필요는 없다. 오늘날의 테크놀로지가 보여주는 눈부시게 빠른 성과의 확대는 변화하는 환경에 대처하는 우리의 능력을 필요로 한다. 그러나 브루클린 다저스(Brooklyn Dodgers)의 브랜치 리키(Branch Rickey)가 말한 것처럼 『행운은 기회를 준비하고 있을 때 찾아오는 것이다.』

무리를 지휘할 기대에 부풀어 있든지 단지 헛디딤만을 피하고 싶든지 간에, 세심한 준비는 필요한 것처럼 보인다. 가장 유망한 사업을 이룰 수 있는 기회는 어디에서 잠자고 있을까? 테크놀로지와 미래의 비즈니스에 대한 요구는, 우리가 업무와 노동력 사용에 대한 전망을 하는 데 어떤 변화를 가져올 것인가? 어떠한 테크놀로지가 가장 큰 경제적 수익을 약속할 것인가? 그리고 그러한 테크놀로지로 어떻게 접근할 것인가? 다음 장에서는 이러한 탐구 정신을 바탕으로 여러 가지 질문에 대한 해답을 찾기 위해 주요 테크놀로지와 비즈니스 경향 사이의 상호 작용을 탐구해나갈 것이다.

컴퓨터

일 터에 컴퓨터가 처음으로 등장한 20세기 중반에서 컴퓨팅과 통신이 합병된 20세기의 마지막 10년까지, 우리의 경제에서 경제 정보 기술의 역할은 엄청난 속도로 증대되었다. 과거 50년 간 컴퓨터는 세상을 변화시켜왔다. 그리고 변화는 컴퓨터 자체에도 찾아왔다. 컴퓨터의 능력이 증대되자 인간의 독창력은 작업의 세계에서 급속히 늘어나는 할당몫을 수행하는 과정에서 파생되는 다양한 역할에 이 다재다능한 기구를 적용시켰다. 그러한 변화의 속도는 변화로 얻게 되는 이득을 앞설 정도로 빠르게 진전되었다.

컴퓨터가 처음으로 업무에 사용된 이후 50여 년 간 컴퓨터와 사용자 사이에서 진전되어온 상호 작용을 실펴보지. 처음에 대부분의 컴퓨터는 과학자나 기술자 등 비교적 소수의 사람들이 손으로 하는, 길고 지루한 계산 시간을 단축시켜주는 역할을 했을 뿐이다. 오늘날 컴퓨터를 이용한 정보처리는 이제 세계 도처에서 이루어지는 모든 경제적 활동——비행기를 타는 것에서부터 동네의 상점에서 껌 한 통을 사는 것까지——에서 중요한 역할을 담당한다.

처음부터 컴퓨터는 사용자들에게 경제적인 이익을 제공함으로써 스스로를 필요 불가결하게 만들었다. 그러나 대체적으로 이러한 이익은 간접적인 경로를 통해서 나타난다. 몇 가지 안 되는 특별한 품목들——한 예로 비디오 게임——을 제외하면 인간이 직접적으로 정보처리를 소비하는 경우는 드물다. 그것은 먹을 수도, 입을 수도 없고, 그 안에서 살 수도 없다. 대신 컴퓨팅은 인간의 삶을 유지시키는 재화와 용역의 생산을 개량함으로써 이익을 가져다 준다.

전자 컴퓨팅의 출현이 인류 역사의 한 획을 긋는 사건으로 보일 수도 있지만, 좀더 가까이 접근해서 살펴볼 경우 그것은 엄연히 단계적인 과정을 거쳐 진행되는 것 같다. 컴퓨터화의 충격에 대한 초기의 놀라움과 흥분에도 불구하고, 중요한 격변이 일어나기까지 사무원들은 2세대 동안 이런저런 종류의 상업용 컴퓨터와 공생해왔다. 그러한 시간이 흐른 후 컴퓨터는 인간의 생산성에 심각한 타격을 주는 여러 가지 직무를 맡게 되었다.

우리가 컴퓨터라고 부르는 기계류(family)는 매우 다양한 형태와 기능을 갖고 있다. 오늘날의 컴퓨터는 자동 카메라의 내부를 조종하는 가느다란 실리콘에서부터 공상과학 영화에서 가끔 악한으로 등장하는, 불빛을 반짝거리는 방 만한 크기의 기계까지 매우 다양하다. 그러나 모든 컴퓨터는 하나의 계도(tree)를 형성해왔다.

이 「계도」는 지난 반 세기 동안 대략 10 년에 하나씩, 중요한 다섯 개의 가지를 발전시켰다. 이들 계도는 발생 순서대로 수치 계산, 데이터 처리, 측정과 제어, 개인 보조, 그리고 커뮤니케이션 강화와 같은 기능상의 역할을 담당했다.

컴퓨팅이 생산성에 가한 충격을 추적해보면, 이러한 각 패러다임은 하나의 장편소설을 이루는 장(章)처럼 작용한다는 것을 알 수 있다. 이는 복잡한 이야기를 좀더 이해하기 쉬운 조각으로 나누어 연속물을 이룬다. 이런 기능적 요소들을 하나씩 살펴보도록 하자.

수치 계산

수치 계산은 전산의 등장에 앞서 출현했을 뿐만 아니라 최초의 동기를 제공한 장본인이기도 하다. 「숫자 계산(crunch numbers)」능력을 높이려는 인류의 오랜 욕망은 마침내 오늘날의 정보시대를 가능하게 한 변화를 가속화시켰다. 사람들은 실제의 「숫자(digit)」——— 즉 사람의 손가락과 발가락 ——— 에서 「디지털 회로」까지 계산 도구를 이용해 암산 능력을 보충했다. 그리고 블레즈 파스칼(Blaise Pascal)에서 존 폰 노이만(John von Neumann)에 이르기까지 수학자들은 계산의 기계화를 개척해나갔다. 1646년 파스칼은 크랭크를 회전히며 덧셈을 하는, 톱니바퀴 장치에 바탕을 둔 기계를 고안했다. 이는 노이만이 현대 전산의 토대를 완성——— 오늘날 우리가 알고 있는, 프로그램화가 가능한 구조를 발명함으로써 ——— 한 것보다 약 300년 전의 일이었다.

지금 현대인들은 숫자 계산의 범위를 훨씬 초월하는 다양한 컴퓨터 응용 분야를 볼 수 있지만, 수치 계산의 자동화라는 목적만으로도 초기의 선구자들을 매료시키기에 충분했나. 전사공학이 모습을 드러내기 훨씬 이전에 장황하고 방대한 분량의 계산에 대한 필요성이 산업화 시대의 여러 국면에서 제기되었다. 회계 목적으로 비즈니스에 사용되는 산수적인 계산은 오래 전부터 있어왔지만, 큰 상업적 의미를 내포한 과학적 연구가 등장한 1930년대 전까지 난해한 적용은 이루어지지 않았다. 반면 다른 인간 활동, 특히 기초과학과 조병학(造兵學)은「컴퓨터(그 시대에 손으로 움직이는 기계적 계산기를 사용해서 숫자 계산을 하던 사람들의 직업을 말한다)」에 대해 작지만 엄청나게 강렬한 필요성을 느끼고 있었다. 그 숫자는 전세계에 걸쳐 몇천 명에 불과했지만, 그들은 20세기의 첫 50년 간 중요한 역할을 담당했다.

비록 평범한 민간인들은「컴퓨터」라는 존재조차 몰랐지만, 숫자 계산에 대한 필요성은 천체 물리학적 모형, 스마트 폭탄, 그리고 명령제어 센터 등의 현대적 이용에 앞서 태어났던 것이다. 독일의 천문학자인 카를 슈바르츠실트(Karl Schwarzschild)의 경우를 생각해보자. 알베르트 아인슈타인(Albert Einstein)과 비슷한 시기에 태어난 그는 항성 천체물리학의 이론적인 기초를 마련했다. 그의 업적으로는 아인슈타인의 상대성 이론을 항성의 생성 역사와 진화에 응용한 연구───거대한 질량을 가진 별의 내부가 필연적으로 붕괴되어 블랙홀이 된다는 회귀불가능의 지점(point-of-no-return), 또는 슈바르츠실 반경(Schwarzschild radius) 등───가 있다.

그러나 아인슈타인은 자신의 서류 보관함에 슈바르츠실트의 가장 마지막 논문, 즉 포탄에 미치는 대기항력의 영향에 관한 수학적 논문 하나만을 보관했다. 그 논문은 슈바르츠실트가 독일 친위대에 입대하기 위해 징병 유예를 거절한 직후인 1916년에 씌여졌는데, 악성 전염병으로 불시에 찾아든 그의 죽음 이후 출판되었다. 출판업자들은 당연히 아인슈타인에게 출판된 논문 한 부를 보냈고, 이 일생의 평화주의자는 자신의 죽음 전까지 약 40년 간 그것을 보관하고 있었다.

당시 슈바르츠실트의 논문에 나타난 계산은 지루하고 시간이 오래 걸리는 것이었다. 제2차 세계대전 당시에도 맨해튼 계획(Manhattan Project)에 참가한 물리학자들은 「컴퓨터」―― 원자폭탄 설계자들의 수치적 유도를 위해 하루 종일 탁상 계산기 버튼을 눌러대는 업무를 맡은 국가공무원 ―― 로 가득찬 사무실에 의존해야 했다.

전자 컴퓨터의 출현으로 그러한 손노동은 기계화로 대치되었다. 오늘날에는 혼자 일하는 과학자조차도 데스크탑 워크스테이션을 사용해서 원자폭탄의 초기 작업에 참가했던 「컴퓨터」의 작업 능력을 능가할 수 있다. 그러나 오늘날의 핵무기 설계자들은 탁상용 기계의 범위 내에서 활동하지는 않는다. 실제로 미국 에너지부(Department of Energy)의 무기 연구실은 세계에서 가장 크고 강력한 슈퍼 컴퓨터를 보유하고 있다. 게다가 미국 정부는 플루토늄과 장거리 미사일의 유포를 방지하려는 것과 마찬가지로 이 컴퓨터에도 엄격한 수출 제한을 두어 폭탄 설계자를 지망하는 외국인의 접근을 허용하지 않고 있다.

숫자를 계산하던 컴퓨터가 현대의 노동 인구에 가한 충격은 전체적으로 미미하지만, 수치적 계산은 다양한 과학 및 공학 분야에서 정교한 설계를 하는 데 중요한 요소로 작용한다. 마치 항공 공학자가 풍동(風洞) 실험을 위한 모델을 제작하기 훨씬 전에 워크스테이션 스크린 위에서 기체(airframe) 설계를 가늠해보듯이, 세계 곳곳의 물리학자들은 기체 설계에 필요한 새로운 초소형 칩 제작을 위한 트랜지스터 설계에 착수하기에 앞서 컴퓨터로 여러 가지 대안을 모색한다.

오늘날 컴퓨터를 이용한 수치 계산은 추상적인 과학적 호기심과 국력 증대 요구를 충족시키는 데 일익을 담당한다. 특히 슈퍼 컴퓨터의 판매는 일본과 미국 무역량의 1%을 차지하지만 양국 관리들은 자국 슈퍼 컴퓨터 제작사의 번영에 생사를 걸고 있는 것처럼 보인다. 한번은 미국의 크레이 3호(Cray Ⅲ)와 후지쓰(Fujitsu) 사가 생산한 에스엑스 3호(SX-3)에 대한 분석기사가 〈뉴욕 타임스(New York Times)〉지와 〈아사히신문(朝日新聞)〉의 1면에 실린 적이 있었다. 일본 핵융합 과학원은 소프트웨어를 통한 다중 프로세서 간의 연결 능력에서 앞선 크레이를 분명히 속도에서는 그보다 빠른 하드웨어를 갖춘 후지쓰의 기계보다 높게 평가하는 것이 옳지 않았을까? 그러한 기계 한 대의 판매——— 대형 여객기의 가격보다는 훨씬 싸다 ——— 는 무역전쟁에 대한 무언의 경고를 암시했다.

훨씬 싸고 양적으로 풍부한 마이크로 프로세서 경쟁에 비해 그러한 기계 시장은 매우 국한되어 있긴 하지만, 정교하게 조율된 이 수치 프로세서는 초음속 항공기에서 초소형 트랜지스터에 이르는 광범위한 첨단기술 품목을 설계하는 데 쓰이는 계산에 반드시 필요하다. 게다가 그러한 특수화된 능력은 일기예보 같은 계산 집약적인 분야가 크게 도약하는 데 일익을 담당했다. 그러나 어쩌면 그러한 능력은 국세청에 빚진 사람이 누구인지 찾아내는 일 따위로 낭비될지도 모른다. 다수의 사용자들(국세청의 조사원들이라고 하자)은 비교적 소수의, 대체로 서로 무관한 항목들을 탐색하고 조사·분석할 때 방대한 데이터의 접근 필요성을 느낀다.

방대한 기록을 분류하기 위해서는 위에서 언급한 수치적 문제보다도 훨씬 더 많은 사무를 처리해야 한다. 그러나 초기의 컴퓨터 과학자들은 데이터 처리보다는 수치적 계산에 더 치중했다. 처음에는 이러한 데이터 처리에 컴퓨터를 이용하려는 생각을 한 사람이 아무도 없었다. 그러나 시간이 지나면서 테크놀로지의 진보는 지금까지도 중요한 역할을 담당하고 있는 두번째 가지를 형성하기 위해, 컴퓨터가 적용에 대한 통찰력과 주류 사무에 가한 최초의 충격을 결합시켰다.

데이터 처리

데이터 처리(data processing)는 많은 사람들이 「데이터 처리」라는 말과 「컴퓨팅」이라는 말을 서로 혼동해서 사용할 정도로 컴퓨터 사용에서 중요한 부분으로 자리잡았다. 최소한 지난 20년 동안 이 두 개의 단어를 구분한다는 것은 의미 없는 일이었다. 컴퓨팅의 다른 모든 측면들을 위축시킬 정도로 데이터 처리 패러다임은 성공적이었다.

컴퓨팅에서의 이러한 극적인 성장은 가장 중요한 수혜자들에게 불시에 타격을 가했다. 1960년대 초까지 대부분의 사람들은 갓 태어난 컴퓨터 산업의 근본적인 역할을 탁상 계산기를 대체하는 것으로 평가했다. 구입이 가능해진 대량 메모리의 등장은 1954년——IBM사가 704 모델에 그러한 메모리를 장착해 선보인 해——에 갑작스런 상황변화를 가져왔다. 다양한 특징을 갖춘 이 컴퓨터는 사용자들에게 100만 비트의 메모리를 제공했다. 현재의 기준으로 볼 때 1비트당 1달러라는 가격은 혼비백산할 수준이지만, 당시에 이 새로운 메모리는 극적인 진보를 의미하는 것이었다. 컴퓨터 구입에 어차피 수백만 달러의 투자가 필요했던 그 시대에, 새로운 메모리는 적용범위를 혁명적으로 확장시켰다.

가장 중요한 것은 이 새로운 메모리가 숫자판뿐만 아니라 다른 기호들마저도 완전히 포괄하는 키보드로의 확장을 촉진했다는 점이다. 컴퓨터 사용자들은 포트란(FORTRAN)과 같은 고수준 컴퓨터 언어에 근거해 텍스트에 바탕을 둔 업무를 제시한 후 사용에 들어갈 수 있었다. 게다가 텍스트형의 데이터—— 이전까지는 기계로 분류되어 천공 카드에 저장된 사회보장비 수취자들의 이름이나 주소 등과 같은 데이터—— 는 새로운 기계류에 기막히게 들어맞는 것이었다.

메인 프레임이라고 불리는 이 새로운 대형 고속 컴퓨터는 단순히 연구개발과 회계의 수치계산 역할에 그치지 않고, 업계를 좌지우지할 채비를 갖춘 듯이 보였다. 미국 내의 〈포천〉지 선정 500대 기업들과 그 순위 내에 진입하려는 열망을 가진 여러 기업들은 기록 보관의 자동화를 장담하는 테크놀로지의 흐름에 재빨리 편승했다.

그러한 요구에 고무된 테크놀로지의 진보와 시장기회(market opportunities)의 결합은 시스템의 향상을 가져왔다. 메인 프레임의 중앙처리장치(CPU)가 메모리를 드나드는 데이터 처리 시간을 줄이기 위해 고안된 특수 설비와 함께, 대량의 데이터를 저장하기 위해 고안된 테이프 디스크 드라이브, 프린터, 카드 판독기, 앤드, 오버 타임, 다중 터미널 등의 주변장치들을 지휘하는 특수화된 하드웨어가 메인 프레임에 더해졌다.

이 거대한 기계가 출력 정보를 빼내는 사용자들을 더 생산적으로 만들었을까? 회의론자들은 그들이 품었던 회의가 기우에 불과하다고 곧 웃어넘길 수 있게 되었다. 조금의 회의라도 가졌던 사람에게는 진보에 대한 이의가 용납되지 않는 시대에 구식이라는 달갑잖은 꼬리표가 달릴 수도 있었던 것이다. 전체적으로 엄청난 수익을 올리는 기업이라면 개인적인 능력에서 비롯되는 생산성을 문제삼을 필요는 없는 것 아닐까?

컴퓨터 비즈니스를 하기에는 기막힌 시기였다. 특히 컴퓨터 시장의 리더격인 IBM에게는 더욱 그랬다. 계속해서 늘어만 가는 판매자와 소비자의 행렬은 끝이 없는 듯이 보였다. 존 캐네스 갈브레이스(John Kenneth Galbraith)처럼 기민한 경제학자들은 사실상 무너지지 않는 거대 기업들에게 지배당하는「신산업국가」의 출현을 예고했다. 자체적으로 자본을 산출하고, 마케팅에서 올린 눈부신 전과를 통해 소비자들에게 확신을 심어주고, 갑작스럽게 나타난 경쟁상대들을 규모의 경제를 통해 물리친 이 기업들의 진보는 영원히 계속될 것처럼 보였다.

갈브레이스의 관점에서 보면 세입의 안정적인 증가는 기업경영자들로 하여금 조직적인 계급체계를 적절히 성장시킬 수 있도록 해주었고, 결과적으로는 꾸준히 증가하는 성공의 기회에서 얻게 되는 이득을 만끽할 수 있게 해주었다. 기업의 경제적 계획이 계속적인 확장을「보장」함에 따라 점차적으로 더 많은 입안자들이 필요해졌다. 거대한 중앙 컴퓨터는 계급조직의 성장을 도왔다. 갈브레이스가 관칠한 대로, 『대규모의 복잡한 비즈니스 조직은 선진 기술의 실체적인 현시라고 할 수 있다.』

중앙화된 기록 저장에 대한 이런 투자에도 불구하고 메인 프레임 컴퓨팅의 등장은 제조업과 판매업무와 같은 기업활동 중에서도 최전선만을 겨우 담당했을 뿐이다. 오래 전의 대량생산 시대와 마찬가지로 산업적 생산력은 여전히 기계 기술에 의존했다. 제너럴 모터스(General Motors : GM)사와 같은 주요 사동차 제조업체들은 엔진이 실린더 헤드에 단 한 번의 작동으로 모든 구멍을 뚫을 수 있는 멀티 드릴 프레스(multidrill presses)를 도입했다. 설계비용을 감안해볼 때, 엔진 헤드가 많이 필요한 기업으로서는 원가를 대폭 절감할 수 있었다. 그 기계를 개조하는 데는 엄청난 비용이 필요했으므로 대대적인 선행투자 계획을 세우고, 그 계획에 따르는 지출은 「규모의 경제」로부터 예상되는 이윤으로 벌충해나갔다.

1960년대가 끝나고 1970년대가 열렸을 때, 기업의 갑옷(corporate armor)에도 틈이 벌어지기 시작했다. 그러나 미국의 법인조직 체계, 그리고 그들의 컴퓨터가 곧 맹렬한 기세로 경쟁에 뛰어들게 되리라고 예견한 사람은 거의 없었다. 실제로 모두가 확신했던 발전 테마(growth theme)는, 1980년대 초반에 출판된 갈브레이스 교수의 획기적인 저서인 《신산업국가(The New Industrial State)》의 제4판(아마도 최종판이 아닐까) 안에도 고스란히 들어 있었다. 그러나 그 당시 외국의 경쟁자들과 국내의 새로운 기업들이 이룬 성공은 점차 명확해져만 가는 경쟁을 예고하기에 충분했다.

특히 일군의 잠재적 경쟁자들 —— 여전히 자신만만한 현직 경영자들이 굳게 믿었던 규모의 경제 앞에서도 전혀 기세를 꺾지 않았던 무리 —— 은 1970년대와 1980년대에 모습을 드러냈다. 무엇이 상황을 그렇게 극적으로 바꾸어놓았을까? 비록 1970년대에 시작된 모든 변화가 단 하나의 요인 때문에 일어난 것은 아니지만, 새로운 컴퓨팅 테크놀로지가 침입자들에게 새로운 적응능력을 제공한 것만은 틀림없는 사실인 것처럼 보인다. 그리고 결과적으로 그러한 적응력은 이 신출내기들로 하여금 현직 경영자들이 믿고 있던 폐쇄적인 생산성의 강점을 뛰어넘을 수 있도록 해주었다. 특히 그 침입자의 대부분은 신종 컴퓨터가 지닌 장점, 그리고 그러한 컴퓨터가 제공해준 새로운 응용 패러다임을 이용했던 것이다.

측정과 제어

각 지역 내의 메인 프레임이 점점 더 다양한 업무를 맡게 됨에 따라, 이제 「컴퓨터 센터」로의 정기 출장은 사무실 업무에서 낯익은 풍경이 되었다. 1960년대 중반에 들어서자 대부분의 사무 가구 제조업체들은 천공 카드 서랍을 선택사양으로 제공하기 시작했다. 왜냐하면 컴퓨팅에 관련된 모든 업무의 입력 조작에 이 카드 세트가 필요했기 때문이다. 업무 규모에 따라 컴퓨터 사용자들은 카드를 펀치하거나 데이터 입력 사무원(data-entry clerk)에게 업무를 맡기곤 했다.

어떤 방법을 택하든 간에, 사용자가 개인적으로 보유한 천공 카드는 컴퓨터의 효율성을 극대화시켰으며, 컴퓨터 사용에 따른 사용자의 지출비용을 극소화시켰다. 그러나 사용자는 다른 대가를 지불해야 했다. 대개 업무를 의뢰하고 회수하기 위해서는 한 번은 데이터 입력소로 다른 한 번은 컴퓨터 센터로, 합해서 두 번의 왕복 여행이 필요했다. 게다가 별로 중요하지 않은 착오는 최종적인 정보가 출력되어 나올 때까지 발견되지 않은 채로 남아 있기가 일쑤였다. 그 결과 잦은 출장과 장시간 대기하는 등 불편을 감수해야 했다.

탁상 계산기의 숫자만을 쳐대는 수작업에 비해, 컴퓨터는 이용자의 시간을 상당히 절약해주었다. 또한 근면을 자랑하는 사람들마저도 주눅들 정도의 복잡한 업무를 수행해낸다는 사실도 간과할 수 없었다. 그러나 인간의 감사하는 마음이 오랫동안 지속되는 경우란 거의 없다. 수작업을 통한 계산의 지루함이 기억 속에서 희미해지자,

계속되는 기다림으로 인한 초초함이 자리잡게 되었다.

　단지 메인 프레임을 위해 도심 지역으로 출장 가야 하는 이용자들은 의뢰하기 전에 의뢰할 일을 수정하거나 재확인함으로써 컴퓨터 센터에 있는 컴퓨터의 처리 시간을 줄이는 것이 할 수 있는 일의 전부였다.

　컴퓨터 프로그램의 시분할 방식(time-sharing)이 등장함에 따라 좀더 융통성 있는 상호작용이 이루어지자 상황은 호전되었다. 이러한 설비를 통해 사용자들은 터미널을 거쳐 컴퓨터 서비스를 이용할 수 있었고, 그럼으로써 매번 컴퓨터 센터로 출장 가는 번거로움에서 벗어날 수 있었다. 또한 컴퓨터는 각 업무를 잠깐씩 각 터미널을 차례로 도는 라운드로빈 방식(round-robbin fashion)으로 처리하게 되었고, 그 결과 여러 이용자들을 수용할 수 있었다. 비록 작업의 성취도는 떨어졌을 망정 메인 프레임의 경이적인 업무처리 속도에 힘입어, 대부분의 이용자들은 컴퓨터의 풀타임 처리 서비스를 받는다는 기분을 느낄 수 있었다.

　이용자들과의 잦은 마찰에도 불구하고 컴퓨터 센터의 관리자들은 자부심을 갖기에 충분했다. 이용률은 계속 증가했고, 기계의 능력은 향상되었다. 컴퓨팅의 중요성을 많은 조직체에서 인정하게 되었으며, 그 중요성은 날로 커져만 갔다.

　각 센터의 중심부에서 윙윙거리며 돌아가는 CPU 엔진은 새로운 규모의 경제를 창출해냈다. 예들 들면 거대한 종업원 명부 하나를 산출해내려면 수천 명의 종업원 하나하나에 대한 오퍼레이션이 필요했다. 탁상 계산기가 사회보장비 공제 비율에 관련된 곱셈을 하는 데는 1인당 몇 초가 걸리는 반면, 메인 프레임이 같은 일을 처리하는 데 소요되는 시간은 그러한 시간의 100만 분의 1일보다도 짧은 것이었다.

　프로세서 설계자들은 그러한 수준의 작업능력을 성취하기 위해서 입수할 수 있는 가장 빠른 전자「기어」를 구입해서 물리학의 법칙이 허락하는 한계까지 작동시켰다. 축전기의 충전과 방전을 더 빠르게 하기 위해서 더 높은 전압으로 더 큰 전류를 생산했다. 각 레지스터로 수많은 1과 0이 들락날락할 때 발생하는 물리적인 열은 설계자들의 고안능력을 자극했다. 실제로 IBM은 최신 프로세서 회로소자를 위한 냉각 모듈의 설계와 설비에 약 80억 달러를 투자했다는 보고도 있다.

　프로세서 설계자들은 속도를 높이기 위한 일환으로, 일련의 기본 단계들을 통해 시퀀스(sequence)를 이루는 소프트웨어 없이도 직접 복합명령을 실행할 수 있는 특수 회로소자를 장착했다. 열 자리 수의 십진산 레지스터에 맞먹는 32비트의 워드가 표준규격으로 등장한 것이다. 복잡성은 증가했다. 컴퓨터 회로소자의 설계자들이 설계도 위에 새로운 박스를 덧붙일 때마다 더 많은 트랜지스터가 들어가고 더 많은 열이 방출되었다. 게다가 각 부품 사이에는 32가닥——— 각 비트에 하나씩 ——— 의 전선이 복잡하게 얽혀 있었다.

　속도와 기능의 향상은 더욱 선진적인 규모의 경제를 창출했으며, 동시에 이 강력한 중앙 공급원에 더욱 많은 일을 맡기게 되었다. 『접지 말고, 구멍 내지 말고, 구기지 말라』라는 문구는 수백만 건의 보고서에 쓰여 있는 유명한 경고문이었다. 강의를 등록하는 대학생과 미국 저축채권 소유자, 그리고 시민들은 각자의 과제를 수행할 때 메인 프레임이 서슴없이 받아들이는 직사각형의 천공 보드지를 사용하게 되었다.

　「컴퓨터」가 의미하는 것이 거대한 투자였나빈, 누군가가 그런 ᆩ

칙을 변화시킬 때까지 가만히 순서를 기다리는 것은 당연한 일이었다. 1959년 12월 MIT 출신의 젊은 기업가 켄 올슨(Ken Olson)과 그의 동료들은 완전히 새로운 종류의 컴퓨터 PDP-1을 처음으로 세상에 선보였다. 당시 IBM과 이른바 번치(BUNCH)라고 불리는 집단이 시장에 내놓던 신제품들과는 달리 이 기계는 용량이 증대된 것도 새로운 기능을 첨가시킨 것도 아니었다. 실제로 이 기계는 용량이나 기능 면에서 이미 시중에 나와 있던 타사 제품보다 한층 떨어지는 것이었다.

현대적인 시각으로 바라보자면 소형 컴퓨터의 개념은 당연한 것이다. 업계의 햇병아리인 디지털 이퀴프먼트사(Digital Equipment Company : DEC)는 올슨의 새로운 전략에 힘입어 IBM을 제외한 기존의 기업들을 제치고 성장할 수 있었다. 이는 참신한 컴퓨팅 패러다임의 성공가능성을 증명하는 단적인 예인 것이다.

그러나 그 당시 DEC의 첫 생산품은 컴퓨팅의 의미를 변화시킨 것이라기보다는 협소한 틈새 시장의 수요를 메우는 데 더 적합한 것처럼 보였다. 왜냐하면 수준 낮은 기술에 의해 생산된 부품들이 들어찬, 두 개의 금속 상자로 이루어진 기계에 불과해보였기 때문이다. 메인 프레임의 값비싼 정교함에 비해 PDP-1은 거의 가내 수공업품처럼 보일 정도였다. 진지한 시판용이라기보다는 취미로 만들어진 공작물처럼 보였던 것이다.

그러나 올슨과 그의 동료들은 「대단히」 진지했다. DEC의 PDP-1은 기능성에 걸맞은 합리적인 구입비용이라는 주장을 들고 나왔다. 구입비용을 대중 시장의 수준으로 끌어내리기 위해서 기능성을 대폭 삭감했던 것이다.

우선 PDP-1은 32비트의 메인 프레임과는 달리 겨우 8비트를 다룰 수 있을 뿐이었다. 이렇게 작은 워드 사이즈가 일정한 응용을 위해 메인 프레임으로부터의 단일 진동(single beat)을 반복(replicate)하는 데는 최소한 네 개의 명령 사이클이 필요했다. 그렇지만 배선상의 복잡성을 75% 정도 감소시켰고, 디자인에서도 다단계·다기능 프로그램이 기록된 소프트웨어의 사용에 필요한 특수화된 하드웨어의 대부분을 삭감해버렸다.

이 기계는 하나의 문제를 해결하기 위해 더 많은 단계를 거쳐야 했을 뿐만 아니라, 느린 회로소자 때문에 각 단계를 지나는 데 더 오랜 시간이 걸리기도 했다. 결과적으로 PDP-1의 구입자들은 가격 차이를 감안하더라도 일반적으로는 메인 프레임에 훨씬 못 미치는 컴퓨팅밖에는 할 수가 없었다. 그러나 자신만의 기계를 갖는다는 것은 줄을 서서 기다려야 하는 수고로움으로부터의 해방을 의미했다. 그리고 그것이 바로 달라진 점이었다. 이제 인간은 컴퓨터가 있는 곳으로 업무를 가져가는 대신, 기계류의 제어나 그 행동측정(monitoring) 등과 같은 특정한 과업을 수행하는 곳으로 컴퓨터를 가져올 수 있게 된 것이다.

사람이 아닌 컴퓨터를 이용한 통제가 가능해지자 시스템 설계자들은 연속적인 과정 —— 특히 제조부문에서의 과정 —— 의 각 단계에 순서대로 정리된 전자제어를 응용할 수 있게 되었다. 「미니컴퓨터」라고 불리게 된 컴퓨터의 등장 이후 25년 동안 컴퓨팅 기계류를 가장 많이 사용한 곳은 사무실 업무분야였지만, 사실 더 큰 이익을 본 것은 제조 공장 쪽일 것이다. 이 기간 동안 제조부문에서의 생산력은 세배나 증가한 데 비해, 사무실의 생산성은 거의 변화가 없었다는 점이 이를 뒷받침해주고 있다.

전자 프로세스 제어가 등장함으로써 제조부문에 어떤 변화가 일어났는지 살펴보자. 기존의 기계적 운용 제도에서 공장 설계자들은 탄력적인(그러나 값비싼) 인간 노동력과 비탄력적인(게다가 인간 노동력보다도 더욱 비싼) 기계 사이에서 절충적인 균형을 취해야 했다. GM의 멀티드릴 프레스와 같이 대량생산을 목적으로 만들어진 복잡한 기계들은 대체로 투자된 선급비용(up-front costs)을 스스로 갚아나갈 수 있었다. 그리고 앞에서 본 바와 같이 그러한 기계들과 관계된 규모의 경제는 대부분의 산업분야에서 새로운 경쟁자의 추격을 막아주었다.

생산 라인을 제어하는 컴퓨터로 인해 변화는 쉽게 일어났다. 개별적인 기계들이 담당할 수 있는 작업범위는 확대되기 시작했고 특수화된 기계의 원가는 낮아졌다. 이러한 경향은 소량생산의 기계화를 가능케 했고, 새로운 경쟁자들에게 시합장의 문턱은 낮아지게 되었다. 그러나 시합에 참가한다고 해서 경기에서 승리하는 것은 아니다. 과연 비용이 약간 절감된다는 이유만으로 사용해보지 않은 제품을 선택할 수 있는 것일까?

그러나 비용의 절감 외에도 특정한 목적에 쓰이는 컴퓨터 테크놀로지는「생산력」의 향상이라는 또 다른 이익을 가져다주었다. 그 때까지의 통념에 의하면「생산력」은 양——특정한 크기의 공장이 하루에 생산할 수 있는 자동차, 깡통 따개, 카메라 등의 수량——으로 평가되는 것이었다. 그런데 컴퓨터 제어로 인해 생산력은 다른 범위, 즉 질을 포함하는 개념으로 바뀌었다.

기계 생산의 공정은 각기 독립적으로 움직이지만 데이터에 따라 움직이는 기계들은 모두 1과 0이라는 언어를 공유한다. 이러한 공통성은 총괄적인 관리에 도움이 되었을 뿐 아니라, 이웃하는 모듈 사이의 정보교환을 가능케 함으로써 인터페이스 상의 문제가 발생할 경우 곧바로 알아차릴 수 있게 되었다. 반면 제조 기계만으로 이루어진 공장에서는 오직 공정의 맨 마지막에 행해지는 점검 때에야 겨우 문제점을 발견할 수 있었다. 바로 이 점이 가장 중요한 이익이었다. 품질의 향상과 함께 소비자들은 구식 생산자를 외면하기 시작했다.

미니컴퓨터의 등장은 공정의 개선을 가져왔고 시간이 지나면서 다음 단계의 컴퓨팅 패러다임을 위한 기반을 닦아놓았다. 만약 일군의 사람들, 또는 한 벌의 기계류가 특정 생산 라인을 위해 컴퓨터에게 풀타임 서비스를 명령할 수 있다면, 그보다 더 작은 것도 1 대 1 방식의 서비스를 제공할 수 있지 않을까? 이 질문에 대한 대답은 1970년대 초에 이르러서야 나타났다. 그리고 이 때에도 길을 인도한 것은 새로운 경쟁자들이었다.

개인 보조

1970년 제록스(Xerox) 사는 팔로알토 연구 센터(Palo Alto Reseach Center)를 설립했다. 그 곳의 연구원인 자칭 「제로이드(Xeroid)」들은 각 컴퓨터를 연결시켜주는 에터넷(Ethernet), 초기의 컴퓨터 마우스, 최초의 「윈도」, 그리고 그밖에도 수많은 연구성과를 기록했다. 「알토(Alto)」는 그 중에서도 가장 빛나는 발명품이다. 고가인 동시에 매우 복잡한 그 발명품은, 지금은 일상적인 전자제품이 되어버린 PC의 기능과 특징을 구체화한 기계였다.

이 연구 센터의 모회사에서는 팔로알토의 연구자들이 개발한 상품 —— 역시 이 연구팀에 의해 개발된 레이저 프린터를 제외한 —— 을 시장에 소개하는 적절한 시기를 선택하는 데 상당한 어려움을 겪었다. 그럼에도 불구하고 그들의 개발품은 전세계 테크노매니아들(technophiles)의 지대한 관심을 불러일으켰다. 그 중에서도 특히 젊은 열성 기업가인 스티브 조브스(Steve Jobs)는 제록스 파크(Xerox Park)를 방문해 구경한 것에 대해 대단한 흥미를 갖게 되었다. 그리고 얼마 후 조브스와 그의 동료인 스티브 보즈니아크(Steve Wozniak)는 새로운 제품——작지만 완전한 기능을 갖춘 컴퓨터를 전자 취미 생활자들이 직접 꾸밀 수 있게끔 되어 있는 조립용품——을 개발하는 사업에 착수했다.

보즈니아크와 조브스가 애플(Apple)이라고 이름 붙인 이 회사는 그렇게 조촐한 출발점에서 시작해 곧 완제품 모델을 생산하게 되었다. 그들의 회사가 번창해나감에 따라 타사들이 이 새로운 시장으로 몰려들었다. 마침내 IBM도 게임에 참가했다. IBM은 도스(DOS)라고 불리는 소기업 디스크 오퍼레이팅 시스템을 선택함으로써 독립 소프트웨어 판매자들이 새로운 PC의 응용 프로그램을 제작할 수 있는 실질적인 표준을 창조했다. 물론 그 소기업은 계속 소규모로 남아 있지는 않았다. 오늘날 마이크로소프트(Microsoft)의 주식 총액은 IBM과 거의 맞먹는 규모가 되었다.

IBM의 추천에 힘입은 PC와 응용 프로그램들은 점차 비즈니스계에서 큰 호평을 받기 시작했다. 그러나 경험과 개인적인 관찰을 통해 스프레드시트(spreadsheet)와 워드프로세싱 프로그램의 개별적인 이점이 증명되었음에도 불구하고 미국 정부의 조사에 의하면 1970년대와 1980년대 동안 사무부문에서 별다른 성과는 보이지 않았다. PC에 쏟아부은 거액의 투자에도 불구하고 사무실의 이익은 공장이 얻는 이익에 훨씬 못 미치는 것이었다.

사무실을 「컴퓨터화」하려던 초기의 시도는 절차에 대한 어설픈 이해와 비생산적인 엄밀성으로 인해 이미 확보한 땅을 고스란히 빼앗기는 상황을 초래하고 말았다. 다시 말하면 컴퓨터화는 하나의 일을 마치는 데 필요한 한두 가지 규칙의 임의적인 조정을 어렵게 만든다는 이야기다. 비록 직접적인 인과관계를 밝히는 것은 불가능할지도 모르지만, 개인 권한 부여의 움직임은 마침내「화이트 칼라층」의 생산력이 증가하기 시작한 1990년을 전후해서 나타난 것 같다.

그러나 적어도 1980년대 후반에 이르기까지 공장에서 사용된「개인용」컴퓨터는 사무실에서 사용된 컴퓨터보다 뚜렷한 성과를 올렸다. 기계는 마이크로 프로세서의 제어 아래 저마다 명확히 구분된 과업을 수행했고, 제어장치는 결과를 측정하고 명쾌한 데이터를 기초로 알맞은 수정을 가함으로써 기계의 작업능력을 향상시켰다. 예를 들어, 완전한 기능을 갖춘 VCR에 대한 부품 리스트, 조립 단계, 그리고 성능의 표준 등은 공정제어의 객관적인 기준점을 제시하는 것이었다.

마이크로 프로세서는 서로 공통된 언어로 말하고 응답할 수 있기 때문에 기계 사이의 통신과 조정이 한결 쉬워진다. 그리고 이런 모든 것이 질을 향상시키는 요소가 된다. 1980년대 초반에 이르자 대부분의 소비자들은 새로운 참가자(특히 일본의)가 생산하는 제품이 오랜 역사를 자랑하는 기업의 기존 제품보다 훨씬 우수하다는 사실을 알게 되었다.

결과적으로 미국 회사의 시장점유율은 각 산업부문에 걸쳐 차례로 현저하게 떨어졌다. 그러나 몇몇 잘못된 출발 이후「질」은 미국 내 거의 대부분의 사양산업에서 신앙이 되었으며, 시간이 지남에 따라 공장 일선으로부터 습득된 훌륭한 교훈은 사무부문에도 영향을 미치기 시작했다.

제조부문에서의 품질 지향적인 원칙은 어떤 식으로 사무 부문에 적용되는가? 과거의 구식 공장들은 기계 사이에 아무런 통신도 없이 미리 조절된 엄밀한 방식에 따라 움직였다. 그것은 계층적으로 조직된 관료주의와 비슷한 방식으로 운용되었으며, 서로 격리된 컴퓨터들은 상황을 바꾸는 데 그리 큰 도움이 되지 못했다. 한편 현대의 제조 공장과 마찬가지로 오늘날의 지식 노동(knowledge work)은 생산품의 구상에서 시작하여 수명이 끝나게 되는 재활용품 폐기통으로 이어지는 양방향 정보교환에 의존하고 있다. 그런 경우 그에 관계된 사람들은 이른바 하드 데이터뿐만 아니라 여러 가지 모호성(am-biguities)도 공유해야만 한다. 다행히도 융통성 없이 1과 0에 의존하는 기계들은 이 새로운 활동무대에서도, 더욱이 이제 막 모습을 드러내기 시작한 또 다른 컴퓨팅 패러다임 안에서도 중요한 역할을 담당할 수 있다.

커뮤니케이션 강화

컴퓨터와 통신이 관계를 맺기 시작한 것은 이미 1950년대의 일이다. 기술력의 지속적인 성장은 사람, 기계, 그리고 데이터를 강력히 연결시켜주는 새로운 실재물을 창조하기 위해 기술혁신에 합류했다. 그리고 이 세 가지 적용영역의 결합은 지금까지 보아온 어떤 것보다도 높은 생산성의 증대를 약속한다.

개인적인 사용자의 입장에서 볼 때 이 새로운 패러다임의 가장 분명한 성과는 인간 사이의 통신——그 중에서 특히 멀티미디어를 이용한 원격 회의——에서 일어날 것이다. 손바닥만한 포켓 컴퓨터의 디스플레이, 전자 노트북, 데스크탑 PC, 또는 회의실의 프로젝션 스크린은 먼 곳에 있는 회의 참가자들에게 각자의 목소리와 이미지를 불러오는 대여섯 개의 비디오 윈도를 담게 된다. 더 나아가서 소프트웨어, 그래픽, 그리고 문서의 공유는 모든 참가자들이 완벽한 조망 안에서 주된 문제에 서로 영향을 미칠 수 있는 공용시각 공간 (common visual space)을 만들어낸다.

그러한 환경에서 참가자들은 신체적인 참석이 가져다 주는 불편함 —— 오랫동안 앉아 있어야 한다든가 참석할 수도 없게 되는 —— 을 경험하는 대신 필요에 따라 회의에 들락날락할 수 있다. 게다가 회의 도중 모든 참가자들이 퇴장하는 일이 생길 경우에도 회의는 계속 진행되기 때문에 나중에라도 고려 중인 문제를 재검토하거나 계속하기 위해 다시 입장할 수 있다. 결과적으로 이러한 회의방식은 여러 장소에 산재해 있는 사람들의 참가를 지원할 뿐만 아니라 개인이 여러 회의를 모니터하고 모든 회의에 참가할 수 있도록 해준다. 결국 시간도 절약하고 생산효과도 높이는 기회를 더 많이 가질 수 있게 되는 것이다.

마찬가지로 사람과 기계 사이의 통신에서 단순한 키보딩을 넘어서는 신속한 진보의 움직임을 목격하게 된다. 특히 「사용자의 말로 조직되는 컴퓨터」는 1990년대 후반에 이르면 보편화될 것으로 예상된다. 벨 연구 단지의 내 동료는 실물 설명을 들으려고 찾아오는 방문객을 위해 연구실 구석에 음성 인식 시스템 —— 마이크로폰, 확성기, 그리고 컴퓨터 —— 을 설치해놓았다. 그러나 이제 그럴 필요가 없어졌다. 그는 스피커폰을 손가락 끝으로 가볍게 한 번 두드리고 전화 버튼을 누르는 대신 수신자의 번호를 말한다. 녹음된 「교환수」의 목소리가 그에게 「수신자 지불, 제3자, 또는 콜링 카드」 중

하나를 선택하라고 하면 그는 방문자에게 자신이 발명한 인식 소프트웨어의 성능을 단순히 목소리만으로 보여주곤 한다.

말을 인식하는 능력 이외에도 오늘날의 신형 컴퓨터들은 손으로 갈겨쓴 문자까지도 이해한다. 1990년대 초반에 개인 사용자들에게는 별다른 인기를 얻지 못한 펜 사용 방식의 전자 타블렛(electronic tablet)은 상업적으로는 활발하게 이용되기 시작했다. 우편물 배달 서비스 업체에서는 전자 타블렛을 통해 전자서명을 받고, 주식 중매인은 거래를 기록하고, 대형 도매점의 직원들도 그것을 들고 다니며 재고사항을 적어 넣는다.

대부분의 사람들은 깨끗하게 활자화된 텍스트를 통해 정보를 섭취하고 싶어하는 반면에, 일반적으로 자신이 직접 타이핑하기보다는 말을 하거나 갈겨쓰는 쪽을 선호한다. 나의 경우만 보더라도 누군가가 간단한 질문이 아닌 다른 용건으로 전화했을 때는 대체로 서면으로 문제를 밝혀달라고 요구하게 된다(물론 그 통화자가 상사가 아닌 경우에 말이다. 나의 상사는 좀더 자세히 이해하기 위해 내 생각을 종이 위에 일목요연하게 적어달라고 한다). 따라서 컴퓨터의 음성·육필 인식능력은 당연히 컴퓨터의 상사인 우리 인간들이 원하는 방식으로 의사소통할 수 있도록 해줄 것이다.

마지막으로 이 새로운 컴퓨팅 패러다임은 거대한 생데이터(raw data)의 덩어리를 캐내어 소량의 귀중한 데이터를 추출해 정확히 제시함으로써 데이터 접근을 좀더 용이하게 해주고, 결과적으로 그러한 데이터를 이용하는 이들의 생산력을 강화시킬 것이다. 예를 들어, 인터넷에 접속하면 세계적으로 수백 개 도서관의 도서목록을 읽을 수 있을 뿐 아니라 미국 국회도서관의 카드 도서목록에도 접근할 수 있게 되었다.

데이터 프로세싱 패러다임은 개별적인 데이터 베이스로의 접근을 가능하게 해주는 데 비해, 수많은 프로세서를 병합시킨 새로운 컴퓨팅 방식은 접근을 극적으로 풍요하게 만들었다. 특히 눈부시게 발전한 프로세싱 능력은, 사용자가 여러 개의 데이터 베이스를 엄밀히 조사해 숨겨진 정보를 찾을 수 있도록 해준다. 예를 들어, 전염병을 관찰하는 데 도움이 될 수도 있는 어떤 정보에 대해 생각해보자. 한겨울에 남부 지방으로 여행하는 것은 감기에 걸릴 확률을 높이는 것일까? 물론 직접 이곳 저곳을 돌아다니며 조사하도록 여러 명의 취재인을 고용할 수도 있을 것이다. 그러나 단 한 사람이 컴퓨터를 이용해 이미 존재하는 데이터 베이스를 조사함으로써 얻게 되는 성과가 어떤 것일까 생각해보라.

대부분의 여행자들은 신용카드를 이용하기 때문에 카드 회사는 청구기록을 통해 여러 도시를 방문한 사람들의 명단을 파악할 수 있으며, 그 도시에 머물면서 그들이 대략 어떤 일을 했는가도 알 수 있다. 문제의 여행자가 여행지역 내에서 병원을 찾아야 할 정도로 아픈 경우에는 보험금 청구서를 활용하면 된다. 기후가 중요한 요소였을까? 각 탐색(lookup)은 여러 가지를 조사할 수 있게 해준다.

최근에 이르기까지 그러한 과업에 필요한 컴퓨팅은 일반적으로 이용할 수 있는 컴퓨팅 자원의 한계능력을 초과해왔다. 그러나 멀티프로세서 컴퓨터의 출현으로 그러한 상황은 종식되었다. 실제로 1990년대 초반 강력한 민간용 컴퓨터의 대부분은 데이터 베이스 응용에 활용되었다. 전보다 더욱 세련된 데이터를 캐낼 수 있는 가능성이 지속적으로 향상되어감에 따라 데이터 베이스를 통해 얻게 되는 정보의 가치는 우리의 최신 컴퓨팅 패러다임을 무엇보다도 중요한 것으로 자리매김할 것이다. 각 분야의 분석가들은 이러한 네이터 머미들에 어떻게 대처해나갈 것인가? 여기에서 우리는 이 새로운 컴퓨터 패러다임이 시각화를 가능케 함으로써 지식을 강화시키리란 것을 예상할 수 있다.

시각화라는 것을 궁극적인 스프레드시트로 생각해보자. 어린아이가 집짓기용 블록 더미를 처음으로 대할 때와 마찬가지로 사용자들은 3차원의 이미지를 이리저리 다루며 비언어적인, 거의 전의식적인 (preconscious) 차원에서 「느낄」 수 있게 된다. 말하자면 「데이터와의 놀이」와도 같은 것이겠지만, 지금까지는 불가능했던 심오한 의미에서의 놀이가 될 것이다.

이러한 응용이 다른 사람, 모든 종류의 기계, 그리고 마침내는 총체적인 세계와의 유대를 형성함으로써 생산성을 강화해나간다면, 컴퓨팅의 새로운 패러다임은 현재 우리가 처해 있는 경제적 딜레마 —— 최근 생산력의 도약으로 발생한 잉여 노동력을 어떻게 처리해나가야 하는가에 대한 문제 —— 에 대한 적절한 해결방안을 제시할 수 있을 것이다. 새로운 기회는 이미 형성되어 있는 비즈니스 간의 상호작용과 그 틈새에서 가장 쉽게 발견할 수 있기 때문에 시야를 넓혀나갈 필요가 있다. 이 때 컴퓨팅과 통신의 합병은 고객과 고객의 요구를 충족시켜줄 새로운 방법을 연결시키는 새로운 수단을 제공할 것이다. 이와 같은 요구는 시장이라고 불리는 메커니즘을 통해 나타난다. 다음 장에서는 그러한 시장에 대해 살펴보도록 하자.

3

경 쟁

처음 미국으로 오면서 나의 가족과 어린 나는 스코틀랜드의 클라이드 강을 따라 줄지어 늘어선 조선소에서 제작된, 자랑스런 해양 정기 여객선단 가운데 한 척을 타고 대서양을 건넜다. 현재 그 조선소들은 녹슬고 텅 빈 채로 버려져 있고, 클라이드 강의 후계자인 미국과 스웨덴의 조선소들도 똑같은 운명에 처했다. 그러나 이야기는 여기에서 끝나지 않는다. 1993년 후반기에 일본은 세계 제일의 조선국 자리를 인구도 훨씬 적고 경제 규모도 보잘것 없는데다, 그 때까지 조선 업계에서 그리 두각을 나타내지 못했던 한국에게 빼앗기게 된다.

일본이 전후 수십 년 간 기록한 경제적 확실성과 비교할 때 놀라운 대조였다. 대부분의 경제 이론가들에게는 너무 높은 기업 내구성으로 인해 빚어지는 결과가 낮은 내구성이 가져오는 결과보다도 더 큰 문제로 인식되었다. IBM사를 분할하기 위해 1980년대까지 계속된 미국 정부의 노력을 한 예로 들 수 있다. 분명 시대는 변했다.

제2장에서 본 것처럼 과거에 최고의 능률을 자랑했던 생산자 가운데 다수가 줄곧 고전을 면치 못해왔다. 그러나 선두가 바뀌었다고 경쟁이 끝나는 것은 아니다. 소비자들은 더 나은 가치가 등장할 때마다 옮겨 다닌다. 피곤하게도 치열한 접전은 계속되는 것이다. 그리고 어제의 승리자가 곧 새로운 도전자에게 뒤졌다는 사실을 자각하게 되듯이, 오늘의 선두주자는 영원한 우월성을 자신할 수 없는 것이다. 오늘날의 경쟁적인 환경에서 안전한 피난처란 존재하지 않는다.

감히 말하건대 우리는, 특히 누군가가 자신에게 손해를 끼침으로써 이득을 얻을 때 혼란스런 감정상태로 경쟁에 임하게 된다. 어쨌든 패배를 즐기는 사람은 아무도 없다. 그러나 패배의 결과에 대해 가끔씩 후회할 수도 있는 것처럼, 고객으로서의 우리의 행동은 패배를 유익한 것으로 만들기도 한다. 시민으로서의 우리는 선출된 지도자가 우리 국가의 경제적 경쟁력을 높여주기를 원하고, 투자가로서의 우리는 우리의 주식과 저축이 최대의 수익을 가져다 주기를 바라며, 소비자로서의 우리는 가격에 걸맞은 제품을 찾아 헤맴으로써 제품의 효율성에 보답한다. 경쟁을 자극하는 것은 소비자들이다. 그리고 테크놀로지가 계속해서 소비자의 영향력을 확대시키기 때문에 경쟁은 더욱 격렬해질 것이다.

이런 맥락에서 우리는「소비자」의 개념을 현금이나 신용카드를 손에 든 사람에 국한시킬 필요가 없다. 이 책에서는 현대의 품질 향상용어법에 근거해서 소비자라는 용어를 더욱 광범위하게 사용하고 있다. 일련의 공정에서 하나의 단계는 바로 그 윗단계의「소비자」역할을 하며, 확대해서 보자면 모든 단계는 각각 이전 단계의 소비자다. 따라서 소비자의 의견은 경쟁으로 야기된 공정 향상의 첫번째 단계인 것이다.

바로 여기에 패러독스가 존재한다. 우리가 우리의 경제적 안정을 추구하는 동안, 소비자로서 우리가 취하는 모든 행동은 현재 진행되고 있는 변화를 야기하는 것이다. 시간이 흐름에 따라 안정과 경쟁이라는 두 가지 세력은 부침을 거듭한다. 오늘날 확고하게 권좌에 앉은 쪽은 물론 경쟁이다.

독점권─동과 서

정보혁명의 첫 물결이 인 1970년대는 과도기였다. 그 때까지 미국의 산업재벌들은 전세계에 걸친 경제적 지배권력의 정상에 자리잡고 있었다. 의미심장한 경쟁은 과거지사에 불과할 뿐이었고, 기업의 친화성이 당시를 지배하고 있었다.

1950~1960년대 대부분의 기업들은 간부 교육생을 선발할 때 경쟁적인 후보자보다는 협동적 성향을 지닌 후보자를 선호했다. 《조직인간(The Organization Man)》이라는 저서에서 윌리엄 H. 와이트(William H. Whyte)는 당시 소유경영자의 이름을 딴 빅(Vick)사에서 직접 경험했던 양성 프로그램을 빌려 그 시대의 상황을 설명했다. 빅은 경쟁적인 성향의 관리자들을 높이 평가했고, 관리자 양성 프로그램을 경쟁이 지배하는 군대에서 용장을 꿈꾸는 이들 사이의 장교 임명장 다툼으로 보았다. 말하자면 와이트는 경쟁이 과거의 잔

재에 불과한 것이 아니라고 말하기 위해 이러한 예를 든 것이다.

당시 간부양성 프로그램은 후보자들 사이의 경쟁을 배격했다. 그때는 모든 사람들이 협력하는 시기였던 것이다. 성공은 다른 이들보다 잘 협력할 수 있는 사람에게 찾아들었다. 그러한 사교적인 시대의 협동은 같은 의견을 지닌 동료들과 화합할 수 있는 능력을 의미했다. 그렇다고 분열을 일으키는 변화를 사전에 차단하기 위한 포럼을 상상할 필요는 없다. 관료가 소비자를 조금이라도 생각한다면, 그것은 소비자들의 필요에 자신을 맞추기 위해서라기보다는 오히려 그 반대, 즉 그의 필요에 따라 소비자들의 움직임을 조절하기 위해서다. 어쨌든 누가 그토록 안정되어 있는 배를 뒤흔들고 싶겠는가?

1950년대의 어떤 베스트셀러 소설은 그러한 환경을 반영해 직업적인 성공이라는 문제에 직면한 소설적인 인물 하나를 그려냈다. 이 허구의 인물은 정상을 향해 발버둥쳐야 하는 것일까, 아니면「한정된 꿈」에 만족한 채 그냥 눌러앉아야 하는 것일까? 한정된 꿈을 선택하자 만족스런 직장과 성장해나가는 조직 내에서의 일정한 승진 보장, 그리고 가정, 가족, 사교적인 오락을 즐길 수 있는 여가시간을 얻게 되었다. 그렇지만「정상으로 향하는 출세가도」의 매력은 이 전형적인「회색 플란넬 양복을 입은 남자」가 초과 근무와 장거리 출장을 감수해야 할 정도로 유혹적이지 않았을까?

당시의 진로 선택은 그 시대의 시어스 로벅(Sears Roebuck)의 카탈로그에 사용된 평가 시스템———「좋다」,「더 좋다」, 그리고「가장 좋다」라는 세 가지의 평가기준———과 다를 바 없었다. 누구나 벌어들인다는 것은 기정 사실이었다. 중요한 것은 얼마만큼을 위한 선택이냐 하는 것이었다.

겉으로 보기에는 과거지사에 불과한, 경쟁에 대한 빅 씨의 견해와 마찬가지로, 오늘날의 비즈니스 환경과 비교해볼 때 하락 위험률이 미미한 그 시대에서 이 소설의 인물은 하나의 이채로움이었다.

과연 무엇이 잘못될 수 있었을까? 제2차 세계대전 이후의 경제학자 가운데 가장 뛰어난 지각력을 갖춘 이들은 억제되지 않은 경쟁의 와중에 거둔 거대 기업들의 승리를 찬양했다. 그러한 기업들이 앞날의 부단한 성장을 기대할 수 있었던 탓에, 마치 화약이 발명되지 않은 시대에 살고 있던 난공불락의 요새 내의 거주자들처럼 조직 경영자들은 행운의 미래를 꿈꿀 수 있었다.

20세기 중반 미국 산업의 힘은 무시무시해보였다. 다수의 확고부동한 산업——자동차, 제철, 제약, 전자 통신, 항공기, 전자 등——에서 확실한 우위를 점하고 미국인들은 그 당시 미국이 주도한 기술혁신으로 태어난 트랜지스터, 전자 컴퓨터, 그리고 핵 에너지와 같은 새로운 분야에서도 그와 같은 성공을 거둘 것이라고 확신했다.

GM이나 RCA와 같은 회사들이 보유한 거대한 규모의 경제에 누가 감히 맞설 수 있었겠는가? 대량생산에서 오는 이익을 향유하는 것 이외에도 그러한 기업들은 수천만 명의 소비자들에게 충성할 것을 명령했다. 그리고 예비부품과 훈련된 수리 기술자들을 보유한, 광범위한 판매 대리점 조직망을 전 지역에 배치했다. 급부상한 신진 기업들은 감히 생각지도 못할 규모가 아니었을까?

그런데 가치 패러다임이 갑자기 바뀐 것이다. 품질이 구매의 필요조건으로 자리잡게 되자 경쟁이 다시 모습을 드러냈고, 신진 기업들이 마구 등장하면서 업계의 기존 세력들을 하나씩 몰아냈다. 가전제품 업계를 보자. 진공관 시대에 이 분야를 장악했던 유명 상표들은 과거의 기억 속에서만 살아 있을 뿐이다. 오직 모토롤라(Motorola)

사만이 오늘날 전자제품 업계의 선두 제조업체 대열에서 한 자리를 차지할 수 있었다. 그러나 모토롤라는 경주에서 뒤떨어지지 않기 위해 기존의 소비자 산업을 포기해야만 했다.

기업이 더 이상 불사신이 아닌 지금, 정부는 과연 외국 경쟁의 압력으로부터 국민들을 보호할 수 있을까? 대부분의 국가들은 국경을 넘어 자국 내로 유입되는 재화와 용역을 규제하기 위해 관세나 무역협정 등에 의존하고 있다. 그러나 모든 경제적 가치 안에서 지속적으로 증가하는 정보량은 그러한 규제를 점점 더 어렵게 만들고 있다〔관심 있는 독자들은 그러한 난점에 대한 흥미 넘치는 보고를 월터 리스턴(Walter Wriston)의 저서 《통치권을 넘어서(Beyond Soverei gn-ty)》에서 찾을 수 있다〕. 게다가 어떤 경제 이론가들은 세계 경제(global economy)가 등장함으로써 소재지에 관계 없이 가장 효율적인 생산업체의 발전이 촉진되리라는 점을 시사하면서 무역장벽은 역효과를 낼 뿐이라는 견해를 밝혔다.

그러나 이론가들 사이에 만장일치라는 것은 거의 없다. 어떤 이론가들은 경쟁을 필연적인 것으로 보는 반면, 다른 이들은 쓸데없는 자원의 낭비라고 생각하기도 한다. 최근에 이르기까지 후자의 생각이 세계 여러 나라의 경제적 입장을, 그 중에서도 특히 동베를린에서 하노이까지 걸쳐 있는 계획경제를 지배해왔다.

제1차 세계대전 직후에 태어난 소련은 유래를 찾아보기 힘들 정도로 잔혹한 제2차 세계대전의 공격에도 살아남았다. 외국에 의한 점령과 내전이 초기 소련의 특징이었다. 무자비한 독재정권과 끔찍한 기아로 단련된 소련 국민들은 수많은 장애물을 극복하면서 20세기 후반기에 세계 제2의 초강대국으로 자리잡았다. 많은 사람들의 눈에 소련은 모든 인류를 지배할 만반의 태세를 갖춘 듯했다.

인류 역사에서 소련만큼 기술과 가까운 관계를 맺은 국가는 없었다. 『공산주의는 전화(電化)다』라는 문구는 널리 유포된 대표적인 슬로건이었다. 스탈린그라드와 같은 제철 도시들은 5개년 경제개발계획이 꾸준한 성공을 거듭함에 따라——— 과거의 대성당들이 그랬듯이 우후죽순격으로 성장해나갔다.

제철, 석유 산업, 철도 시설 등 어떤 기준으로 평가하더라도 소련의 산업 기반은 세계 어느 나라와 비교해도 뒤떨어지지 않을 만한 것이었다. 광활한 영토와 엄청난 인구, 서방 세계의 호적수들을 능가하는 천연자원을 가진 소련은 기술자, 교사, 그리고 과학자 등의 인적 자원에서도 수적인 강세를 보였다. 게다가 이런 인상적인 성취는 양에서뿐만 아니라 질적인 면도 반영한 것이었다. 수학과 이론물리학 분야에서 거둔 소련의 성과는 신속한 핵무기 개발에서 나타났다.

소련이라는 새로운 세력(raw power)을 맞아 고전하며 의기소침해진 서방 세계를 보면서, 이 위대한 제국이 30년이라는 세월이 채 흐르기도 전에 비틀거리며 붕괴하리라는 사실을 누가 예측이나 할 수 있었겠는가? 필요하다면 핵전쟁으로 전세계를 상대할 수 있을 것 같았던 소련의 지도자들은 그들이 쌓아 올린 세력의 기초가 힘없이 무너지고 있다는 사실을 알게 되었다. 4세대를 넘는 세월 동안 국민들이 경제적 부흥을 위해 피를 흘렸음에도 불구하고 소련 경제는 결국 대혼란을 면치 못했다. 관료들은 여전히 자리를 차지하고 있었다. 그러나 「공무원」의 처신은 더욱더 절망감을 느끼는, 충족되지 않는 국민의 요구와는 전혀 상반되는 것이었다.

1980년대 중반에 이르자 한때는 스푸트니크(Sputnik)에 대한 자부심을 가진 적도 있던 소련 국민들은 자기네 제품이 서방측이 생산한 뛰어난 모델의 조악한 모조품이란 사실을 자각하게 되었다. 그리고 이러한 질적인 결점이 누적되어 결국 모든 시스템을 실패로 이끌었다. 왜 그랬을까? 우리가 앞에서 살펴본 것처럼 테크놀로지는 정밀한 기계장치의 제어에서부터 네트워크화된 컴퓨터 관리에 이르기까지 생산업의 변화를 가져왔다. 기계 시스템의 특성인 불요불굴의 완고함은 하나로 통제된 상의하달 기능의 계획과 관리에 적합하고, 컴퓨터 네트워크는 정보를 한쪽 —— 생산공정의 한쪽 끝에서 다른 끝 —— 으로 옮기는 데 탁월한 능력을 갖고 있다. 복사기마저도 자물쇠로 잠가 두는 정치체제하에서 공장 기술자가 소비자들과 전자우편을 주고 받는 모습을 상상해보라.

마지막의 헛된 쿠데타에 이르기까지 소련의 지도자들은 정보의 통제를 통해 획득한 권력을 유지하려고 노력했다. 그러한 환경에서 전자 게시판, 데스크탑 출판(desktop publishing), 그리고 수평적 통신을 위한 기계 등은 체제를 위협하는 요소였다. 인접한 과정 사이의 통신은 소비자와 공급자 사이를 자유로이 왕래한다기보다는, 처음에는 계급조직의 한 라인으로 올라갔다가 곧바로 다른 라인으로 내려오는 식이었다. 거기에는 그럴 만한 이유가 있었다. 실질적인 소비자들은 선택할 수 있는 능력을 통해 그들의 세력을 얻는 것이고, 선택의 기회는 곧 경쟁을 의미했기 때문이다.

오늘날의 경제적 성공은 소비자들에게서 취향을 앗아가는 시스템을 선호하는 경향이 있는 것 같다. 헨리 포드(Henry Ford)의 『소비자는 검은색이라는 한도 내에서 우리가 생산하는 자동차의 색깔을 마음대로 선택할 수 있다』라는 명구조차도 20세기의 가장 유명한 자본가의 말이라기보다는 어쩌면 소련 관료들의 입에서 나온 말이라고 생각될 정도다. 그러나 어찌됐든 그런 말이 반영하는 상의하달 방식의 태도는 이제 역사 속으로 영원히 사라진 것처럼 보인다. 결과적으로 오늘날의 소비자 지향적인 경쟁은 더 이상 어제의 관료주의를 승인하지 않고 있다.

독점권 위주의 시대가 만들어낸 내부 중심적인 업무를 수행하던 사무원들은 생존을 위해 더욱 생산적인 방법을 찾아내야만 하는 것이다.

서류사무

전세계의 모든 사무실에서는 공장 일선에서 배운 것들을 엄청난 노동 인력을 필요로 하는 서류사무에 적용하기 시작했다. 경쟁에 대한 압력은 단순한 선택의 기회——사무실의 능률화, 아니면 폐업——를 그들의 눈앞에 들이댄다. 생산 공장은 계속해서 개선되는 반면에, 활발히 진행된 생산력의 향상은 더 이상 줄일 수 없을 정도로 직접 노동의 비용을 줄였다. 산업 기준치(industrial norms)는 대형 컴퓨터의 판매금액에서 실제로 컴퓨터를 조립하는 공장이 차지하는 비율이 이제는 한 자릿수로 떨어졌다는 사실을 보여준다. 요즈음 대부분의 주요 컴퓨터 회사들이 재정 곤란을 겪을 때마다 대대적인 감원을 선포하는 것은 당연한 일이다.

흥미롭게도 대부분의 거대 기업들은 기업운영에 별다른 타격을 입지 않고도 감원을 감행할 수 있는 듯하다. 또한 그로 인해 순수익은 현저하게 늘어난다. 우리 모두가 부당한 면직이라고 개탄하는 데 반해, 감원으로 얻은 긍정적인 성과는 결국 서류사무가 적자의 원인이었다는 것을 시사한다.

바로 여기에 논점이 있는 것이다. 계급조직은 복잡성을 처리할 수 있게 해주었고, 대규모의 자동 생산기술에 대한 선행투자 계획과 상의하달 기능의 조정에 중추적인 역할을 맡았다. 그러나 그러한 구조는 특히 서류사무가 생존하는 한, 비용 낭비와 함께 유연성의 감소를 초래한다. 경쟁에 민감한 경영 간부들이 그러한 방해물을 벗어버리려고 늘 분투하는 것은 전혀 이상한 일이 아니다.

계급 관료주의는 재정적인 짐을 강요하는 것 이외에도 결정 과정의 속도를 늦춤으로써 다른 조직과 효과적으로 경쟁할 수 있는 능력을 감소시켰다. 기존 경영층은 정보를 피라미드형 조직의 위아래로 움직였다. 정보는 피라미드를 올라가면서 추상화되고 내려올 때는 구체화되는 것이다. 각 층에서는 경영자들이 결의 여부를 놓고 시간을 낭비한다. 전달을 방해하지 않으면 그들이 할 일은 아무것도 없을 것이다. 관료주의적인 환경에서는 중요한 결정사항이 제1선에서 최고경영층까지 올라갔다가 내려오는 데 대개 몇 개월씩이나 소요되기도 한다.

더 나쁜 것은 사업에 필요해서 행하는 것보다는 조직 자체의 이익을 반영하는 정보 여과(information filtering)가 더 많다는 점이다. 거대한 컴퓨터 회사를 상상해보자. 메인 프레임, 소형 컴퓨터, 그리고 PC 등 이미 확립된 사업 외에도 최근 들어 워크 스테이션 계통에 손을 대기 시작했다고 생각해보자. 회사가 이 새로운 시장으로 진입하는 데 계급조직은 어떤 식으로 영향을 끼칠 것인가?

회사의 경영위원회가 갓 출범한 워크 스테이션 사업에 필요한 자력 지원요청을 받았다고 가정하자. 이런 경우 일반적으로 위원회에 속한 상급 경영자들은 하부의 의견을 알아보기 위해 이러한 요청을 그들 각각의 피라미드를 통해 내려보낸다. 최고경영자는 결국 모든 문제에 대해 전문 실무자만큼 알 수 없다. 그렇다면 「전문 실무자」

는 어떻게 반응하는가? 이미 존재하는 각각의 제품 라인은 시장의 신규 참가자를 어느 정도——— 기업의 자원과 시장 점유율의 차원——— 까지는 경쟁자로 생각한다.

회의가 열리고 모두가 바빠 보인다. 조직 간에 해결해야 할 일 때문에 여러 가지 문제점에 대한 연구를 해야 하고 엄청난 분량의 보고서를 준비해야 한다. 관료주의가 내부를 상대로 경쟁하고 있을 때, 좀더 민첩한 단일제품 생산회사들은 시장에 뿌리를 내리기 위해 노력한다. 그러한 업무처리 방식이 과거에는 어떠한 가치를 지니고 있었든 간에, 현실의 결과는 명백한 메시지를 전달한다. 기존의 기업들이 내부 집중적인(internally focused) 계급 조직의 힘을 교차탄력적(cross-elastic)인 제품의 참가를 방해하는 데 소비하는 동안, 선 마이크로시스템(Sun Microsystems) 사와 실리콘 그래픽스(Silicon Graphics)사와 같은 신진기업들은 워크 스테이션을 판매함으로써 10억 달러 규모의 회사로 성장했다. 첨단기술을 보유한 회사일지라도 방만한 서류사무 때문에 곤란을 겪기는 마찬가지인 듯하다.

대량 서류업무가 정보혁명의 실현을 예고하는 것일까? 또는 정보혁명에 앞서 자동적으로 움직이던 산업시대의 마지막 숨결을 보여주는 것일까? 앞에서 언급한 대로 관료주의는 양적 시대의 안락의자에 편히 앉아 있었고, 그 뒤를 이은 질적 시대의 강력한 경쟁 압력 밑에 숨어 있었다. 자리를 고수하던 이들은 여러 산업——TV, 복사기, 자동차, 카메라, 그리고 수많은 다른 산업——에서 같은 종류의 제품을 더 좋게 더 값싸게 제공하는 상인들과의 접전에서 무참한 패배를 당했다. 그래서 방어자들은 단순한 생존의 방안으로 제품의 질을 높였고 비용절감을 위해 직원수를 줄였다.

그러나 서류사무를 감축하는 것만으로는 충분하지 않을시도 모든

제3장 경 쟁

제3장 경 쟁
87

다. 미래를 내다볼 때 정보 여과를 위해 계급제도적인 방식으로 움직이는 사무실은 곧 직접 정보접근을 위해 조직된, 재치 있는 경쟁자들에게 추월당하리라는 예측을 할 수 있다. 훌륭한 예로 샘 월턴 (Sam Walton)의 경우를 들 수 있다. 그는 경이로울 만큼 성공적인 소매업체 월마트(Wal-Mart)를 세우면서 전통적인 결정 절차 대신 실무 차원에서의 직접적인 정보공유를 채택했다. 예를 들어, 월마트는 구매·수령·지불계정 시스템의 제고를 위한 향상을 추구하는 대신, 완전히 다른 경과(process)를 창출하기 위해 공급업체 가운데 하나와 팀을 이루었다.

일회용 기저귀가 등장한 이후 계속 아기에게 관심을 가져온 사람이라면 누구든지 이 특정 품목의 중요성을 알 것이다. 우유나 유아용 유동식을 제외하면 가정에서 사용되는 것 가운데 일회용 기저귀만큼 막강한 힘을 행사하는 제품은 없을 것이다. 소매점에 물건을 공급하는 도매점뿐만 아니라 적어도 고객의 실망에 개의치 않는 소매점이 아니라면 선반 위에 충분한 양의 기저귀를 채워놓는 것은 기본이다. 아기의 부모와 마찬가지로 소매점도 재고품이 떨어지면 공급업체에 급히 연락하게 마련이다.

월마트의 독창력이 게임의 법칙을 바꾸기 전까지 기저귀 생산업체들은 생산 라인을 고객들의 불규칙한 주문에 맞추기 위해 최선을 다했다. 생산 기술자들은 생산 라인이 일정한 흐름으로 움직이는 것을 원한다. 생산 라인을 멈췄다가 다시 돌리는 일을 반복하게 되면 성가실 뿐 아니라 순이익이 대폭 하락하기 때문이다.

1991년 월턴은 색다른 제안을 들고 프록터 & 갬블(Procter & Gamble : P&G)사를 찾았다. P&G는 거래 회사의 구매 담당자가 주문을 할 때까지 기다리는 대신 월마트의 물건값을 계산하는 스캐너

를 통해 제품의 판매상황을 파악한 후 지속적으로 공급하는 책임을
지고 자동적으로 대금을 지불받으면 되는 것이었다. P&G는 구매조
직으로부터의 주기적인 대량주문이 아닌, 최신 판매 데이터를 생산
에 직접 연결시킴으로써 원활한 생산이 가능해졌고 아울러 예측할
수 없는 일에 대비해 비축했던 재고품의 양도 감소시킬 수 있었다.

이러한 시험계획의 성공은 처음에는 P&G의 전체적인 생산 라인으
로, 그리고 나중에 가서는 다른 공급업체들로 이어졌다. 더 나아가
이러한 시스템은 경쟁에서 뒤떨어지지 않기 위해 갖은 노력을 다하
는 또 다른 첨단 소매업체들과 계속해서 교류를 맺어오고 있다. 이
제 중요한 서류는 더 이상 조직들을 빈번히 왕래하지 않아도 되고,
관련조직에게 내부 중심적인 일을 부여하지도 않으며, 때로는 그러
한 조직 자체의 존재의의조차 필요 없게 한다. 그런 서류 대신 극히
간단한 방법으로 공급업체에 대한 정식지불이 자동적으로 이루어진
다. 서류는 마치 그들이 공급하는 소매 효과의 일부분처럼 보인다.

그러나 정보의 공유는 단지 서류사무의 비용만을 큰 폭으로 삭감
시킨 것은 아니다. 1993년 월마트와 케이마트(K mart)사는 각각 자
신들의 데이터 베이스를 관리할 목적으로 당시 사기업이 보유할 수
있는 가장 강력한 컴퓨터 2대를 들여왔다. 양사가 각기 보유한 2,000
여 개의 점포와 각 점포당 8만여 품목에 따르는 가격, 판매, 재고
조사, 그리고 각 품목에 관계된 기타 상황을 계속해서 파악하는 데
는 10억여 가지의 기재사항을 컴퓨터에 입력시키는 업무가 수반되어
야 했다.

소매업체와 공급업체 모두 시기적절하게 접근할 수 있는 모든 정
보——몇 개월 이전의 자세한 데이터까지도 포함한——를 갖춘
판매업계의 두 거인은 서류업무에 집중되어 있던 노력을 다른 곳으

로 돌렸다. 관리자들은 송장과 선적 목록을 구매 주문과 매장의 재고 목록에 일일이 대조해보는 대신 이제는 공급업자들과 제품 하나하나에 대해 자세한 마케팅 계획을 검토하는 데 주력하게 되었다. 경쟁자가 자신의 점포를 살리기 위해 고군분투하는 것은 당연한 일이다. 1992년의 〈비즈니스 위크(Business Week)〉지에 따르면 대부분의 소매업체들이 1년에 6회의 재고자산회전(inventory turns)에 만족하는 데 비해, 월마트의 일부 매장은 60회에 이르는 재고 자산 회전을 처리해냈다고 한다.

이제 월마트 체인은 대부분의 일을 금전등록 스캐너(cash register scanners)를 통과할 때마다 수집되는 모든 정보의 주위로 집중시키고 있다. 특히 스캐너 데이터는 팀 내의 모든 사람들에게 도움을 주는 데이터 베이스로 흘러들어간다. 유타의 파크 시티(Park City)사에서 일하는 가정용품 관리자와 본사의 상무 이사는 사후 보고가 올라올 때까지 기다리는 대신 정보를 교환함으로써 판매동향을 알 수 있다. 월마트의 정보공유는 재고로 인해 묶일 수도 있는 자금을 회전시켜줄 뿐만 아니라 일의 흐름을 단순화시키기도 한다. 교외 거주자들이 선호하는 세제를 가려내기 위해 바이어와 비누 판매사원이 만나 회의를 여는 일은 더 이상 없다. 이제 그들은 고객의 결정을 따른다.

월마트의 종업원들은 가치를 부가할 수 있는 경우에 한해 소매 고객들과 도매 공급자들 사이에 개입함으로써 경쟁 체인에서 근무하는 같은 수의 종업원들보다 높은 이익을 창출한다. 대중 소비시장의 종사자(mass marketer) 한 명이 벌어들이는 금액은 백화점 종업원 한 명이 벌어들이는 금액의 절반 이상을 넘지 않는다는 업계의 정설에도 불구하고 월마트는 시어스(Sears)사와의 비교에서 2 : 1로 승리했다. 월마트의 점포는 지속적으로 증가하고 있는 데 비해, 시어스의 점포 수가 줄어드는 것은 이상한 현상이 아니다.

정보공유의 이점이 각 산업 분야에서 경쟁력을 강화해나감에 따라 과거의 조립 라인이 경험했던 격변이 전통적인 사무에도 불어닥친 것만은 사실인 듯하다. 마이크로 프로세서가 도처에 깔려 있는 현실에서 노동 집약적인 서류사무가 과거의 구식 공장보다 더 상식적이라고 말할 수는 없지 않겠는가? 그런 면에서 과거의 사무환경을 변화시키는 일에서부터 미래를 준비해야 할 것이다.

매개물로서의 종이 그 자체보다는 그것을 어떻게 사용하느냐 하는 문제가 쟁점이다. 오늘날에도 여전히 수많은 지식 노동자들이 내부 집중적인 서류사무의 늪에서 허우적대고 있으며, 이런저런 회의로 갈팡질팡하거나 범람하는 전화 메모 용지를 확인하느라 정신이 없다. 그러한 행동은 과연 얼마만큼의 순이익을 제공할까? 오늘날 전통적인 사무실은 변화를 겪어야 할 운명에 처해 있다. 「사무실」을 휴대하는 사람들의 수는 빠르게 늘어나는 추세다. 카폰, 호출기, 팩스, 그리고 랩탑 컴퓨터가 광범위하게 보급됨으로써 혁신이 한층 촉진되고 있으며, 이러한 현상은 더 광범위한 보급을 부추긴다. 기동성이 향상됨에 따라 전통적인 사무 전략을 적용할 곳이 사라지고 있다.

컴팩(Compaq)사는 고객과 대화할 판매원을 고용한다는 취지 아래 판매 사무실을 폐쇄하고 판매원들을 가정에서 근무하도록 했다. 컴팩은 이러한 자택 근무제를 시행하면서 각 판매원에게 주변기기를 완전히 갖춘 컴퓨터와 함께 포괄적인 데이터 베이스를 이용할 수 있는 네트워크화된 정보접근을 허용했다. 따라서 각 판매원은 전화판매를 실시하기 전에 특성 고객에 대해 완전한 최신 데이터를 조사힐 수 있게 되었다.

결과는 어떠했을까? 컴팩은 불과 과거의 3분의 2밖에 되지 않는 판매원을 채용해 인건비를 절반으로 줄이고도 무려 두 배의 수익을 올렸다. 이는 단지 2년 남짓한 기간 안에 이루어진 일이었다. 컴팩의 판매원들은 시간을 좀먹는 조직 내적인 요구가 줄어들고 필요한 정보로의 직접적인 접근이 허용되자 낡은 시스템 아래에서보다 여섯 배나 많은 컴퓨터를 판매할 수 있었다.

그 다음에는 무슨 일이 일어났을까? 앞에서 간단히 언급한 접전의 영향력이 제대로 발휘되지 않은 상태에서 더 많은 감원조치——특히 우리가 「서류사무」라고 부르는 조직 내적인 「화이트 칼라」층에서——가 이루어지게 된다. 그러나 이와 같이 경쟁자보다 날씬하고 인색해지기 위한 노력은 고통을 참는 연습 이상의 어떤 의미도 될 수 없다. 현제품의 원가를 줄이기 위해 좀더 싼 값으로 정보를 운용하는 것은 필요할지도 모르지만, 이는 장기적인 안목으로 볼 때 그다지 효과적인 전술은 아니다.

정보가치

세계적으로 경쟁력이 높아짐에 따라 사용가능한 정보에서 최대의 가치를 추출해내는 것은 매우 중요한 요소다. 그리고 경쟁을 통한 이점(competative advatage)은 경제의 3대 요소인 노동력, 자본, 그리고 물적 자원에서 지식(knowledge)과 테크놀로지로 이동된다. 마이크로소프트나 델 컴퓨터(Dell Computers)사와 같은 기업을 소유한 30대 억만장자들을 보라.

그러나 「지식」과 같은 포괄적인 개념이 승리에 필요한 전략을 선택하는 데 어떤 도움을 줄 수 있을까? 바로 앞 장에서 자동차 엔진을 생산하는 멀티비트 천공기를 예로 들면서 자동기계에 의한 제조의 한계에 대해 설명했다. 그러한 시스템의 속성은 설계를 결정하는 순간 드러나게 되는 설계자의 지식 상태를 반영한다. 여기에서 우리는, 지식이 시간 안에서 고정된 상태로 움직이지는 않는다는 사실을 알 수 있다. 이것을 개별적인 구성요소가 서로의 요구와 상태에 대한 정보를 교환하는 생산공정에 비유해보자. 각 구성 요소가 하부의 필요 조건과 상부의 자원이 변화하는 상태에 익숙해짐으로써 전체적인 공정은 알맞은 지식을 최대한 이용해 이익을 얻게 되는 것이다.

어떤 사람들은 지식을 오직 축적되는 특성을 지닌, 예를 들면 나이만큼 생일 케이크 위에 꽂힌 초의 개수와도 같은, 획득된 속성이라고 여기기도 한다. 하지만 이와는 달리 우리가 말하는 지식은 흥망성쇠를 결정하는 중요한 요소다. 「세계의 형세와 작용에 대한 믿음」으로서의 지식은 급변하는 세계에서는 부패하기 쉬운 일용품에 불과하다. 테크놀로지가 인간에게 전례 없는 막강한 힘을 제공해줌에 따라 「무엇을 해야 하는지를 아는 것(knowing what to do)」은 경쟁을 통한 이점을 획득하는 데 가장 중요한 요소다. 지식에 대한 이러한 정의는 공장과 사무부문에서뿐만 아니라 판매자와 고객 간의 관계에서도 유효하다.

시티은행(Citibank)이 자신보다 거대한 경쟁자들을 제치고 미국 은행업계의 최정상에 오르는 데 공헌한 리스턴은 현대 비즈니스계에서 가장 뛰어나고 현명한 지도자 가운데 한 명으로 손꼽힌다. 1980년대 초반 리스턴은 동료들에게 정보의 가치에 불어닥칠 대변혁에 대해 경고했다. 리스턴의 견지에서 볼 때 은행이란 해야 할 일을 실행함으로써가 아니라 해야 될 일을 앎으로써 더 큰 돈을 벌수 있는 기업이었다. 그의 생각은 그 당시에는 이해하는 사람이 거의 없을 정도로 유별난 것이었다. 예를 하나 들어보자.

우선 두 개의 전화회사가 있다고 가정하자. 한 회사는 지시대로 고객을 연결시킨다. 다른 회사는 고객이 원하는 바를 정확히 파악하고 있으며, 고객이 요구하는 접속을 위해 첫번째 회사를 고용하고 그에 따라 청구한다. 수신자 부담 전화접속에서 더 많은 이익을 남기는 회사는 둘 중 어느 쪽일까? 바른 답을 예상하기가 어렵다면 실례를 하나 들어보도록 하자. 1990년대 초반 MCI는 고객의 요구를 처리하는 데 자체적인 자원을 좀더 많이 이용하기 위해 전체의 거의 절반에 달하는 회선을 다른 회사들로부터 임차했다. 다시 말하면 해야 할 일이 무엇인지 알게 되면 다른 누군가에게 대부분의 조직 내적인 일을 맡길 수 있다는 것이다. 경쟁을 통한 이점은 고객의 요구를 최대한 잘 파악하는 데 있는 것이다.

미래에는 모든 경제 분야에서 이러한 정보의 기회를 간과해서는 안 될 것이다. 소매업에서 경쟁을 통한 이점을 추구하는 경향이 늘어남에 따라 틈새 시장을 발견하려는 오늘날의 대량 판매자들은 생산 라인을 세분화한다. 그러나 그들 중 대부분은 스스로와 경쟁하는 것으로 끝을 맺게 마련이다. 예를 들어, 제너럴 푸드(General Foods)사는 현재 수백 종에 이르는 젤로(Jell-O)를 판매한다고 한다 (최근 근처의 슈퍼마켓을 방문해서 세어본 것만도 수십 종에 달한다). 그러나 맛의 기호에 민감하게 변화하는 소비자의 움직임은 다른 상표로 이동할 확률도 높게 만든다. 한 상표만을 고집하는 행위는 이른바「관계형성 마케팅(relationship marketing)」으로 불식된다고 주장하는 비즈니스 권위자인 레기스 매케나(Regis McKenna)의 말에 따르면 말이다. 우리 집 부근에 있는 슈퍼마켓은 항공 회사가 단골

고객을 대상으로 실시하는 특별 우대 서비스를 본받기 위해 애쓰고 있다. 그 슈퍼마켓은 「단골고객」이 물건을 구입할 경우 이름과 주소를 알아내고 상품 구매용으로 제작된 특별 할인 쿠폰을 배부하는 등 특별대우를 하고 있다.

분명히 오늘날의 테크놀로지는 고객과의 관계를 통해 새로운 비즈니스를 창출할 수 있는 기회를 제공해준다. 초기의 어댑터에 대한 개인적인 나의 경험이 하나의 예가 될 것이다. 1954년 봄 나는 처음으로 자동차 종합 서비스연합(United Services Automobile Association : USAA)과 관계를 맺게 되었다. 졸업을 앞둔 대학 4학년생이었던 나는 미 육군 통신대에서 소위로서 만 2년 간의 병역생활을 시작하기 전 몇 달 동안을 지방에서 일하며 보낼 작정이었다. 1947년형 프레이저(Fraser)를 새로 구입했으므로 자동차 보험에 가입하려고 USAA를 찾았던 것이다. 제1차 세계대전이 끝난 후 동료들에게 자동차 보험을 제공하려는 취지 아래 육군 장교들이 설립한 USAA는 대상 고객을 미국 군대의 현직 장교, 퇴직 장교, 그리고 임관예정 장교에 국한시켰다. 이미 20여 년 동안 운영되어오고 있던 USAA는 내가 회원으로 등록한 당시에 배와 이동 주택에 대한 보험과 같은 몇 가지의 항목을 추가했다.

1950년대 중반 이후부터 USAA가 취급하는 상품의 범위는 엄청나게 늘어났다. 오늘날 USAA는 재산, 생명, 손해 등의 전체적인 보험뿐만 아니라 신용카드에서 주택개량 융자를 포함한 은행 서비스, 여행사 업무, 부동산 회사와 같은 투자 중개업, 그리고 퇴직 회원들을 위한 주거지 주선에 이르기까지 다양한 서비스를 제공하고 있다.

정보의 모든 단편들이 새롭게 이용되는 듯하다. USAA는 분실되거나 파손된 물품에 대한 보상을 하기 위해 수표를 보내는 대신 도매

가격으로 새 물건을 구입해 전달해주고 있다. 그러나 그것이 전부가 아니다. USAA는 구입 서비스의 일환으로 분실 품목을 카탈로그를 통해 제시해주는 것이다. 회원들이 자주 분실하는 물품에 대한 정보는, USAA 처지에서 보면 고객의 일반적인 선호 경향을 파악하는 데 큰 도움이 되는 것이다.

USAA의 성공은 많은 관심을 집중시켰다. 하버드 대학교에서 이루어진 한 연구는 USAA의 괄목할 만한 판매 성장, 그리고 자원의 생산적인 사용에 대해 특별히 강조했다. 보험회사의 간부들은 한결같이 USAA가 보험업계에서 가장 우수한 회사 가운데 하나라는 평가를 내리는 데 주저하지 않는다. 테크놀로지 설비자들도 USAA를 새로운 아이디어에 민감한, 특별하고 멋진 고객으로 손꼽는다. 한때 보험기록서를 정리하는 사무원들을 고용한 적도 있었던 USAA는 경쟁자들보다 훨씬 앞서 이미지 방식과 전자식 서류처리 방식을 채택했던 것이다. 최근 USAA는 286에이커 넓이의 본사건물 전체에 무선을 보급하는 계획에 착수했다. 그에 따라 USAA의 관리자들은 어디에서 업무를 수행하든 간에, 전화기와 떨어지는 일은 없게 될 것이다. 고객의 인터페이스를 관리하는 능력을 보여주는 이러한 예들은, USAA가 자신이 속해 있는 분야의 막강한 경쟁자라는 사실을 말해준다.

이 예가 시사하는 바와 같이 정보 노동으로 가까이 다가서는 사전행동적인 대처는 판매자(vendor)와 고객 사이의 관계를 확립시켜주며, 이러한 관계는 다양한 비즈니스로의 참여를 후원해준다. 이 모든 점을 감안할 때 현대 정보기술이 비즈니스에 미치는 영향력이 차츰 확대되어가고 있다는 것을 알 수 있다. 그리고 이러한 영향력의 확대는 세계적 경쟁을 강화시키고 있다.

국가 간의 경쟁은 갈수록 심해지고 있으며, 마이크로칩과 세계를 뒤덮은 온갖 네트워크는 수많은 방해에도 불구하고 정보 흐름을 막는 장벽을 대부분 무너뜨렸다. 탱크에 둘러싸인 건물에서 셀 방식의 전화기를 통해 인터뷰에 응하던 모스크바의 보리스 옐친(Boris Yeltsin)을 떠올려보라. 수백만 명의 비밀경찰을 움직이는 정권도 그를 막을 수 없을 만큼 전화 시스템에 대한 이해가 부족했던 것이다.

공산주의 국가가 서방 세계와 겨룰 수 있는 힘을 잃어감에 따라 경제적 경쟁력은 중요성을 더해가고 있다. 한편 구미의 기업들은 동유럽의 시장과 자원을 놓고 서로 각축전을 펼치고 있다. 그리고 또다른 한쪽에서는 중국이 수억 명에 이르는, 잘 교육된 노동 인구를 앞세워 잠재력을 과시하고 있다. 비효율적인 계획경제의 굴레에서 해방된 그들이 자유시장경제에 참여함으로써 —— 만일 국내수요가 생산과 보조를 맞추는 데 실패하게 되면 —— 이미 격렬한 세계의 고용시장 상황이 더욱 악화될 수도 있다. 어떤 전문가들은 세계화를 번영을 향한 확실한 통로로 생각하기도 하지만, 우리는 도처에 깔려 있는 경쟁적 위험을 생각하지 않을 수 없다.

공격자로서든 방어자로서든 간에, 이러한 경쟁에 뛰어든 기업은 경쟁자에 대항하기 위해 어쩔 수 없이 능률을 향상시켜야만 한다. 그러나 테크놀로지는 생산성 향상의 필요성을 증대시킴과 동시에 생산성을 증가시킴으로써 생산성을 향상시킬 수 있는 방법을 제공하기도 한다. 좀더 생산적인 구성요소에 근거한 경제는 장기적으로 볼 때 바람직한 현상이지만, 단기적으로는 혼란을 불러오게 마련이다. 다음 장에서는 고용주들이 더 적은 수의 사람으로도 일정한 양의 일을 할 수 있다는 사실을 알게 될 경우, 어떤 일이 벌어질 것인가에 대해 살펴보도록 하자.

재고용

『마 왕을 굴복시키기 위해 커다란 목소리로 주기도문을 거꾸로 읽기도 하고, 여러 가지 강력한 주문을 외우기도 한다.』
《두 도시 이야기(A Tale of Two Cities)》에서 찰스 디킨스(Charles Dickens)는 자신들이 불러들였지만 더 이상 제어할 수 없게 되어버린 혁명에 휩쓸린 프랑스의 엘리트층을 이렇게 표현했다. 최근까지 우리 대부분은 정보혁명의 출현을 간절히 기다려왔다. 정보혁명에 대한 온갖 환상에도 불구하고 미미한 충격밖에는 없었기 때문이다.

그러나 컴퓨팅과 통신이 합병되고 성장해감에 따라, 이제는 자신들이 원했던 것보다도 더 높은 생산성에 직면했다는 사실을 깨닫는 경영자가 늘어나고 있다. 좁은 사무실에 정체되었던 일이 갑사기 시작에서부터 끝까지 멈추지도 않고 막힘 없이 흘러가는 것처럼 보인다. 따라서 일의 출발지와 목적지 사이에 끼여 있는 사무실 사람들은 스스로가 불필요한 존재라는 것을 자각하게 된다. 과거에 그들이 수행했던 과업은 이제 더 이상 사람이나 사람의 노력을 필요로 하지 않는다. 다른 데서 일자리를 찾아야만 하는 것이다.

인류가 영원히 계속 추구하는 우월의 욕구, 즉 경쟁은 언제나 우리 곁에 있었다. 그리고 기술은 노동의 기본원칙을 세우는 데 도움을 주었다. 효율적인 마구(馬具)가 없었기 때문에 로마 제국은 이익을 극대화하기 위해 이웃 민족들——정복해서 노예로 삼은——의 인적 노동력에 의존했다. 말이 질식하지 않고 짐을 끌게 할 수 있는 고삐를 고안해내기 전까지, 짐승보다는 사람이 오히려 더 많은 노동력을 생산했다.

다행히도 오늘날의 노동력은 세계의 몇몇 군데를 제외하고는 그때보다 인도적인 환경을 갖고 있다. 실제로 오늘날 성공적인 기업체들을 살펴보면 가장 기본적인 동기를 제공해주는 요인은 강제력이 아니라 개인적 주도권이라는 사실을 알 수 있다. 바로 앞 장에서 기술된 예를 보자면, 상명하달식 계급조직은 힘의 분배가 고른 조직을 상대로 효율적인 경쟁을 할 수 없다. 위에서부터 내려오는 모든 명령을 일일이 수행하기에는 세계의 움직임이 너무 빠르고 복잡한 형태로 변했기 때문이다.

그러나 인간적인 배려에도 불구하고 경쟁력을 생각하는 기업들 가운데 필요 이상으로 많은 종업원을 고용할 여유를 가진 기업은 없다. 첨단산업에 종사하는, 경영상태가 양호한 기업들이 이미 고용한 종업원의 숫자를 그대로 유지하기 위해서는 총수입을 1년마다 최소한 10%(대체적으로는 15%에 가깝다)씩 끌어올려야 한다는 계산이

나온다. 기존 기업과 신진 기업 모두 원가조절을 위해 종업원의 생산력을 증가시켜야만 하는 것이다.

그러나 생산력은 두 가지를 삭감한다. 제조업 부문에서의 효율성 증진과 기술발달이 가세하고 완제품의 단가가 하락하자 많은 기업들이 더 많은 「물건」을 선적하는 데도 벌어들이는 액수는 줄어든다는 사실을 인식하게 되었다.

예를 들면 새로 만들어지는 트랜지스터의 크기는 매달 약 2%씩 줄어든다. 한 달마다 일어나는 변화는 그리 큰 것이 아닐지 모르지만 10년 간 쌓인 변화를 따지자면, 일정한 크기의 실리콘 판(silver of silicon) 위에 집적시킬 수 있는 트랜지스터의 수를 약 100배로 끌어올린다는 계산이 나온다. 집적회로의 제조원가가 거의 판의 넓이에 따라 좌우된다는 사실을 감안한다면, 10년 후에는 별다른 가격변동 없이 100배나 많은 회로소자를 꿈꿀 수 있는 것이다.

덧붙이자면 소형화된 트랜지스터는 커다란 트랜지스터보다 빠르게 작동하기 때문에 각 회로소자는 속도의 이점도 가져다 준다. 결과적으로 10년 후에는 같은 크기의 칩이 지금보다 1,000배나 놀라운 정보처리 능력을 갖게 되는 것이다. 그러나 소프트웨어를 잊어서는 안 된다. 지난 20년 간 소프트웨어 분야가 이룩한 수행 능력의 증대는 트랜지스터에서 일어난 발전보다도 큰 것이다. 앞에서 예로 든 것처럼 10년 동안 트랜지스터에게 찾아올 변화 이상의 과학적인 약진은 기대할 수 없을 것이다. 모든 것은 현재의 과학적·기술적 지식에 근거한 창조적 응용력에 달려 있을 뿐이다. 요점은 간단명료하다. 이미 존재하는 비즈니스를 막연히 계속해나간다면 사람들의 일자리는 더욱더 줄어들 것이다.

테크놀로지와 생산성

우리는 산업시대의 풍요함이 일궈낸 성과에 안심한 나머지 철도 소방수나 전신 기사, 그리고 기술 발달로 효용성을 상실해버린 많은 직업인들을 위한 새로운 일자리를 찾는 데 무관심했다. 최근 발생하고 있는 일을 보면 화이트 칼라층의 고용인도 그와 비슷한 상황에 처할 수밖에 없는 것 같다. 회사마다 불어난 몸집을 줄이고 있으며, 거의 하루도 빠짐없이 대대적인 해고조치가 잇따르고 있다. 대부분의 기업은 현재보다도 적은 종업원으로도 운영해나갈 수 있는 것처럼 보인다. 그런데도 생산력은 증가한다. 실제로 1992년 한 해를 놓고 볼 때 비제조업 부문에서는 과거 30년을 합한 것보다도 높은 생산력을 기록했다. 주주들에게는, 만일 그들의 일자리가 존속될 수만 있다면, 행복한 일이다.

대규모 실직에 담겨 있는 사회적 의미에 대해서는 잠시 접어둔다 하더라도, 현재 안정된 직장을 갖고 있는 시민들도 이 문제점을 간과해서는 안 된다. 만약 생산성의 증가가 앞으로도 계속해서 직업의 기회를 침식해나간다면, 과연 사람들은 자녀에게 무엇을 교육시켜야 할 것인가? 지금과 같은 혁명의 시대에 간단히 답할 수 있는 문제는 아니다. 오늘날과 같은 엄청난 변화의 시대에 단지 자녀가 일류대학에 입학했다는 사실만으로 자녀의 삶이 성공적일 것이라고 안심할 부모가 있겠는가?

20세기 후반 학사 학위는 대체적으로 사람들에게 편안하고 안정된 직업을 보장해주었다. 근무일에는 보수에 합당할 정도의 업무를 적당히 수행하며 같은 생각을 가진 동료들과 편안한 사무실에서 생활

했다. 그런 생활이 싫다면 좀더 나은 것과 바꿀 수 있는 선택의 범위도 있었다. 그러나 우리의 자녀들은 21세기를 살며 일할 것이다. 그리고 많은 변화가 그들을 기다리고 있을 것이다.

많은 사람들은 변화를 좌지우지하는 테크놀로지의 능력이 이제는 쇠퇴했다고 자신 있게 말한다. 나는 그러한 주장에 이의를 제기하고 싶다. 한결같은 기술적 발전의 물결은 앞으로도 계속 고용 상황(employment picture)을 지속적으로 변형시킬 것이다. 우리가 이미 살펴본 바와 같이 컴퓨팅과 전자통신 사이의 합병 증가는 모든 부서의 노동을 무의미한 것으로 만들어버렸다. 그리고 그 이상의 소형화가 아직도 얼마든지 가능하다. 다시 말하자면 미국 내 사무실에 있는 대부분의 컴퓨터는 여전히 네트워크로의 접근 능력이 부족한 상태이고 그 밖의 나라들은 미국보다 훨씬 처져 있는 형편이다.

PC, 팩스, 그리고 대부분의 사무환경에 걸쳐 사용되고 있는 그와 유사한 기계류를 볼 때, 앞으로 닥쳐올 변화에 대비해야 한다는 것 자체가 무의미할 수도 있다. 우리는 우리의 사무실을 이미 자동화하지 않았던가? 그러나 대부분의 경우 PC는 아직도 텍스트와 데이터를 개조할 수 있도록 돕는, 조금 더 진화된 타자기일 뿐이다. 미래가 요구하는 것은 인간과 자유롭게 소통할 수 있고, 인간의 감정과 길거쓴 필체를 타이프된 지시처럼 읽어낼 수 있으며, 방대한 분량의 데이터를 정확히 검토하며, 네트워크화된 세계에서 막힘없이 작동하는 기계다.

오늘날 책상에 얽매인 수백만 명의 인간들은 여전히 기계와 기계 사이에서 그야말로 「발로 뛰는 심부름」을 통해 생계비를 마련한다. 단지 정보의 원활한 흐름을 위해 팩스를 받고, 받은 팩스에 덧붙일 말을 적어넣고, 초안을 타이핑하고, 복사본을 만들고, 빛 부는 파일

처리하고, 다른 몇 부는 발송한다. 이러한 업무의 대부분은 컴퓨터화된 시스템 사이를 왔다갔다 하는, 발로 뛰는 심부름 정도일 뿐이다. 컴퓨터 사이의 직접 통신이 더욱 확대되고 있는 상황에서 계속되리라고 안심할 수 있는 풍경은 아니지 않은가!

앞을 내다보며

기계가 아무리 강력하고 정교해지더라도 인간을 대신할 수 있다고는 생각하지 않는다. 그보다는 19세기 농업에서의 경우와 비슷하게 적게는 수십 명에서 많게는 수백 명에 이르는 사람을 필요로 하는 과업을 단 한 사람이 수행할 수 있도록 도와주는 수단으로 본다. 오늘날 산업화된 국가에서 한 사람의 농부는 200년 전에는 최소한 30명의 농부들이 생산했던 양만큼의 농작물을 생산한다. 즉 30명당 29명이 다른 직업을 찾아야만 한다는 것이다.

그러나 역사를 돌이켜보면 그러한 생산성의 증대가 언제나 그에 대응하는 만큼의 실직을 불러오지는 않았다는 사실을 알 수 있다. 실제로 농업과는 대조적으로 제조 생산성의 증가는 산업화된 서구의 고용 단면도(employment profile)에 아주 작은 변화만을 안겨주었을 뿐이다. 20세기 들어 연평균 4%라는 제조 생산성의 지속적인 성장은 공장 노동자 1명당 생산량을 50배까지 끌어올렸다. 그러나 그 기간 동안에도 제조업 부문에서의 고용률은 비교적 큰 변화 없이 유지되었다. 1890년대에는 미국의 전체 노동 인구 가운데 약 30% 정도가 제조업 부문에 종사했는데, 1990년대에는 그 때보다 훨씬 더 큰 전체 노동력의 20% 가량이 같은 직종에 종사하고 있다.

그러므로 평균적으로 보면 지난 4세대 동안 블루 칼라 가정에서 태어난 10명당 9명의 아이들이 아버지 —— 그리고 나중에는 그들의 어머니 —— 의 뒤를 따를 수 있었다는 결론이 나온다. 적어도 수확 기계와 화학비료의 등장과 함께 일어난 촌락에서 도시로의 대이동과 같은 상황은 아니었던 것이다.

따라서 기술혁신으로 발생한 변화는 이러한 두 가지 혁명에서 서로 다른 결과를 낳았다. 농업의 경우 기계화는 일정한 양의 농작물을 생산하는 데 소요되는 노동력의 대부분을 필요 없는 것으로 만들었고, 결과적으로 대규모 실직을 초래했다. 제조업의 경우 1800년까지 사실상 전무했던 노동력은 세기 말에 정점에 달했다가 그 후 약 100년 동안 조금씩 줄어들었다. 차이점은 물론 산출된 생산량에서 생겨난다.

인간에게 필요한 식량의 양은 어느 정도의 차이 —— 대체로 인간이 사육하는 동물들이 소비하는 곡물의 양에 따라 —— 를 보이는데 비해, 인간의 칼로리 섭취량은 한정되어 있다. 그러나 제조품에 대한 인간의 욕구에는 식욕의 메커니즘과 같은 한계선이 존재하지 않는다. 제빵기계에서 항공모함에 이르기까지, 문명이 낳은 인공물은 아직까지 한계를 경험한 적이 거의 없다. 그 대신 무한하게만 보이는 우리의 물품생산 능력은, 우리가 버리는 쓰레기를 지구의 자생능력이 감당할 수 없을 때까지 계속될 수도 있다.

제조업 부문에서의 고용 문제가 주목받을 만한 가치를 가지고 있다고 하지만, 산업화된 국가들을 볼 때 다섯 개 중 네 개의 직업은 제조업 직종이 아니라는 사실을 기억해야만 할 것이다. 그리고 정보 기술을 효과적으로 이용할 수 있는 사람들은 향후 10년 이내에 현재 그들이 갖고 있는 것의 1,000배에 달하는 권한을 쥐게 될 것이다. 과연 그러한 진보가 비제조업 부문을 지금의 모습 그대로 내비려둘 것인가?

물론 사무상의 생산력 증대가 제조업 노동력에까지 골고루 혜택을 나누어주리라는 추정도 해볼 수는 있지만, 수요는 어떻게 보조를 맞춰줄 것인가? 이른바 서류사무라고 불리는 업무가 식량, 제조품, 또는 그 밖의 다른 것들에 대한 우리의 경험을 완전히 탐지할 수 있을까? 최근의 경험을 놓고 볼 때 앞으로도 계속 조직 중심적인 사무직이 성장할 것이라는 관점은 터무니없어 보인다. 식량이나 제조품과는 달리 서류사무는 소비자에게 간접적인 이익만을 가져다 줄 뿐이다.

내가 볼 때 현재의 서류사무를 구성하는 대부분의 조직 중심적인 직무는 톱니바퀴의 이빨처럼 작용한다. 톱니바퀴의 이빨은 서로 맞물리는 데 에너지를 소비하면서 주위에 있는 다른 이들로 하여금 같은 동작 즉, 회의, 메모, 그리고 장황한 대화 등에 얽매이게 하는 것이다. 아마 무엇이라도 해야만 하는 관료들에게는 괜찮은 일인지도 모르지만, 제일선에서 뛰는 사람들은 어떨까? 고객 담당자가 회사의 관계자와 만나 회의를 하는 데 소요되는 시간은 고객들과 접촉하는 데 투자할 시간을 없앤다. 회의는 정보를 전달하는 방법으로서는 상당히 비싸다고 할 수 있다. 특히 다른 방법을 통해 가치를 높일 수 있는 사람들의 시간을 낭비시키고 있을 경우에는 더욱 그렇다.

과거에는 사무가 지극히 중요한 일이었다. 재미있으면서도 결점 없는 파킨슨의 법칙(Parkinson's Law)을 생각해보자. 『남는 시간을 채우기 위해 일은 늘어난다』라는 말을 바꾸면, 『모든 종업원에게 종사할 일을 마련해주기 위해 생산성은 하락한다』라는 의미가 된다. 그게 전부다. 기업들은 주주들의 거센 요구에 밀려 소유주와 고객을 보호하는 경영에 높은 비중을 두기 시작했다. 조시 부시(George

Bush) 미국 대통령의 임기가 끝나던 해에 IBM, 아메리칸 익스프레스(American Express), 웨스팅하우스(Westinghouse), 왕(Wang), 그리고 선빔 오스터(Sunbeam-Oster)사의 최고경영자들도 역시 직장을 잃었다. 지위 고하를 막론하고 모든 경영간부는 좀더 높은 성과에 대한 압력을 받고 있다.

더욱이 범세계적인 통신망이 번영을 구가해왔던 시장을 강타함에 따라 경쟁은 더욱 치열해지고 있다. 실제로 우리가 생각할 수 있는 모든 제품과 서비스는 판매자측에서 요금을 부담하는 전화 서비스를 통해 제공받을 수 있다. 이러한 상황에서 고객을 무시할 수 있을 정도의 여유를 가진 기업은 거의 없다. 누가 초과 인원을 고용할 만한 여유를 가질 수 있겠는가? 1990년대의 기업활동에서 감원 현상이 평범한 풍경으로 자리잡은 것은 놀랄 만한 일이 아니다. 그리고 이런 감원 조치로 인해 재고용에 대한 필요성은 더욱 커져갈 것이다.

최근에 나는 전문 판매기술자들이 주문제작하는 전자통신 서비스에 대한 기획과 판매를 돕도록 설계된 시스템의 기본형을 볼 수 있었다. 오늘날 은행, 항공 회사, 개방형 투자신탁회사로 전화할 경우 그들은 대체로 녹음된 안내 서비스를 통해 전화를 걸어온 사람이 알고 싶어하는 정보 —— 비행 정보, 최근의 주가 정보 등 —— 를 담당하고 있는 부서로 연결시켜준다. 물론 그와 같은 서비스 장치는 재고가 없기 때문에 언제든지 구입할 수 있는 것은 아니다. 각각의 시스템은 구매 연락을 받은 이후에 이루어지는 주문제작품이다.

과거에는 판매자측에서 기술적인 제안을 준비하기 위해 기술적인 지원을 받은 판매 팀이 고객 쪽의 사람들과 만나서 의견을 들었다. 고도의 훈련으로 숙달된 판매 팀은 고객의 요구사항을 기술적인 명세서로 바꾸고 실행을 위한 예정표를 작성하곤 했다. 그런 다음 판매 팀은 작성된 계획안을 소비자에게 제시하고 거래가 만족스럽게 종결될 때까지 양측의 불일치를 조정하는 과정을 계속했다.

오늘날에는 어떠한 모습일까? 이제는 단 한 명의 판매원이 고객의 입회하에 메뉴를 선택하고 데이터 베이스에 접근해서 노트북의 스크린 위에 나타나는 고객의 초안을 틀에 맞춰 완성시킨다. 새롭게 만들어진 이 기본형 시스템은 고객으로 하여금 스크린 위의 전화「키패드(Keypad)」를 통해 완성된 초안을 검토할 수 있도록 해준다. 이러한 방식을 통해 시스템이 실제로 가동될 때 완성된 계획안이「그들의」고객이 원하는 서비스와 일치하는가를 확인할 수 있는 것이다.

실제로 전체적인 과정(시스템 설계를 포함한)은 1시간 이내에 끝난다고 한다. 게다가 판매원이 그 노트북을 사무실로 가져간 후 더 이상의 소프트웨어를 작성할 필요 없이 곧바로, 네트워크 엔지니어들이 전자통신·컴퓨팅 관련 기기들로 전송할 수 있다. 경우에 따라서 판매원은 실제로 그 노트북을 고객의 전화선에 연결하고 알맞은 보호 코드를 입력한 다음 즉시 전체적인 서비스를 이행할 수도 있다. 네트워크 기술자의 도움 없이도 그러한 일을 완벽히 처리할 수 있는 것이다.

그러한 시스템이 등장함에 따라 명확해진 사실이 있다. 어느 정도 정교하고 세련된 직장이라도 테크놀로지가 몰고 온 실직에 대한 면역성을 갖고 있지는 못하다는 것이다. 예를 들어, 고객과 네트워크 조종 장치와의 사이에 새롭게 나타난 직접 연결로 인해 고도로 전문화된 교육을 받은 전자통신 입안자들은 다른 일자리를 찾아야 할 것이다.

고객이 직접 조종하는 네트워크는 일자리의 파괴자처럼 보인다.

반면에 복잡성을 현저하게 감소시키는 그러한 서비스는 더욱 폭넓게 이용될 전망이다. 현재 아메리칸 익스프레스나 콘티넨텔 에어라인 (Continental Airlines)사가 사용하는, 주문제작된 통신설비를 개인들도 가질 수는 없을까?

한 양동이씩이 아니라 수도관을 연결해 물을 판매하는 것처럼 설비자들 또한 주문제작의 가격을 낮추기 위해서는 생산량을 늘려야만 한다. 그런 식의 진행이 이루어질 경우 각 서비스 장치에 투입되는 노동력은 지금 수준보다도 훨씬 낮아지는 동시에 서비스 사용이 증가함으로써 충분한 일자리를 제공하게 될 것이다.

통신경로를 단순화시키는 테크놀로지는 오늘날의 구인시장에서 단지 영향력의 일부를 선보였을 뿐이다. 그리고 예상되는 테크놀로지의 발전은 더욱더 큰 변화를 예고한다.

그러나 실망할 필요는 없다. 제대로 사용하기만 한다면 세계의 모든 사람들을 먹이고 입혀줄 만큼 식량과 자원은 충분하다. 그렇게 보면 이미 있는 과업을 위해서는 더 이상 쓸모 없는 노동력이라 할지라도 아직은 충족되지 않은 요구를 해결하는 재산이 될 수도 있다. 미국의 경우만 놓고 보더라도 교육, 주택 공급, 수송, 의료보험제도, 환경재생 등의 분야에서 목격할 수 있는 서비스 부족 현상은 엄청난 수의 사람들──── 그들이 필요에 부합하는 기술과 자원을 갖고 있다면 ──── 에게 일자리를 제공해줄 수 있을 것이다.

배치전환의 기회

오늘날 대부분의 화이트 칼라 노동자들은 재고용을 확실한 것이라기보다는 「가능한 것」이라고 생각한다. 따라서 개인 부문이 계속 새로운 직업의 주된 원천으로 작용할 것이다. 그리고 이러한 재고용 기회는 대체적으로 신상품과 새로운 서비스의 기회를 만들어내는 회사에 의해 좌우될 것이다.

계속해서 같은 상품만을 생산하는 회사일지라도 경쟁력을 계속 유지하기 위해서는 소비자와의 접촉을 강화함으로써 회사의 여러 부문에서 생겨난 실직을 벌충해야 할 것이다.

운명은 변화하는 환경에 적용할 수 있을 정도의 유연성을 지닌 개인과 조직의 편에 설 것이다. 이것은 개인에 국한된 얘기가 아니다. 단지 냉전 유지라는 목적을 위해서 지난 2세대에 걸쳐 조립된 값비싼 인간 하부구조를 보자. 이 군·산업 복합체는 자체의 자원 —— 초음속 폭격기의 조종에서 보안유지를 위한 전화 암호화에 이르기까지 —— 을 위해 새로운 고용을 창출할 수 있었지만, 그 밖의 다른 활동들은 너무나 견고하게 특수화된 듯이 보인다. 그러나 여기에서조차도 적용은 가능한 듯하다. 특히 소비하는 사람들이 임박한 변화를 위협이 아닌 기회라고 생각한다면 더욱 그렇다.

수십억 달러의 예산과 수만 명의 노동 인구에도 불구하고 무기 관련 연구·개발(research & development : R & D) 비용은 수조 달러에 달하는 경제에서 아주 작은 부분을 차지할 뿐이다. 그러나 상원의원이었던 에버렛 덕슨(Everett Dirksen)이 말한 것처럼 『여기에 10억 달러, 저기에 10억 달러, 하다 보면 조만간 정말로 엄청난 금액이 될 것이다.』 냉전시대의 R & D 하부조직의 방향전환은 변화가 기회를 가져올 수도 있다는 사실을 입증해줄 뿐만 아니라 자체만으로도 주목할 만한 가치를 갖고 있다.

장기적인 안목으로 보면 경제적인 보답을 전혀 바랄 수 없는 우주 개발계획에 수십억 달러를 투자할 정도의 여유를 가진 국가라면 아직은 가능성이 충분하다. 그러나 그렇다고 해서 과정이 쉬워지지는 않는다. 특히 어떠한 변화가 잇따르든 언제나 잘못된 쪽에 서 있는 사람들에겐 더욱 그렇다. 미국 에너지부의 핵무기 제조 공장에서 20년 이상 근무한 경험 —— 그리고 전문 교육과정 —— 을 쌓은 물리학자라면 어떠할까? 현재와 동일한 액수의 급료를 약속한다고 해서 이 물리학자가 작은 도시에 있는 고등학교로 기꺼이 옮겨갈 수 있을까? 다른 사람들의 입장을 내 마음대로 추정할 수는 없지만 우리 사회는 그러한 문제를 검토할 수 있는 권리가 분명히 있다.

미국 에너지부 핵무기 연구소들이 문을 닫는 것을 감히 상상이나 할 수 있을까? 그러한 결정을 지지할 필요까지는 없겠지만 지금까지 대단히 중요한 몫을 수행해오고 있는 이 기관에 임용된 3만여 명의 헌신적인 고학력 직원들은 봉급, 연금, 그리고 기타 개인적 보조금 이외에도 1년에 한 명당 약 10만 달러라는 돈을 쓴다. 이런 자금을 전환시키면 과학적·기술적 인재가 부족한 공교육 시스템으로의 개인적인 이동을 가능케 할 수도 있다. 그와 동시에 최소한 이런 첨단 연구소들 가운데 일부는 새로운 임무를 찾아낼 것이 분명하다. 비록 다른 시대에 다른 목적으로 설립되었지만 대부분의 연구소는 정보시대에도 존속할 수 있는 여러 가지 장점 —— 예를 들면 새로운 에너지원을 추구하는 연구력과 같은 —— 을 갖추고 있다.

리버모어, 로스앨러모스, 오크리지와 같은 곳에서 일하는 과학자들과 공학자들은 오랫동안 세계에서 가장 강한 슈퍼컴퓨터를 사용해왔다. 그들의 그러한 경험을 더 나은 슈퍼컴퓨터를 제작하는 데로 돌려야 할 것인가? PC의 시대에 과연 그런 슈퍼컴퓨터가 필요하기나 한 것일까? 관계 부처와 그 곳의 대표자들이 그러한 문제의 밑바닥에 깔려 있는 근본적인 쟁점과 맞서 싸우지 않으면 현재의 타성은 극복할 수 없을지도 모른다.

사실 그러한 문제점은 미래에 그러한 시설들이 해체되는 것을 막기 위해 경제적·정치적으로 고찰되어야 한다. 그런 지출을 줄임으로써 연방정부의 예산 부족액을 억제시켜야 한다는 압력에도 불구하고, 그러한 규모의 급료를 지불하는 데 문제가 발생하면 하원의원이나 상원의원 모두 구경만 하고 있을 수는 없게 된다. 대신 모든 관계자들은 그러한 기관에 합당한 새로운 임무를 만들어낼 그럴 듯한 요구를 찾아내어야 한다. 그러나 누구의 「요구」인가? 유용한 자원에 대한 국가적 관심을 상징하는 것일까? 또는 다른 하나의 모델일까?

국가 산업 연구에 대한 나의 개인적인 경험은 나로 하여금 대규모 모델의 성공을 의심하게 만든다. 일본의 통상산업성(Ministry of Trade and Industry)이 제5세대 컴퓨팅 프로젝트(Fifth Generation Computing project)에 쏟아부은 금액을 생각해보라. 미국의 컴퓨팅 산업을 추월하려는, 이와 같이 지나치게 의욕적인 시도는 오늘날 거의 찾아볼 수 없다. 만약 정부가 후원해주는 이니셔티브가 성공을 보장한다면 EEC는 오늘날 세계 정상을 차지했을 것이다. 그러나 애석하게도 유럽에는 대륙 전체를 통틀어 일류 컴퓨터 회사가 단 하나도 없다.

위에서 언급한 핵무기 연구소의 처리방안과 같은 재고용의 문제점을 막연히 뒤로 미루는 것은 아무 도움도 되지 않을 듯싶다. 우리가 임명한 공무원들이 경솔한 제안을 거절할 정도로 문제점을 분명히 인식하기만 한다면, 그들이 생각할 수 있는 것보다 더 많은 선택권을 가질 수도 있을 것이다. 예를 들어, DOE 무기연구소에서 과학자들을 위해 TV 회의장비를 구입한다고 가정하자. 그 금액은 1년치 장비구입 예산의 4분의 1에도 못 미치며, 시간이 지나면서 회의장비의 가격은 저렴해질 것이고 그 비율 또한 더 낮아질 것이다. 그러한 장비로 무장한 과학자들은 전국에 있는 학생들과 과학적 지식을 나눌 수 있게 된다.

임시 교습이나 정규 교습에서, 개인 교습이나 정규 교실 교습에서 이런저런 일을 불필요한 것으로 폐기시키는 테크놀로지는 경우에 따라 탄력적인 고용기회를 창출하기도 한다. DOE의 과학자들은 그들이 몸담고 있는 공동체와 전문분야의 뿌리를 떠나지 않고서도 탈냉전 시대의 잠행적인 부적절함(creeping irrelevance)에 대항하는 오늘날의 끈질긴 투쟁을 대신할 직업적 대안을 찾을 수 있다.

사용이 간편한 TV 회의장비는 고학력 엘리트의 전유물일 필요가 없다. 장비의 가격과 접속비용이 만족할 만한 수준으로 떨어지기만 한다면 엄청난 숫자의 학습 파트너들——만학도, 퇴직자, 또는 집을 떠날 수 없는 개인 등 정규교육을 접할 기회가 비교적 적었던 사람들——은 학습이 부진한 학생들에게 풍족한 환경에서 자라나는 아이들이 현재 받고 있는 것만큼의 관심을 할애할 수 있게 된다. 그러한 학습 파트너들은 개인적으로 각 어린이에게 시간을 할애함으로써 봉급과 장비에 투자된 금액을 충분히 상환할 수 있을 것이다.

우리는 테크놀로지에 의한 실직이라는 부정적인 결과에 대해 얘기하면서 테크놀로지가 불러올 잠재적인 이익을 간과해서는 안 된다. 다행히도 기업가적인 독창력은 여전히 사람들의 생활을 향상시켜줄 새로운 방법을 모색하고 있다. 팩스나 셀 전화기가 없는 편리한 생활을 상상할 수 있을까? 불과 몇 년 전까지도 그러한 품목이 필요하다고 느낀 사람은 거의 없었다. 과학적이고 기술적인 기민함을 지닌 기업가의 앞에는 여전히 테크놀로지와 관련된 수많은 기회들이 기다리고 있다.

독창력

대부분의 개별적인 문제들이 그때 그때 임시변통으로 해결되지만 고용에 대한 문제는 새로운 상품과 서비스의 한결같은 흐름을 창출하는 민간부문에 달려 있다. 그러나 이 견해에 모두가 동의하는 것은 아니다. 실제로 어떤 이들은 우리의 전조등 너머에는 거의 아무것도 놓여 있지 않다고 주장하기도 한다. 그들은 이른바 새로운 것은 시장으로 영입할 필요가 없다고 단언한다. 말하는 연하장이나 전기 연필깎이가 과연 우리에게 절실히 필요한 것일까?

아인슈타인은 석탄으로 움직이는 대양 항해선과 벨트의 힘으로 돌아가는 치과용 드릴 시대에 세상이 이미 『너무 복잡하다』라고 표현했다. 누구든 「독창력(Erfindungskraft)」을 새로운 상품에 소비한다는 것은 창조력의 손실로 여겼던 것이다. 비록 뒤늦게서야 이 위대한 사상가가 지닌 예지력의 근시안적인 면을 보게 된 예지만, 아인슈타인처럼 미래의 어느 날 우리도 나지막한 고원 위에서 완전한 만족감에 취해 있을지도 모르는 일이다.

미래를 예측할 수야 없겠지만 그렇다고 우리의, 또는 우리 아이들의 미래를 무턱대고 내버려둘 수도 없는 노릇이다. 예를 들면 컴퓨팅 능력의 부단한 확대와 같은 현재의 추세가 몰고올 결과가 대략 어떤 것일지 확인하는 데 도움을 줄 정보는 수없이 많다. 인간의 변함없는 욕구—— 경제적 보장, 개인적 편의, 개인 간의 접촉, 사생활의 자유, 그리고 자신의 운명을 자신이 지배한다는 느낌——는 당연히 지속되어야 한다. 나는, 하모니 시대에는 요구와 수용력의 결합이 우리의 미래를 움직일 것이라고 생각한다.

나는 앞에서 질의 시대로부터 하모니 시대로의 추이에 대해 얘기하면서 과거 인류에게서 일어난 수렵으로부터 농사로의 전이에서 하나의 유사성을 읽을 수 있었다. 수렵과 질의 체제는 독창력의 기회주의적인 실천에 의존하는 반면, 농업 시대와 하모니 시대는 전적으로 생태계를 끌어들인다. 미래에는 독창력이 진보의 대들보로 남을 것임엔 틀림없지만, 새로운 비즈니스를 무작위적으로 쫓아다니는 것보다는 더 안전한 길로 들어설 수도 있다.

시간이 흐르면 기술과 자원이 알맞게 결합된 회사들은 1960년대의 제록스, 1980년대의 마이크로소프트가 그랬던 것처럼 뜻밖의 대성공을 거둘 것이다. 그러한 회사에 처음부터 참여하여 유리한 지위를 차지할 만큼 운이 좋았던 소수의 사람들이 백만장자가 된 것과 마찬가지로 오늘날의 젊은이들 가운데 일부도 돈을 찍어낼 수 있는 면허를 마음껏 즐길 수 있는 기회를 발견하게 될 것이다. 적어도 일시적으로는 말이다. 물론 영원한 것은 없는 법이다. 단지 금광을 발견한다는 것만으로 성공이 보장된다면 그것은 금광이 아닐 것이다.

오늘날에는 거의 모든 산업이 성장할 태세를 갖추고 있는 듯하다. 그러나 더 많은 VCR, 프레첼(pretzel) 비스킷, 동력삽, 그리고 현애검사 등을 필요로 하는 반면, 이들 가운데는 어느 한 생산자의 생산과 이익의 증대를 보장하는 항목은 끼여 있지 않다. 게다가 생산력의 증가가 수요의 증가를 초과함으로써 어떤 특정 산업 분야의 고용감소를 초래할 수도 있다. 그러한 경우 서로 유사한 상품들 사이의 경쟁은 사업 자체가 고통스러울 정도로 상품의 가격을 인하시키게 마련이다.

앞에서 살펴본 바와 같이 양에서 질로의 변회는 자동차, TV, 또는 카메라 등과 같은 품목에 대해 더 나은 개작물을 만드는 데 따라 결정되었다. 만일 하모니라는 개념이 옳은 것이라면 가장 유망한 사업은 기존 기업에 대한 정면도전으로 그 모습을 드러내지는 않을 것이다. 승리를 얻은 팀에게는 정면충돌이 유익한 것일지도 모르지만 그러한 행동은 단지 한 그룹에서 다른 그룹으로의 일자리 이동만을 불러올 뿐이다. 오늘날처럼 고도로 경쟁적인 환경에서 접전은 계속되고 있다. 그러나 결국 진정한 성장을 위한, 좀더 유망한 활동의 중심지는 미답사의 영역이 될 것이다.

이미 말한 바와 같이 독창력은 「사냥의 이미지」를 떠올리게 한다. 그것은 여태까지 경시된 분야의 발견인 동시에 개발이기도 하다. 한 예로 무지방 냉동 요구르트 산업을 보라. 그러나 점점 더 많은 상품들이 출시됨에 따라 열려 있는 공간은 점점 더 줄어든다. 그리고 물론 사냥꾼의 기회도 감소시킨다.

점점 좁아지고 있는 현행 비즈니스 영역 사이의 틈새는 제1장에서 논의한 CCC의 경우와 마찬가지로, 유익한 교량 건설의 기회를 제공한다. CCC의 설립자는 보험회사와 중고차 판매업자 사이의 정보교환으로 거대한 기업을 일궈낸 것이다.

더 나아가서 아직 마무리되지 않은 컴퓨팅과 전자통신합병과 관련된 곳에서 수십억 달러짜리 비즈니스의 기회를 찾아낸 원기왕성한 기업가들을 살펴보자.

스탠퍼드 대학교에서 근무하는 두 명의 컴퓨터 관리자들——샌디 러너(Sandy Lerner)와 그녀의 남편인 렌 보색(Len Bosack)——은 훌륭한 예를 제시한다. 1980년대 중반 서로 다른 부서에서 근무하던 그들은 통신 능력이 부족한 컴퓨터 네트워크 때문에 전자우편을 주고받을 수 없었다. 보색이 소프트웨어와 데이터 베이스를 교환할 수 있도록 두 개의 네트워크를 연결하는 방법을 고안하고 제작했을 때, 그 부부는 자신들이 엄청난 가치를 지닌 상품의 기원을 이룩했다는 사실을 깨달았다. 그러나 그들이 접촉한 회사 가운데 그 발명에 관심을 표하는 곳은 한 군데도 없었다. 그러나 러너와 보색은 그대로 물러서지 않았다. 그들은 직장을 그만 두고 그들의 차고에 시스코 시스템(Cisco Systems)이라는 회사를 차렸다.

자금난으로 고생하던 그들은 두 차례나 저당을 잡히고 신용카드의 신용 한도금액을 모두 사용해야 했다. 그러나 그들이 개발한「루터(router)」가 네트워킹 동료들로부터 받은 긍적적인 반응은 그들이 바른 길을 가고 있다는 것을 말해주고 있었다. 매출은 급증했지만 비용 또한 엄청나게 늘어났다. 따라서 비용을 부담하기 위해 주식을 처분해야 했고, 마침내 1990년에 이르러 회사의 운영권을 잃고 말았다. 그들은 같은 해 8월에 있었던 사내 분쟁으로 시스코 시스템을 떠나면서 남아 있던 지분을 약 2억 달러에 처분했다.

그 주식을 구입한 사람들의 활약도 대단한 것이었다. 1989년에 2,770만 달러였던 시스코의 매출액은 불과 5년 사이에 연간 10억 달러 규모로 껑충 뛰어올랐다. 기존의 컴퓨터 회사들이 본전을 찾기 위해 안간힘을 쓰는 동안 시스코는 지속적으로 약 25%~30%에 이르는 놀랄 만한 매출 신장률을 보였다.「부부가 경영하는 구멍가게(mom-and-pop)」로 출발해 열 살이 채 안 된 시스코의 규모를 월스트리트가 50억 달러 이상으로 평가한 것은 그리 이상한 일이 아니다.

시스코의 설립자들은 정보 격차를 파악하고 그 사이에 교량을 건설함으로써 컴퓨팅과 통신의 합병을 촉진시켰다. 컴퓨터는 기업 이나 지역 내의 근거리통신망(local area network : LAN)을 거쳐 사무실 빌딩이나 캠퍼스 내에서 데이터를 교환할 수 있지만 이 LAN끼리 통신하는 것은 쉬운 일이 아니다. LAN의 설계자들은 좁은 구역 내에서 훌륭한 기능을 갖추기 위해 장거리 오퍼레이션을 방해하는 시스템 매개변수를 선택했다. 전자석의 에너지는 빛의 속도보다 빨리 여행할 수 없기 때문에, 컴퓨터 시스템이 스스로 정하는 속도인 수십억분의 1초 간격으로 계산하면 왕복여행에 따른 지연은 엄청난 걱정거리가 된다.

「루터」는 전자통신 회사에서 임차한 전송선을 통해 한 LAN에서 다른 LAN으로 데이터를 이동시켜준다. 지역적으로 분산된 시스템을 이용하는 사람들은 「지역」정보통신망은 이제 과거지사가 되었다고 말할 정도로 편리하게 서로의 메시지를 교환할 수 있게 되었다. LAN은 그대로 존속하지만 더 큰 세계와 이룬 연결은 사용자들에게 전세계 어느 곳의 정보라도 접근할 수 있게 해준다. 그리고 바로 이 점이 다음 장에서 더 깊이 있게 다룰 주제다.

개 요

고용기회는 각 비즈니스가 맞닿는 접촉 영역에서 발생한다는 것은 점점 더 명확한 사실이 되어가고 있다. 모든 회사들로 하여금 노동인구의 생산성을 강화시키도록 부추기는 경쟁의 뜨거운 입김으로 인해 지금까지 온전히 남아 있는 일자리를 찾아보기는 힘들다. 한때 과거를 풍미했던 「조직인간」세대의 컴퓨터 센터에는 변화의 바람이 거세게 불고 있다. 어떤 부서는 사라지기도 했다. 정보의 우회로 때문에 쓸모 없어졌기 때문이다. 해직 노동자들은 대체로 같은 기업 내에서나 다른 회사에서, 또는 개인 컨설턴트로서 고객과 가까운 새

일자리를 찾게 된다.

　손상되지 않고 고스란히 보존되고 있는 듯이 보이는 일자리에서
일하는 사람조차 변화의 힘을 완전히 피해갈 수는 없다. 나의 개인
적인 경험으로 볼 때, 비록 현재 대부분의 조직도가 1980년대와 비
교해 조금씩 달라졌다고는 하지만, 그 당시 나와 함께 일하던 사람
들의 행동과 태도에는 많은 변화가 일어났다. 예를 들면 외부적인
상황———특히 그것이 고객과 관계되는 경우———에 훨씬 더 많은
주의를 기울이게 된 것이다. 그렇게 되기 몇 년 전까지만 해도 대부
분의 연구원들이 상업적으로 관심을 갖는다는 것은 그들의 「진짜」
일이 아닌 외도라고 생각했다. 그러나 오늘날엔 자신의 아이디어가
제품화되지 못하는 것을 한탄한다. 오늘날 건실한 기업에서는 내부
적인 문제점에 대한 관심이 줄어들고 있다. 낡은 기업적 모델은 이
제 적용력을 상실하고 말았다. 전통적인 관료주의는 더 이상 고용기
회를 제공하지 못하며, 잉여 노동자들을 구직시장으로 내몰고 있
다. 할 일을 빼앗긴 노동자들이 변화를 겪고 있는 작업장에서 재고
용의 기회를 찾음에 따라 새로운 작업방식에 대한 관심은 점점 더 커
져가고 있다.

5

작업형태

외부 지향에 대한 필요성은 우리가 일하는 작업장의 모습을 어떻게 변화시키고 있는가? 경영자들은 변해가고 있는 비즈니스 환경에 조직과 스스로를 적응시켜나가는 과정에서 딜레마에 봉착하게 된다. 기존의 계급 조직은 복잡한 대규모의 과업을 소수의 인원만으로도 조정할 수 있는 반면, 또 다른 한편으로는 이와 같은 계급조직은 새로운 기회의 영역으로 진입하는 데 불완전한 형태를 갖추고 있다. 따라서 비록 수직적 작업형태가 어떤 면에서는 편의를 제공한다 해도 새로운 방식을 모색해볼 필요가 있다. 내부의 문제를 다루도록 기획되고 자극된 조직체들은 이제 그들의 외곽으로 초점을 옮겨야만 한다. 그러므로 재고용의 문제는 단순히 기존의 일자리를 새로운 고용인들로 메우는 것만은 아니다.

　현재의 영토를 놓고 벌이는 각축전과 또 다른 시스코 시스템에 대한 권리를 주장하는 것 가운데 하나를 고르라고 한다면 대부분의 사람들은 후자 쪽을 선택할 것이다. 그러나 소량 생산 작업으로의 대대적인 이동이 재고용의 문제를 해결하지는 못할 것이다. 기존 기업들이 수억 달러짜리 새로운 사업기회를 모색하고 있었을 때, 수많은 신진 기업들은 또 다른 시스코 시스템, 또는 마이크로소프트를 꿈꾸다 좌절하고 사라져갔다. 단순한 분별력은 좀더 혁명적인 쪽을 택해서 그 곳에 모든 희망을 걸기보다는 단점을 수정하는 눈으로 계급제도인 작업형태를 검토해 단점을 수정하는 쪽을 권한다.

　과거에는 수평적 전달방식이 전체적인 응집력을 저하시킨다는 이유를 들어 조직의 각 부분을 고립시켜 놓았다. 복잡성을 단속함으로써 복잡성이 야기시키는 문제를 해결하도록 계획된 조직에서는 외부와 관련된 어떤 행동도 단속을 어렵게 만들었다. 따라서 상벌체제는 내부 지향적인 태도를 조장했다. 그러나 이미 살펴본 바와 같이 그러한 「단순화」는 결국 조직의 죽음을 초래한다. 우리는 메인 프레임과 워크스테이션의 예를 통해 컴퓨터 회사의 구획화된 정보 흐름이 절실히 요구되는 신규사업의 시작을 어떤 식으로 방해했는가를 보았다. 그럴 경우 계급제도는 파벌주의적 세력을 유지하기 위해 가장 중요한 기업의 이익을 희생시키게 된다. 그것도 상당한 대가를 지불하면서까지 말이다.

　조직 이론가들은 유사한 기업행동에 대한 풍부한 실례를 접하면서 계급 경영구조의 생존능력을 의아해한다. 한 예로 드러커는 이상적인 조직을 지휘자의 지휘봉에 따라 수십 명의 연주자들이 악기를 연주하는 교향악단에 비유해서 표현한다. 그러나 그러한 통일은 모든 연주자가 하나하나의 음표에 기초해서 악곡을 따라갈 때만 가능해진다. 새로운 영역으로의 이동을 동반하는 예기치 못한 복잡성을 감당해낸다는 것은 결코 쉬운 일이 아니다.

오늘날의 비즈니스 환경에서 미지의 세계에 대한 새로운 진출은 거대 기업들조차도 자체적인 노력만으로는 불가능할 정도로 넓은 범위의 기술력을 필요로 한다. 예를 들면 AT&T는 다양하고 새로운 기회를 본격적으로 발굴하기 위해 애플사와 제니스(Zenith)사 등과 협력관계를 모색하기도 했다. 그들은 저마다 전체적인 계획을 추진하는 동안 협력관계를 계속 유지하면서 여러 특수화된 신천지를 개척해야만 했다. 그 일과 관련되어 발생한, 믿기 어려울 만큼 많은 문제점 때문에 각 회사의 대표자들은 지속적으로 회합을 가져야 했다. 따라서 각 회사의 대표자들로 구성된 그 팀은 리더를 결정하는 문제 외에도 많은 것을 해결해야 했다. 어떠한 구조든지 그 구조의 필요성을 부정할 수 있는 확실한 방법은 없는 듯하다. 그렇다면 그 구조는 어떠한 형태를 띠어야 하는가?

패러다임을 찾아서

1994년 미래의 경제를 주제로 열린 심포지엄에 참석한 캘리포니아 대학교의 폴 M. 로머(Paul M. Romer) 교수는 다음과 같은 질문을 던졌다. 『어떠한 이미지가 공장을 대신할 것인가? 사무공원? 영화 스튜디오? 연구소? 소프트웨어 하우스? 대학교? 이러한 것이 아니라면 과연 무엇이란 말인가?』 좋은 질문이다. 로머 교수의 토론자로 그 자리에 참석했던 나는 그가 심포지엄에 앞서 팩스를 통해 내게 그런 질문을 보내왔다는 사실에 감사했다.

처음에는 목록에서 한 개나 두 개를 선택해 내 자신의 입장을 세우며 논의하면 될 것처럼 쉬운 문제로 생각되었다. 정답만이 낙제를 면하게 하는 학교와는 다르지 않은가. 그런데 결국에는 그렇게 간단히 선택할 수 없다는 사실을 절감했다. 모든 이미지들이 유효성을 가진 듯이 생각되었기 때문이다. 정보는 가치를 창출하는 데 중요한 역할을 하므로 미래에는 분명한 목적으로 고용된 수많은 인간들이 정보를 획득하고, 처리하고, 다듬고, 공유하고, 운반할 것이다. 그러나 어떤 모델이 이러한 과업에 가장 알맞은 것일까?

1) 사무공원

오늘날 정보직무에 종사하는 대부분의 사람들은 사무실에서 업무를 수행하고 있다. 미래를 조망해볼 때 그러한 활동의 대부분이 계속해서 지금의 사무실과 같은 환경에서 이루어질 것이라는 추측은 충분한 정당성을 가졌다고 생각한다.

2) 영화 스튜디오

대개의 사무원들은 이미 거대한 분량의 종이에 짓눌려 숨이 막힐 지경에 처해 있다. 과연 더 많은 보고서를 필요로 할 사람이 있을까? 미래의 공급자들은 정보의 홍수 시대에 소비자들이 원하는 정보를 이용할 수 있도록 하기 위해서——정보의 홍수는 그로 인해 경제적인 매력을 갖게 될 것이다——한층 더 다루기 쉬운 포맷을 창조하는 데 전념하게 될 것이다. 그들은 오늘날 우리가 영화나 TV 스튜디오에서 흔히 접하듯이 잘 준비된 대본을 곁들인, 시각적인 흥미를 북돋우는 그래픽을 사용할 것이다. 따라서 방음 스튜디오와 여러 설비 속에서 일하는 영화제작사처럼 미래의 정보 공급자들도 물리적 환경 내에서 일하게 되리라는 생각은 거의 틀림없는 듯하다.

3) 연구실

첨단 지식은 결정적인 경쟁력과 유리한 위치를 점할 수 있는 특권을 부여해준다. 따라서 미래의 「자본주의」 기업들은 지식 —— 자사 조직 내부에서의 사용을 목적으로 하든 다른 기업으로의 판매를 목적으로 하든 간에 —— 의 기반을 다지는 데 치중할 것으로 예상할 수 있다. 그런 면에서 본다면 지식을 생산하기 위해 설립된 「지식공장」의 증가를 예상할 수 있다. 그리고 현재 그 역할을 가장 잘 수행해나가고 있는 곳은 연구소다.

4) 소프트웨어 하우스

앞날을 내다볼 때 소프트웨어라는 중요한 구성요소가 빠진 생산품이나 서비스를 상상하기는 어렵다. 최종소비자가 비록 소프트웨어적인 요소를 발견하지 못한다 하더라도, 실제로 모든 비즈니스 과정은 프로그램된 여러 종류의 기계류와 연관되어 있다. 사람들이 「일」이라고 부르는 것 가운데 대부분을 처리하는 기계로 말미암아 인적 노동의 상당 부분은 필연적으로 우리의 전자 조력자에게 명령을 내리는 쪽으로 이동해갈 것이다.

5) 대학교

연구소와 대학교 양쪽 모두 지식을 「제조」하지만 후자는 좀더 광범위한 분야를 포괄하며, 그러한 여러 분야의 기초지식을 정규적인 방식으로 가르치고 있다. 하모니 시대의 가치 창출은 광범위한 상호작용에 대한 완벽한 이해를 필요로 하므로 지식의 폭은 당연히 중추적인 역할을 맡게 될 것이다. 계속되는 배움은 미래의 「공장」이 필요로 하는 가장 중요한 자산, 즉 전문지식이나 기술을 보호하고 증대시켜줄 것이다. 정규적인 강의는 지식의 보급에 어느 정도 기여하고 있지만, 대학교의 실제 모습——특히 개인 단체의 장학제도——에서 이 미래의 작업 형태를 엿볼 수 있다.

이 모두가 아니라면? 로머 교수가 예로 든 것을 하나하나 검토하면서, 나는 그 가운데 어느 하나도 과도기인 오늘날 확고한 성장을 향유하지 못하고 있다고 느꼈다. 게다가 이들 항목은 통합된 전체보다는 퍼즐의 조각으로 각기 다루어졌다. 앞에서 언급한 것처럼 하모니 시대에는 통합과 주문생산을 통한 가치 창출이 더욱 중요해질 것이다. 그렇기 때문에 심사숙고 끝에 나는 로머 교수가 언급한 항목에 추가로 건축상사를 덧붙였다.

6) 건축상사
건축가는 개인의 요구에 대해 주문받은 해답을 공급해야만 한다. 그러한 해답은 주위의 환경과 완벽한 조화를 이루며 접촉 시스템이 요구하는 필요조건과도 일치한다. 당신의 가족이 꿈꾸는 이상적인 집을 짓기 위해 고용한 건축가에게 기대하는 주문생산과 통합의 조화를 생각해보자.

(1) 비용
예산 내에서 이루어져야 하며, 원하는 특징에 대해 알맞은 결정——각 요소에 대해 심사숙고해보고, 이리저리 바꿔서 생각해보다가 계산을 맞추는 식으로——을 해야 한다.

(2) 주문생산

고객의 필요, 선호도, 일반적인 생활양식을 이해하기 위해 가족과의 토론이 필요하다. 유지비가 적게 드는 잔디, 아니면 공들인 조경? 거창하고 요란한 파티를 열 방? 개인적인 독서를 위한 조용한 안식처? 재택근무를 위한 설비? 애완동물은? 취미생활은?

(3) 환경

주위 경관과의 조화로운 설계를 가능하게 한다. 자연채광, 추운 계절과 추운 지역에 알맞은 태양열, 그리고 수은주가 올라갈 때 필요한 빛의 차단과 원활한 통풍, 에너지와 기타 자원의 효율적인 사용 등.

(4) 통합

법적으로 지정된 표준규격(건축기준법규와 같은)에 따르며, 용역이나 주위 경관과 자연스럽게 연결된다. 난방, 용수, 전기, 폐기물 처리, 접근 이용, 주위의 시설 및 구조물.

(5) 미관

전체적인 모습이 가져다 주는 매력을 맛보게 하고 만족감을 선사한다. 집 자체의 전망, 그리고 집에서 바라본 전망, 주위 경관 및 인접한 주택에 어울리는 재료와 형태, 거주자의 정신을 안정시켜 주며 활력을 불어넣어줄 생활공간.

너무 지나친 주문이 아니라면 은유로까지 들릴 수도 있다. 어느누가 대량생산 항목에 이런 노력을 기울일 수 있을까? 클럽과 같은 작은 항목에 주문생산이라는 수고를 할 수 없다는 것은 어쩔 수 없는 사실이지만, 대부분의 가정에 보급되어 있는 TV에서 여러 가지 주문 생산적인 요소를 발견하기는 쉬울 것이다.

새 TV를 구입하기 위해 전자제품 대리점을 직접(또는 전자적으로) 방문하면 다양한 선택의 기회가 기다리고 있다. 단지 화면의 크기와 구입 가능한 모델을 조건으로 내세우는 대신, 자신의 용어 범위 내에서 한 자리를 점하고 있는 「조종」에 합당한 원거리 조종장치를 마음에 그릴 수도 있다. 먼저 사용하던 조종장치를 가지고 가 보라. 기존 제품에 만족한다면 아무 문제가 없다. 새로운 TV는 그 조종장치의 명령을 수행할 것이다. 아니면 버튼, 특징, 그리고 사용하려는 어떠한 언어상의 명령 기능이든지 더하고, 지우고, 새이름을 붙이면 되는 것이다. 게다가 새로운 TV가 이미 소유하고 있는 전기제품 무리에 편입되고 조화를 이루어나가는 동안 새 조종장치는 기존의 VCR, 스테레오 시스템, 통신 기구, 그리고 기타 유사한 기계들을 작동시킬 것이다.

단순한 소프트웨어의 변화만으로 주문생산과 시스템 통합이 이루어질 경우 필요한 신호방법을 소매상으로부터 공급받거나 제조 회사의 선택사양 모듈 재고목록으로부터 전송받을 수 있다. 그와 유사하게, 만약 구입하는 상품이 특수 기능용 하드웨어를 필요로 한다면 판매점측에서는 일반적으로 제품의 본체에 별도의 장치를 보충해 장착시킨다. 그러나 어떤 경우에는 구매자가 직접 공장에 주문품——리바이 슈트라우스(Levi Strauss)사가 1990년대 중반부터 공급하기 시작한, 치수를 재어 맞춤 생산하는 진(jean) 의류처럼 단일 품목 크기(unit lot sizes)를 공급하도록 자유로운 생산 능력을 발휘하는 설계 공정을 통해 생산하는 독특한 아이템——을 요구할 수도 있다.

이러한 예에서 최종생산물의 가치는 주문생산에 관계되는 상호작용으로부터 비롯된다. 현재의 주문생산이 앞에서 언급한 이상적인 주택과 같은 대형 기획(그리고 개인적인 설계)을 의미하듯이, 미래에는 경제 전반에 걸쳐 주문생산 능력을 기초로 한 경합이 예상된다. 따라서 하모니 시대에는 기능 사이의 경계선이 계속 사라져 갈 것이다. 그리고 현실에 만족하면서 비즈니스를 실속 있게 유지해나갈 수 있는 기업의 수는 점점 줄어들 것이다.

그러나 그와 동시에 하모니의 개념은 전체적인 응집력을 요구한다. 나는 현재 건축 분야의 작업형태는 미래의 작업장에서 예상할 수 있는, 본질적으로 서로 다른 여러 주제들의 실체적인 기초를 제공한다고 본다. 그러므로 바로 건축가들이야말로 하모니 시대의 노동력의 정수라고 추측해볼 수 있다. 건축가라는 직업은 여느 직업보다도 응집력의 이미지들을 잘 떠올리게 한다. 그리고 응집력은 하모니 시대의 결정적인 테마인 까닭에 이 모델에 대해 좀더 면밀히 관찰해볼 필요가 있다.

건축가들

기업구조를 탐구할 때 대상 기업에 서로 다른 조직적 충절이 공존한다는 것을 간과해서는 안 된다. 그 중에서도 건축가는 의사, 구매담당자, 엔지니어, 영화 감독, 그리고 교사와 마찬가지로 전문가 직종에 속한다. 그보다는 좀더 비형식적인 유대관계와 마찬가지로 전문분야에서의 직업적인 유대관계도 행태에 오랫동안 영향을 끼쳐왔다. 그리고 그런 관계를 꾸려나가는 구성원들 사이에서는 정보를 공유하고, 결과적으로는 기업의 전통적인 역할과 경쟁하고 그것을 보완해나가기도 했다.

일반 독자들이 이해하기 쉽도록 구체적인 예로 건축가를 사용했지만 좀더 깊은 관심을 가진 독자들은 「건축」이라는 단어가 시스템 통합——온갖 기계류와 소프트웨어를 결합시키는 영업——에서 하나의 통용어라는 사실을 알게 될 것이다.

조직적 구성면에서 살펴보면 시스템 통합을 전문으로 하는 기업은 전형적인 건축 회사와 닮았다. 혼자서, 또는 동업자와 함께 자영업자로서 일하는 건축가와 비슷한 조직체계 속에서 고객을 위한 정보처리와 전자통신 시스템을 설계하는 컨설턴트의 예를 도처에서 발견할 수 있다.

일반적으로 컨설팅 영업은 소규모로 시작하는 데 비해, 앤더슨 컨설팅(Anderson Consulting)사와 같은 기업은 놀랄 만큼 큰 규모로 성장했다. 아서 앤더슨(Arthur Anderson)이 설립한 회계용역담당 상사로 출발한 이 시스템 통합영업은 분리 기업으로 분할된 해인 1988년에는 1년 매출이 10억 달러에 달하는 대기업으로 성장했다. 게다가 그 회사의 창립자들이 수립한 공동경영 방식(partnership workstyle)은 그보다 더 큰 성장에도 아무런 걸림돌이 되지 않는다는 사실이 입증되었다. 앤더슨 컨설팅은 그 후 5년 만에 1년 간의 수익이 세 배로 늘어나서 30억 달러를 기록했고, 〈포천〉지에 의하면 858명의 공동 경영자들 가운데 상당수가 백만장자가 되었다고 한다.

앤더슨 컨설팅이 고객들을 위해 응용 소프트웨어를 제작한다는 의미에서 「제조업」에 종사하고 있는 것은 사실이지만, 컨설턴트들이 자동차를 만든다거나 다음날 아침까지 배달하는 우편물 배달 서비스를 제공한다거나, 또는 비디오 테이프를 대여한다고는 상상할 수 없다. 앤더슨 컨설팅의 비교적 느슨한 조직구조는 닛산 자동차, 페더럴 익스프레스(Federal Express), 또는 블록버스터 비디오(Block-buster Video)사와 같은 기업을 운영하는 조정에는 적합하지 않다. 그러나 기존의 사업은 현재 전문직에 종사하는 자영업자가 제공하고 있는 용역을 점점 더 많이 필요로 할 것이다.

일반적으로 컨설턴트들은 자신의 과업에 적합한 지식을 찾아내어 그 지식을 계속 유동시키는 임무를 맡고 있다. 지식의 유효기간이 더욱 짧아지고 있는 오늘날 지속적인 배움의 필요성이 더욱 강조되고 있다. 구분화가 더 작은 구획에 대해 더 많은 지식을 가진 전문가를 필요로 했던 반면, 하모니 시대는 진정으로 만족스런 단독주택을 설계하는 「간단한」 과업에서 본 것처럼 광범위한 상호관계를 처리할 수 있는 능력을 요구한다.

좀더 광범위하게 생각할 때, 현행 기업의 시스템을 통합시키는 데는 세계적으로 넓게 퍼져 있는 제휴자들을 필요로 한다. 이 때 네트워킹 소프트웨어의 신발매(new release)는 거대한 충격을 몰고 온다. 예기치 않은 연합이 수없이 발생되는 것이다. 어떤 다국적 기업의 카이로 지사에서 사용하기 위해 구입한 어떤 특수한 워드 프로세서를 생각해보자. 아라비아어로 된 텍스트를 위해서는 우측에서 좌측으로 문자열을 진행시키는 전자 서식이 필요한 것이다.

그러한 환경에서 갑작스런 상황에 대처하려면 조금은 뒤로 물러서서 더 넓게 내다볼 수 있는 안목과 함께 배우고 탐구하는 능력을 길러야 할 것이다. 전통적으로 건축 컨설턴트들이 키워온 기능이 바로 이것이다. 그러나 성공적인 기업이 자체 노력으로 이와 같은 재능을 통합시키지 않으면 가치 장출의 기회는 다른 기업들로 넘어가게 될 것이다. 다시 말하자면「건축상사」도 생존을 위해서는 부가가치를 창출해야만 한다는 것이다.

내일의 작업형태가 과거의 상명하달식 경영의 내부 집중으로부터 탈피해야 하는 것은 틀림없지만, 개별적인 여러 가지 능력을 모아 단단히 응집된 통합체를 창조하는 것 또한 여전히 가장 중요한 숙제거리로 남아 있다. 그렇다면 어떻게 이 두 가지를 조화롭게 결합시킬 수 있을까? 내 관점으로는, 미래의 계급조직은 출세의 단계 (corporate ladders)를 완전히 없애버리기보다는 그 중요성을 탕감시켜 출세욕망에 사로잡힌 사원들이 외부 지향적으로 변모하도록 보상체계를 수정해야 한다.

사다리 오르기

우리의 자녀들은 유아기 때부터 진보와 승진을 동일시하도록 배웠다. 아기 바구니, 육아실, 예비 유치원, 유치원 등 일련의 단계는 아이의 성장에 따라 코스를 배치하고 각 학생의 미래에「진짜」사다리를 준비해놓는다.

대학원(내 계산으로는 21학년)에 재학하고 있을 때 놀이터에서 우연히 들은 대화내용은 아이들의 그러한 초기훈련의 특성을 잘 드러내주고 있었다.『너 1학년이니?』겉으로 보기에 위압당한 듯한 취학 전의 아이 하나가 자기보다 키가 큰 다른 아이에게 던진 질문이었다.『난 그것보다 더 높아!』일곱 살 난 가슴을 자랑스럽게 불쑥 내밀며 질문받은 아이가 대답했다. 둘 사이의 경험 차이를 가정한다면 그 2학년짜리 아이는 오름의 의미에 대해서는 말할 것도 없고, 그보다 어린아이의 지평권을 벗어난 곳에 있는 단계에 대한 상세한 설명을 교묘하게 회피한 것이었다.

유감스럽게도 오늘날 「오름의 의미」는 기대와는 반대의 결과를 가져오곤 한다. 어떻게? 「계급」의 과다한 부분이 피라미드를 이루는 인원수에 의존하기 때문에 기업의 상벌 시스템은 비효율적인 제재수단을 취한다.

규모가 비슷한 두 기업의 지불계정담당 부서를 살펴보자. 한쪽은 판매자들과 직접 연결된 네트워크 데스크탑 컴퓨터 시스템을 관리하는 여섯 명의 인원을 고용하고 있고, 다른 한쪽은 같은 일을 담당하는 네 명의 감독자를 포함해 다섯 배에 달하는 인원을 고용하고 있다. 거기에다 후자의 오퍼레이션에는 값비싼 메인프레임이 필요하다. 어느 곳의 책임자가 더 높은 수준의 보상을 받을 자격이 있는 것일까? 대부분의 경우 더 큰 조직을 운영하는 「더 큰 책임」이 더 많은 보수를 약속할 뿐 아니라 더 높은 지위로의 승진 가능성도 높여준다.

그러므로 후자의 효율성을 높이기 위한 과정은 그 곳 책임자들의 강등에 대한 위험성도 초래하게 되는 것이다. 대부분의 중간 관리자들이 새로운 작업형태가 시작됨과 동시에 자주 발생하는 지위 박탈을 두려워하는 것은 그리 이상한 일이 아니다. 사람들이 말하는 것처럼 계급 자체가 보상의 의미를 가지고 있는 것이다.

허먼 워크(Herman Wouk)는 미국 해군 대위의 눈에 비친 제2차 세계대전의 모습을 포괄적으로 그려낸 역사소설 《전쟁과 기억(War and Rememberance)》에서 이러한 계급의식을 포착했다. 만일 어느 칵테일 파티에 참석했다면 소설의 주인공은 견문 넓은 동포들에게 유명 인사들의 이름을 들먹였을 것이다. 아돌프 히틀러(Adolf Hitler), 윈스턴 L.S. 처칠(Winston L.S. Churchill), 이오시프 스탈린(Iosif

Stalin), 그리고 장개석(將介石)…. 빅터 헨리(Victor Henry) 대위는 프랭클린 루스벨트(Franklin Roosevelt)의 사절이었던 덕택에 그들 모두를 만날 수 있었다. 그러나 헨리 대위는 계속 초조하다. 다음 임무는 그를 전함의 지휘권으로 더 가까이 인도해줄 수 있을 것인가? 현대사의 가장 위대하고 극적인 현장에 참석할 수 있었다는 사실도 해군사관학교의 생도생활 첫날부터 시작된 승진을 향한 그의 관심을 전환시키지는 못했다.

그런 사건을 보면서 웃어넘길지도 모르지만 대부분의 조직사회에서는 남들을 앞지르려는 욕망이 성공을 추구하는 사람들을 움직이게 한다. 미국 해군과 마찬가지로 기업들도 승진이 주요 자극제임을 굳게 믿고 있다. 그러나 감원, 그리고 평탄하게 다져진 조직에서 생기는 명백한 경제적 이점은 서로 결합해서 승진의 가망성을 줄인다. 따라서 오늘날 직업 시장으로 첫발을 내딛는 사람들 중 상당수는 적어도 지위를 보상으로 기대할 수는 없게 되었다. 미래의 경영자들은 다른 사람들에 대한 통제권 대신 상황에 대한 지배력을 갖추도록 노력해야 한다.

하나의 과업을 완벽하게 완수할 수 있는 힘은 한때 전함 지휘자의 금줄 장식 소매가 상징하던 「힘」을 가져다 줄 것이다. 지난날 계급 조직의 각 층은 하나의 특수화된 그룹에서 다른 그룹으로 이동하는 메시지를 수정하는 역할을 맡았기 때문에 직무에서 얻는 만족감은 한정된 것이었다. 어떠한 과업에서도 단편적인 역할밖에 맡지 못했던 과거의 조직인이 보상으로 조직 내에서의 지위를 기대하고, 상사를 기쁘게 하는 것으로 그의 행동이 결정지어졌다는 것은 어떻게 보면 당연한 일이다.

그러나 오늘날의 기업은 사람들이 위를 보기보다는 외부를 볼 수 있도록 격려해야 한다. 그리고 그러한 환경에서는 작업방식이「위」로부터의 명령에 의한 것이 아니라 지도에 의한 팀 위주의 성격으로 변하게 된다. 앞에서 언급된 컴팩의 판매원들을 다시 생각해보자. 각 판매사원은 재택근무를 하며 상사의 허락 없이도 하루의 일정을 자율적으로 정할 수 있지만, 그들 가운데 고립된 채 일하는 사람은 아무도 없다. 모든 관련 정보들은 즉시 접근할 수 있는 범위 내에 있다. 단지 몇 개의 키를 두드리는 것만이 전부다.

회사의 판매업무 지원에 주파수가 맞추어진 컴팩의 모든 정보 시스템을 통해 새로운 종류의 피라미드를 상상해볼 수 있다. 이 새로운 결합은 하급자들과 상급자들로 이루어진 수많은 층을 거쳐 메시지를 위아래로 발송하지 않고, 소비자 공유영역에 있는 사람의 이익을 위한 정보를 다지고 나눈다. 여기에서「사다리」는 한쪽으로 치워진다. 이렇듯 개인적인 권한부여는 상명하달식 체계에서의 기계적인 순응보다는 동료들과의 협동과 고객에 대한 서비스를 촉진시킨다. 그와 같은 권한부여의 기회를 제공할 수 있는 미래의 작업환경이 우리의 경제 도처에 형성되어야만 한다.

승진이 여전히 경력의 주요 요소로 남을 것임은 틀림없지만 모든 직업은 외부지향적으로 옮겨가야만 한다. 조직은 단순히 정보를 수집하는 대신, 정보를 필요로 하는 사람들——예로 든 워크 스테이션의 상층부 간부들이나 컴팩의 고객 대표자들——의 손에 그것을 쥐어주어야만 한다. 고객 대표자라는 직업은 계속해서 그 중요성을 확대시켜나가고 있지만 상층부 간부들의 역할도 역시 중요하다. 어쨌든 컴팩의 판매 노동력 배치전환은 정보에 입각한 최고경영자 수준의 결정이 필요했던 것이다.

여기에서 우리는 기존의 작업형태와 새로이 모습을 드러내고 있는 작업형태 사이를 이어주는 다리를 발견할 수 있다. 조직이 복잡한 과업에 여러 가지 기술을 적용할 경우, 정보는 그것을 보유한 전문 실무자들로부터 그것을 필요로 하는 모든 사람들—— 최고경영자에 서부터 현장의 종업원들까지—— 에게 응집된 방식으로 전달되어야 만 한다.

응집력

하나의 조직은 자신의 존재를 정당화하기 위해서 통합되지 않은 같은 수의 개인들이 창출하는 것보다 더 많은 가치를 부가해야만 한 다. 결국 조직은 주어진 과업에 관계된 전문화 작업에서 이익을 창 출할 수 있는 능력 여하에 따라 성공할 수도 있고 실패할 수도 있는 것이다. 그리고 그러한 능력은 통신을 필요로 한다.

조직의 정보유동은 세 가지 측면에서 생각해볼 수 있다. 즉 복합 적인 과업을 개별적인 전문인력에게 분배하기, 고객의 반응을 계속 받아들이면서 일의 통합적인 산출을 고객에게 보내기, 조정기능에 대한 경영자측의 지원이 그것이다. 그러므로 형식과 기능 간에 전개 되는 관계를 살펴나가면서 이러한 정보경로가 여러 종류의 과업 사 이에 어떠한 상관적인 중요성을 가지고 있는지 이해할 필요가 있다.

이미 살펴본 바와 같이 기계의 시대에서 전문화는 일반적으로 주 변의 것과 성격을 달리하는 일련의 개별적 단계를 의미했다. 그리고 그러한 의미는 공장에만 국한된 것이 아니었다. 나는 1980년대 초반 까지도 새로운 방침 하나를 승인하는 데 50개가 넘는 단계를 거쳐야 했던 어떤 보험회사를 알고 있다. 당시에는 고객과 직접 대면하는 실무 담당자들과의 극히 적은 접촉, 그리고 관련과업의 계급적 분할화는 상명하달식 체계의 계획과 조정에 아주 적합한 것이었다.

그런데 질의 시대로 건너오면서 프로그램화된 유연성이 융통성 없는 기계적 설계를 대체했다. 시간이 지나면서 과업의 성격은 변할 수도 있고, 하부과업(subtasks)도 과정의 한 단계에서 다른 단계로 이동할 수 있는 것이다. 정보는 할당된 기능을 원조하고 작업을 조정하기 위해 수평적으로 유동해야만 했다. 고객들과의 접촉은 늘어났고 팀 위주의 작업형태가 모습을 드러냈다. 행동은 이론을 기다리지 않았던 것이다.

오늘날 새로운 작업형태는 조직 이론가들이 미처 설명하기도 전에 그 모습을 드러내고 있다. 혁신적인 인간들이 온갖 시도 끝에 가장 적합한 듯한 인간 행동을 모방한 작업형태를 만드는 데 노력함으로써 특정 팀워크와 전체적인 조정 사이의 결합이 예상된다. 덧붙여 말하면, 요즘 대부분의 경영자들은 측면을 바라보는 데 상당한 시간을 소요한다. 즉 그들이 보유한 특정 전문분야에 대한 작은 관심사를 처리하기보다는 동료와 고객들을 만나는 데 더 많은 시간을 할애하는 것이다.

벨 연구소에서의 내 경험은 이런 경향을 그대로 반영한다. 오늘날 대부분의 다른 기업들과 같이 벨 연구소 산하의 조직구조 또한 통속석인 나중계급체제를 유지하고 있다. 게다가 전문화의 기나긴 전통이 그러한 상태에 혁신적인 변화를 가하는 것을 강력하게 가로막고 있었다. 따라서 1980년대 중반까지 대부분의 연구원들은 외래적인 도움을 요청하는 프로젝트가 있을 경우에만 개별적으로, 또는 작은 그룹을 형성해 남들과 함께 일하면서, 과거 기업주에게 훌륭하게 봉사했던 조직적인 형태를 고수해나가는 동시에 기업주들의 장기적인 성공 가능성을 높이기 위해 일했다.

그러나 시간이 지나면서 이러한 전통적인 운영방식이 우리의 기대를 충족시키는 데 실패했다는 사실은 명백해져만 갔다. 벨 연구소는 전문가들이 예측한 낡은 벨 시스템(Bell System)의 해체 이후 휘황찬란한 신상품의 긴 행렬을 「해방된 AT&T」에게 제공해주고 있지 않았다. 무엇을 해야 하는 것인가? 동료들은 기업이라는 거대한 선박의 여기저기에 뚫린 구멍을 임시변통으로 미봉하는 것에 얼마간 만족했다. 그러나 마침내 냉정한 시선으로 우리 자신을 바라봤을 때, 기업이 실제로 요구했던 것을 충족시키는 데 전통적인 우리의 행동 방식은 맞지 않는다는 사실을 깨닫게 되었다.

　구획화된 조직의 다른 부서들과 마찬가지로 각 연구집단은 다른 것에는 거의 관심을 갖지 않은 채 그 집단의 연구원들이 기회라고 생각하는 것만을 개척해나갔다. 테크놀로지의 한 분야에 여러 연구집단의 관심이 한꺼번에 쏠릴 수도 있었던 반면, 전혀 관심을 끌지 못하는 분야도 있었다. 이러한 상황이 변화를 요구했다. 과거의 작업 형태가 얼마나 큰 도움을 주었든 간에, 이제 더 이상은 만족스럽지 못했던 것이다. 그렇다고 우리의 조직구조를 폐기처분해야만 한다는 의미는 아니었다. 그보다 우리는 절실히 요구되었던 외부 지향적인 초점을 조직의 각 부분에 부여하는 데 몰두했다. 그 중에서도 특히 각 연구 관리자는 하나의 새로운 과제를 떠맡아야 했다. 정해진 연구부서에 소속된 각 과학자와 공학자가 최고의 성취 요구 수준(level of accomplishment)을 가지고 일할 수 있도록 노력하는 것 이외에도 연구 관리자는 자신이 맡은 연구분야에서 회사가 요구하는 기술을 제공해야 하는 책임도 함께 떠맡게 된 것이다.

　변화는 하룻밤 새에 찾아오지는 않았지만 긴 시간이 지나면서 우리의 행동은 현저하게 바뀌었다. 오늘날 벨 연구소에 근무하는 절반

가량의 연구원들은 모든 시간을 AT&T의 다른 부서 동료들과 협력해 일하고 있다. 그와 비슷한 변화가 경영자측에서도 일어났다. 대부분의 경영자들이 직함과 직책에 따르는 부수적인 장식물을 그대로 유지했지만 그들의 직무는 90°의 방향전환을 겪었다. 말하자면 위아래를 보는 대신, 그들은 이제 대부분의 시간을 측면을 바라보는 데 사용하게 된 것이다.

예를 들면 각 연구실의 관리자는 이제 자신의 조직 내에 있는 사람들뿐 아니라 전체적인 연구활동을 위해 AT&T의 사업부와 협력하여 그러한 연구활동이 합당한 관심을 받도록 조정하고, 연구원들에게 잠재 고객과 밀착해서 일해나갈 수 있는 환경을 제시해주려고 노력한다. 과학이라는 학문보다는 직능을 기초로 더욱 명확해진 조직 내의 역할로 인해 경영자측의 최대 관심사는 외부와의 상호작용으로 옮겨갔다. 최고경영자들이 스스로의 역할을 수정한 것은 가장 도전적이고도 믿음직한 결정이었다는 사실이 증명되었다. 상임 연구원들은 물론이고 관리자들도 가능한 한 최고의 연구실적을 위해 노력했다. 그러나 그들이 말하는 「최고」라는 것은 세계에서 가장 강력한 레이저 다이오드, 전례 없는 트랜스미션 실험, 주요 전문회의에서 수여되는 「최고의 논문」에 주어지는 상일 뿐이었다. 물론 이러한 것이 전혀 가치 없는 것은 아니지만, 이러한 내부 발생적인 탁월함에 대한 추구는 잠재 고객들의 우선권에 충분한 관심을 쏟을 수 없게 했다. 광파 사업부에 근무하던 동료들은 더욱 강력한 레이저 장치를 원했지만, 사실은 그들이 이미 제작한 방법과 양립할 수 있는 장치로 교체시키는 것을 선호했을 수도 있다.

자신을 전통적인 탁월함의 수호자로 생각한 연구원들은 새로운 기준이 표준을 낮추는 것이라고 여겼는데, 이는 당연한 일이었다. 그러나 시간이 지나면서 새로운 생각이 뿌리내렸다. 「제조 가능한」 가장 강력한 레이저를 제작한다는 것은, 한 편의 논문이 출판되는 기간 동안만 작동되는 레이저 기계를 만드는 것보다 훨씬 더 커다란 의욕을 불러일으키는 일이었다.

새로운 방식의 경영은 기존 방식과 가치체계의 상당 부분을 그대로 이용한다. 모두가 여전히 「최고」가 되기 위해 분투하고 있지만, 더 큰 노력을 요하는 새로운 기준하에서 그렇다. 대체적으로 작업 수행에서 내부 발생적인 기준에 집중되었던 관심은 모든 조직 간의 팀워크로 옮겨졌다. 경영진이 연구원들을 「외부」와의 탐탁지 않은 접촉으로부터 떼어놓으려고 했던 시대와 비교하면 엄청난 변화라고 하지 않을 수 없다. 소규모의 기업가 정신과, 거대한 다국적 기업에 필요 유용한 대규모의 조정이 결합되는 새로운 시대에 적응하기 위해서는 노력이 필요하다.

규 모

개별적인 구성 단위(individual unit)는 구조변화를 거치지 않고도 행동을 변화시킬 수 있지만 기업의 경우는 어떨까? 확실한 이익을 제공해주지 못하는 기존 규모의 경제에서는 순전히 규모가 핸디캡을 만들어내는 것일까? 신규 업체들은 수십억 달러 규모의 단일체가 됨으로써 결국 실패하게 되는 것일까? 아니면 성장해나가는 기업들이 최상의 성취를 하기 위해서는 스스로 분할을 계속해야 하는 것일까?

직간접적으로 대기업에 고용된 수많은 미국인들과 대기업에 투자된 엄청난 금액으로 인해 대기업의 장기적인 성공은 우리 경제의 미래에 대단히 중요한 작용을 한다. 그럼에도 불구하고 과거의 관습은 목적에 훨씬 못 미치는 것이었다. GM의 사장인 알프레드 슬론 (Alfred P. Sloan)은 과거 GM의 경영구조를 만들어냄으로써 전세계적으로 조직구성의 천재라는 평가를 받았다. 그러나 그의 뒤를 따랐던 사람들은 놀랄 만한 손실을 면치 못했다. 10년이 채 지나지 않아 GM의 자동차 판매실적은 1년을 기준으로 했을 때 300만 대―――디트로이트에서 오사카에 이르는 가상의 2차선 도로를 빽빽하게 채울 수 있을 만큼의 자동차―――나 줄어들게 되었다.

『고객의 목소리를 듣지 않았기 때문이다.』 대기업이 곤경에 빠질 때면 항상 들리는 전문가들의 주장이다. 관계 중역들은 대체로 책임을 부정하지만 인습적인 관점은 일반적으로 방대한 조직 규모와 주변에 대한 둔감함을 결부시켜 생각한다. 그리고 사실상 물리학의 법칙이 이러한 견해를 얼마만큼은 뒷받침해주고 있다.

기원전 218년 한니발(Hannibal)이 알프스를 넘었을 때, 이 유명한 카르타고인 장군은 북아프리카와 스페인에서 뽑은 군인과 코끼리로 편성된 군대를 이끌었다. 그는 갈리아를 가로질러 이탈리아 반도의 내륙으로부터 로마를 공격하기 위해 알프스를 넘어 남쪽으로 진군해 나갔다.

한니발은 다수의 유명한 전투를 승리로 이끌었지만 이번 출정은, 특히 코끼리들이 허둥대며 엉뚱한 방향으로 움직이기 시작했을 때 이미 실패로 나타나기 시작했다. 군사적인 관점에서 본다면 한니발은 코끼리들을 출정에 참가시키지 않았어야 옳았다. 추위에 떠는 수많은 병사들의 한복판에서 눈길을 밟으며 행진하는 그 거대한 짐승의 이미지는 고대 역사에 대해 갖고 있는 가장 뚜렷한 이미지들 가운데 하나를 우리에게 전해준다.

비록 코끼리가 열대 기후에서 살아왔다고는 하지만, 이 걸어다니는 탱크들은 추위와의 영웅적인 대결을 별로 개의치 않는 듯했다. 왜냐하면 눈보라와 폭풍에 노출되어 열을 잃는 코끼리의 몸통은 인간에 비해 엄청나게 큰 만큼 열을 보충하는 속도도 그만큼 빨랐기 때문이다. 이 경우에는 단지 부피가 외부적인 환경에서 오는 영향을 감소시켰던 것이다.

어제의 단일체 조직 가운데 지금까지 남아 있는 조직도 역시 같은 이유로 인해 그 환경과 격리되어 있다. 각 고용인이 소비하는 시간이 내부의 문제에 좌우될 경우 미국 내의 대규모 회사에 고용된 대부분의 사람들은 여전히 주위에서 일어나는 변화에 무감각할 뿐이다. 조직인이 졸업에서 은퇴까지의 모든 시간을 책상에 앉아서 보내고 싶어하는 것은 당연한 바람이었다. 전적으로 조직의 규모가 한니발의 코끼리들이 향유한 격리를 제공한 것이었다.

오늘날에도 규모는 반드시 코끼리 부대의 이미지가 암시하는 만큼의 핸디캡이 아닐 수도 있다. 『크기는 문제가 되지 않는다』라고 어떤 물리학자가 말하지 않았던가. 『표면적이 중요하다. 단단히 뭉쳐진 눈덩이와 휠휠 날리는 눈송이의 차이다.』 이 비유가 완전히 받아들여지는 것은 아니지만, 적어도 「크기(조직 내의 총 인원수)」보다는 「모양(이 경우에는 개별적인 고용인과 고객 사이의 거리다)」이 외부 세계와의 접촉 수준을 결정한다는 것이다.

이미 언급한 바와 같이 생산의 풍부함은 기업들과 외부의 고객들에게 생존을 의존해야 하는 단체들의 주문생산을 기초로 한 경쟁을 유도했다. 그러한 맥락에서 고객의 요구는 경쟁력을 지닌 조직의 가장 중대한 영역이다. 다른 모든 자원은 그것을 지원하기 위해 존재한다. 그러므로 각 기업조직은 표면적을 넓히기 위해 「내부」의 쓸모 없는 가지들을 전지할 필요가 있는 것이다. 회사의 내부적 업무에 편한 자세로 앉아서 경력을 쌓아나가는 조직인과는 달리, 가능한 한 환경과 가장 효과적으로 연결될 때 최고의 능력을 발휘하는 조직처럼 미래의 구직자는 자신과 활동의 중심을 연결하는 것이 바람직할 것이다.

오늘날 벨 연구단지의 경우, 「물리학」을 연구하는 사람들이 점점 줄어들고 있다. 벨 연구단지에서 근무하는 과학자들이 기초분야에서 여전히 과학적 탁월함을 추구하고 있는 것은 사실이지만, 그들 중 대부분은 목표――CATV 업계에 광파 기술의 도입을 촉진한 특수 레이저와 같은――가 정해진 분야에서 약진하고 싶어한다. 과연 누가 최저의 가격에 최고의 기술을 제공할 것인가라는 문제를 등에 업은 수십억 달러짜리 계약은 벨 연구단지의 과학자들로 하여금 오직 벨 연구단지만이 존재했던 과거처럼 행동할 수 있는 여유를 주지 않는다. 벨 연구단지의 규모는 과거와 같지만, 그 때문에 고객이라는 환경이 받는 관심의 몫은 훨씬 커졌다.

전반적인 비즈니스 세계에 그와 유사한 변화가 나타나고 있다. 따라서 규모에 상관 없이 성공적인 회사라면 자신을 눈뭉치가 아닌 눈송이 모양으로 다듬어나가리라는 것을 예상할 수 있다.

실제로 과거에는 단일체를 이루었던 회사들 가운데 상당수가 기본적으로 자치적인 움직임을 갖는 사업부라는 작은 부분으로 나뉘어졌다. 그러나 규모가 어떻든 간에, 조직은 자신의 구조와 함께 자신의 행동을 바꿀 자유도 가졌다. 예를 들면 담당자 차원에서 고객과의 직접 접촉은 관리자 차원의 확인에 대한 필요성을 줄이게 된다. 따라서 조직 「외부」와 상호작용을 위한 시간을 더 많이 확보할 수 있는 것이다. 내가 아는 대단히 유능한 사업가 한 명은 「고객」이리는 단어가 언급되지 않은 채 10분 이상 지속되는 회의는 중단시키고 만다.

오늘날 성공적인 회사는 고객을 기쁘게 하기 위해 노력해야만 한다. 그렇지 않으면 고객이 다른 회사를 찾을 것이기 때문이다. 그러한 상황에서 상인은 고객의 욕구에 가장 적합한 제품을 제공하려고 노력한다. 비즈니스 출판물에서는 「관계 마케팅(relationship marketing)」이나 「특정 주문 품목 사이즈(lot size for one)」라는 용어를 사용해서 그러한 노력을 표현한다. 나는 더 간단한 이미지를 떠올릴 수 있다. 개인 기업가(individual entrepreneur) —— 가장 작은 규모의 기업 —— 에 의해 제공됨에도 불구하고, 다양하고 풍부한 자원과 세계 수준의 조업에서 바랄 수 있는 기술이 혼합된 주문생산의 탄력성 있는 서비스가 그것이다.

조직이 고객과의 접촉에 더 많은 자원을 투자할수록 단일체적 작업 형태는 더욱 탄력적인 고용관계를 조성해야만 한다. 늘어나는 노동자들은 광범위한 정보 자원으로의 즉각적인 접근을 원할 테지만 최선의 정보공유는 반드시 회사 사무실에서의 근무를 요구하지는 않는다. 뉴저지 주 머리힐에 있는 컴퓨터 과학연구소 소속의 한 연구원은 대부분의 시간을 시애틀에 있는 그의 집에서 일한다. 다른 한 연구원은 타이페이에서 컴퓨터를 이용한 재택근무를 한다. 미래의 상호작용은 사무실 복도의 공유보다는 지식의 공유에 훨씬 더 크게 의존할 것이다.

표면상으로 볼 때 21세기를 향해 나아가는 대부분의 기업들은 여전히 「사무원」만큼이나 많은 수의 전문가들을 고용할 것처럼 보인다. 그러나 「사무실」의 개념은 더욱 확대되어야만 한다. 자신을 미래의 「건축상사」 직원이라고 상상해보라. 재래식 사무실이 당신에게 제공하는 것은 무엇일까? 아마 전형적인 목록은 다음과 같을 것이다.

- **진행중인 작업** : 반쯤 작성한 보고서, 답신을 바라는 서신, 산더미처럼 쌓인 채 손길을 기다리는 문서 등.
- **여러 사람들과의 만남** : 즉흥적으로 여기저기에서 열리는 형식적인 회의.
- **설비물 이용** : 컴퓨터, 복사기, 팩스, 그리고 현대의 사무실 생활에 필요한 것들.
- **메시지 통로** : 우편물과 전화 통화.
- **지역 정보의 주요 저장소** : 로컬 데이터 베이스, 그리고 산더미처럼 쌓인 서류철.

계속해서 나열하는 것은 어렵지 않지만 동일한 관측 결과를 재확인시켜줄 뿐이다. 이제 각 항목은 점차 효율적인 전자 대용물에 적합해져 간다. 전자 필기판, 광학식 문자(육필) 판독기, 전자문서 저장, 그리고 그 밖의 비슷한 수단이 등장함으로써 개인 노트북은 필요한 모든 「서류」를 언제나 손이 미칠 수 있는 곳에 보관시켜줄 것이다. 게다가 그런 노트북은 소리와 영상을 겸한 전화 기능도 수행할 것이다.

직업적인 동료뿐만 아니라, 고객, 협력자, 그리고 공급자와의 더욱더 긴밀한 유대는 미래의 노동력 가운데 상당량을 「사무실」로부터 분리시킬 것이 확실하다. 현대 통신은 여러 면에서 여행의 필요성을 감소시켜줄 테지만, 전자 대용물이 모든 형태의 인간 상호작용을 완전히 대신할 수 있다고는 상상하기 어렵다.

사업의 관심사가 점점 더 기업의 테두리와 외부로 옮겨질 것이 획실해지고 있다. 따라서 미래의 각 조직은 관계를 맺게 될 가지각색의 조직과 개인뿐만 아니라 사무실에서 다른 장소로의 지리적 이동이 필요한 노동력의 구성원에게도 자원의 활용 가능성을 높여주어야 할 것이다. 이처럼 분산된 환경에서 공동 상상력과 직업적 가치를 공유함으로써 응집력을 창출해내는 경영진의 능력은 가장 중요한 경쟁적 재산이 될 것이다.

일과 생활양식의 이러한 복합은 일, 집, 학교, 그리고 심지어는 레크리에이션에 이르는 모든 활동영역에서 전체적인 통신 연결을 필요로 하기 때문에 이른바 정보 고속도로는 국가적인 차원에서 중요한 문제점으로 부각될 것이다.

네트워킹

윌리엄 제퍼슨 클린턴(William Jefferson Clinton)이 미국의 대통령으로서 취임선서를 한 지 겨우 3주일이 지난 1993년 2월 8일, 다음과 같은 전자우편 메시지가 내 컴퓨터 스크린 위에 나타났다.

주제 : 백악관에 전자우편 보내기

다음에 나오는 말은 장난이 아닙니다. 이것은 클린턴 대통령이 마련한 서비스입니다. 하고 싶은 말이 있다면 편지를 쓰세요. 백악관에서는 대부분의 메시지에 대해 회답한다고 들었습니다.

아시다시피 백악관이 전자우편을 통해 일반 국민과 연결된 것은 역사적으로 이번이 처음입니다.

우리는 공공 접근용 전자우편(Public Access E-mail) 프로그램을 개선시킬 방법에 대한 당신의 논평과 제의를 환영합니다.

잭 길(Jack Gill)

전자출판

공공 접근용 전자우편

백악관

워싱턴, D. C.

— 전송 메시지 끝—

단, 모든 회답은 일반 우편으로 전송되기 때문에 전자우편 주소를 기입해주어야 합니다.

(백악관 전자우편 주소는 다음과 같습니다.

75300. 3115@compuserve. com〉)

—추가 메시지 끝—

백악관이 전자우편 주소를 개설해 일반 시민들에게 세계에서 가장 막강한 힘을 가진 사무실로의 전자 통로를 제공하려는 것으로 여겨졌다.

어째서 세계에서 가장 강한 대통령이 좀더 화려한 우편 주소를 차지하지 않은 것일까? 사실 좀 의아했다.

정부기관의 고용인인 클린턴 대통령은 직원의 힘을 빌려 백악관을 위한 컴퓨터를 마련하고, 그것을 공공 네트워크에 연결하고, 전자우편 주소를 만들게 했다. 「President@Whitehouse. gov」는 「75300. 3155@compuserve. com」보다 서술적이라는 것은 인정하지만, 후자가 좀더 대중적인 공감을 자아내는 것만은 사실이다.

전자우편을 이용한 통신은 하나의 컴퓨터에 저장된 파일을 「네트워크」를 거쳐 다른 컴퓨터로 보내는 작업을 수반한다. 그러한 파일의 대부분은 단지 몇 줄의 활자화된 텍스트로 이루어져 있기는 하지만, 저장된 영상과 도표, 목록과 숫자, 또는 전자적으로 기록된 심전도와 같은 지각 데이터를 포함하는 파일도 있다.

엄밀히 말하자면 전자우편은 전자우편 프로그램으로 제어되는 파일 이동을 뜻한다. 따라서 전자우편이란 컴퓨터들 사이의 여러 가지 정보교환방식 가운데 하나라고 말할 수 있다. 전자우편의 경우 발신자의 컴퓨터에 들어 있는 프로그램이 신분 확인을 위해 발신자의 주소와 같은 표시를 덧붙임으로써 편지 봉투의 역할을 대신하는 전자식 우편 봉투에 메시지를 집어넣게 되는 것이다. 이런 전자 「표제 (header)」는 내용을 편리하게 받아볼 수 있도록 수신자의 프로그램이 전송받은 우편을 수집하고 분류할 수 있게끔 해준다.

전자우편은 컴퓨터 게시판처럼 좀더 복잡한 장치의 역할도 수행한다. 같은 의견을 가진 각 개인은 원하는 사람이 저장된 우편 내용에 접근할 수 있도록 합의된 장소로 전자우편을 보낼 것이다.

전자우편은 종이 서류보다 빠르고 덜 형식적이며 녹음 처리된 목소리 메시지보다 검색과 편집이 간편하다. 그리고 전자우편은 수신자가 없어도 가능하다는 이점 때문에 바쁘게 사는 사람들은 전화 통화보다 전자우편을 선호하고 있다. 이제 전세계에 걸쳐 수백만 개에 달하는 컴퓨터 공동체의 중요한 교신 수단으로 전자통신이 자리잡았다는 것은 전혀 이상한 일이 아니다.

오늘날에는 수백만 명의 PC 사용자들이 일반 전화회선을 통해 서비스를 이용하고 있으며, 보통 전화선이 감지할 수 있는 음색으로 데이터의 펄스를 변환시키는 「모뎀」을 통해 데이터를 교환하기도 한다. 모뎀이 장착된 개인용 컴퓨터는 일단 접속이 이루어지면 단순히 전자우편함을 여는 수단으로 그치지 않는다. 오늘날 황홀한 준공공 (quasi-public) 네트워크 덩어리를 활용하면 전자 게시판으로의 접근이나 쇼핑 서비스, 도서관 등에 대한 정보검색을 간단히 해낼 수 있게 되었다.

선거유세 당시에 내세웠던 공약을 지키기 위해 클린턴 행정부는 이른바 정보 초고속도로 건설에 우선권을 부여했다. 미국의 주(洲) 간 고속도로(interstate highway) 시스템의 괄목할 만한 성과에 힘입어 정보 고속도로는 언론과 대중 양쪽의 지지를 얻게 되었다. 이 사업은 콘크리트 대신 광섬유를 이용한 고속도로의 건설인 것이다.

그러나 좀더 면밀히 살펴보면 고속도로라는 비유는 그와 똑같은 중요성을 지닌 다른 요소를 희생시킴으로써 가능하다. 어쨌든 한쪽 끝과 다른 한쪽 끝을 잇는 정보의 움직임은 응용 소프트웨어와 같은 자동차에는 필요 없는 항목을 요구한다. 따라서 「고속도로」라는 비유가 우리의 마음 속에 고착된다고 하더라도 그 이상의 계획에서는 개념의 범위를 확장시킬 필요가 있다. 오늘날 테크놀로지 입안자들은 「국가정보 하부구조(National Information Infrastructure : NII)」 계획에 대해 말한다. NII는 통신 네트워크, 컴퓨터, 데이터 베이스, 그리고 사용자의 간단한 손놀림만으로도 엄청난 분량의 정보를 제공해주는 전자제품 등이 서로 오밀조밀하게 짜여진 전자망이다.

고속도로의 개념 확장

이 NII 개념은 뜻하는 바가 크다. 확장된 「통신」과 「도서관」 서비스 외에도 정부, 공공 복지단체, 그리고 산업계의 지도자들은 「교육」, 「의료」, 그리고 「산업 생산성」을 특별히 중요한 목표로 인정했다. 다시 말하면 학교, 병원, 그리고 산업설계 센터로부터 더욱 강화된 원조를 받을 수 있게 된 것이다. NII에 관한 보고서에서는 지방 개업의사들이 화상회의와 의학 영상전송을 통해 먼 도시에 있는 전문가들의 원조를 받았다는 사례를 인용했다. 좀더 확대하면 클린턴 행정부의 전자통신정책국(Office of Telecommunications Policy)이 작성한 토의 문서는 다음과 같은 내용을 통해 국민들로 하여금 NII 시스템이 가져올 이익을 떠올리게 함으로써 정보 고속도로의 미래를 그리고 있다.

전화, TV, 캠코더, 그리고 개인용 컴퓨터를 통합한 일체형 기계를 가졌다고 생각해보십시오. 언제, 어느 곳을 가든 당신의 아이가 당신을 바라보며 말할 수 있고, 당신이 좋아하는 팀의 경기 장면을 재연해서 볼 수 있으며, 도서관에 비치된 신간도서들을 훑어볼 수 있고, 식료 잡화류, 가구, 의복 등 당신이 원하는 것이 무엇이든 가장 만족스런 가격으로 구입할 수 있습니다.
더 나아가서 다음과 같은 경우 당신의 삶에 찾아올 극적인 변화를 상상해 보십시오. 만약,

- 지형, 거리, 자원 또는 조건에 구애받지 않고 모든 학생들이 최고의 학교, 최고의 교사, 그리고 최고의 교육과정을 이용할 수 있다면,
- 예술, 문학, 그리고 과학에 관한 방대한 자원이 거대한 학

술원이나 대도시에 있는 도서관과 미술관뿐만 아니라 그 어디에서든 이용 가능하다면,

- 미국의 의료 시스템을 개선하고 다른 사회적 요구에 답해 주는 서비스가 언제, 어디서나 온라인을 통한 즉각적인 이용이 가능하다면,
- 자가용, 버스, 열차를 이용하는 대신 전자 고속도로를 통해 사무실과 연결된 컴퓨터를 이용한「재택근무」를 함으로써 편리하고 만족스러운 직업에 대한 기회를 포기하지 않고서도 얼마든지 여러 지역에서 생활할 수 있다면,
- 소규모 제조업체들이 세계 전역에서 필요한 항목을 생산할 수 있는 기계에 대한 세부 설계서가 첨부된 전자주문을 받을 수 있다면,
- 안락한 집 안에서 원한다면 언제든지 최신 개봉작을 관람할 수 있고, 최신 비디오 게임을 즐길 수 있고, 은행 일과 쇼핑을 할 수 있다면,
- 개인적으로, 또는 도서관과 같은 지역 시설을 통해 전자적으로 정부의 정보에 접근해 정부가 제공하는 혜택을 신청하고 적용받고, 공무원들과 쉽게 접할 수 있다면,
- 개별적인 정부기관, 회사, 그리고 다른 독립체들이 서류사무를 줄이고 서비스를 강화하며 전자적으로 정보를 교환할 수 있다면.

NII를 제안한 사람들은 이러한 미래상을 실현시키기 위해 4개 부문에 걸친 자원, 즉 ① 기본시설(사람들과 기계로 하여금 여러 장소 사이에서 정보교환을 가능하게 해주는 모든 장치), ②「컴퓨터」

와 정보 기구, ③ 데이터 베이스, 응용 소프트웨어, 그리고 교육과 같은 자원, ④ 설비를 움직이고 서비스를 제공하는 「사람들」의 필요성을 언급했다. 이 가운데 마지막의 2개 부문은 막대한 투자자원을 필요로 한다. 반면에 네트워크와 컴퓨터 쪽의 상황은 훨씬 더 안정되어 있다. AT&T, 스프린트(Sprint), 그리고 나이넥스(Nynex)사와 같은 민간부문의 통신 서비스 제공자들과 기업 통신설비(corporate communications) 사용자들이 1주일 동안 네트워크 개량에 투자하는 돈은 현재 미국 내에서만 10억 달러를 넘어서고 있다. 그리고 컴퓨터 업계에서는 같은 기간에 그보다 두 배에 달하는 금액을 개량하는 데 투자한다. 비록 오디오, 비디오, 정지화상(still images), 그리고 온갖 종류의 데이터 흐름을 어떤 식으로 한데 결합시키느냐에 대한 중요한 기술적 문제가 남아 있기는 하지만, 막대한 규모의 정부예산을 네트워크와 컴퓨팅 기본시설에 투자한다는 것은 시급한 문제로 인식되지 않고 있다.

한편 컴퓨터 네트워크 서비스는 컴퓨터 사용 능력과 같은 분야에서 「비보유자(have-nots)」보다는 「보유자(haves)」를 선호한다. 전문가들이 설계한 시스템을 사용하는 데 필요한 기구, 교육, 그리고 기타 필요한 원조를 요청하는 「일반인」은 과연 얼마나 될 것인가? 또한 전자저으로 연결된 수백만의 고객들을 위해 봉사할 전문의들과 재능 있는 교사들을 누가 공급할 것인가? 그리고 누가 그런 인력을 유지할 수 있을 것인가? 자발적인 지원은 오직 산업 디자인 부문 —— 대체적으로 새로운 임무수행을 위해 정부에서 지원하는 연구소들—— 에서만 발견할 수 있다.

너무 비관적으로 변하기 전에 인력자원의 부족이 직업의 기회로 나타난다는 것을 알아야만 한다. 이는 생산싱이 몰고 온 무 직외 시대에 환영받아야 마땅한 전망이 아닐 수 없다. 덧붙여 말하건대, 미국 에너지부에 가상현실 과학(virtual science)을 연구하는 부서를 창설해야 한다는 제언은 잉여기술과 다른 영역에서 일어나는 요구의 배합에 대한 한 예를 제공한다.

미국의 의료, 교육, 그리고 공학 등의 서비스는 그 분야의 실무자들이 서로 원활히 통신할 수 있는 수단이 발전함으로써 향상될 것이다. 그러나 거기서 멈출 필요는 없다. 의사, 교육자, 그리고 그와 같은 전문인들을 위한 향상된 정보접근이 우리 사회 전역에 걸쳐 더욱 나아진 서비스 형태로 확산될 것이지만, NII의 이런 측면을 반드시 전통적인 컴퓨터 이용자들에게만 국한시킬 필요는 없다.

산업의 경쟁력을 생각해보자. 첨단기술에 관계된 사업은 사회적으로 고립된 상태에서는 존재할 수 없다. 한 명의 여성 기술자가 자녀를 위한 보육 서비스를 구하지 못해 불안해한다면 생산성은 위험을 맞게 된다. 금융조직이 실업세를 부담하기 위해 총경비를 올려야만 할 경우, 또는 경비회사가 잠자리를 찾는 「방문객」을 막으려는 목적으로 더 많은 경비원을 고용해야 할 경우 비용은 자동적으로 올라간다.

그러므로 산업 경쟁력은 단순히 생산 라인에 관계된 것은 아니다. 실속 있는 경제는 모든 시민들에게 의미 있는 기회를 제공하는 우리 사회의 능력 여하에 따라 결정된다. 레이저 출력기로 인쇄된 이력서를 든 오늘날의 구직자들 가운데 대부분은 난관에 봉착해 있다. 그런 기회 결핍자들의 곤경을 생각해보자. 직업 소개소의 직원이 서류를 훑어보며 이력서 제출자의 가능성을 가늠하는 동안 그들은 줄을 서서 기다린다. 『시대에 뒤떨어졌어. 자동차를 필요로 하는 일이야. 아이들을 잠재우기엔 너무 늦게 끝나는 일이군. 이 사람보다는 다른 사람에게 적합한 일자리야.』현대 과학기술은 시민들이 필요한 정보로 더욱 인간적인 접근을 하도록 허용하는 것이다.

몇 년 전 대부분의 복지기관들이 최저생활수준 계획의 일환으로 정부보조를 받는 가정에 전화기를 공급하기 시작했다. 그처럼 현명한 발상을 미래로 연장시킨다면 취학연령에 이른 자녀를 둔 미혼모가 언어인식(language recognition) 인터페이스를 거쳐 집 안에서 그 자신의 개인용 통신기로 시간제 일자리에 대해 문의하는 모습을 상상할 수 있다. 대화 메뉴에서 「직업」을 선택한 후 그녀는 『5번이나 26-1번 버스 노선 가까운 곳에서 아이들이 학교 간 시간 동안 할 수 있는 아기 돌보는 일을 찾을 수 있을까요?』라고 문의할지도 모른다. 인간과 기계 사이에서 오가는 대화가 인간이 찾는 시스템으로 나타나고, 그 시스템은 알맞은 데이터 베이스를 찾아내고, 선택 범위를 검색한 후 고용자와 구직자를 서로 연결시킨다. 첫 면접은 앞에서 언급한 여성 기술자와 지원자가 당일 아침에 각자의 TV를 통해 1 대 1 대화를 이끌어나감으로써 진행될지도 모른다.

너무 무리한 상상일까? 하이테크 칩, 전자적으로 강화된 전화선, 그리고 섬세한 솜씨로 제작된 응용 소프트웨어가 그런 일을 가능하게 한다. 연간 연구비가 250억 달러에 달하는 국가연구소에서 약 10만 명에 이르는 과학자와 기술자들이 일하는 땅, 미국인들은 그 곳에서 살고 있다. 미국 산업계의 대다수 생산자들은 그들의 생산품을 원하는 고객이 부족한 현실을 안타까워하고 있다. 방금 언급한 것과 같은, 우리가 절실히 필요로 하는 서비스 부문에 일 없이 배회하는 인력 자원을 고용할 수는 없는 것일까? 이러한 기회가 정부 측의 지도자들, 그리고 언론과 국민들의 흥미를 불러일으킨 것은 지극히 자연스럽게 느껴진다. 그러나 이러한 일을 현실로 이루기 위해서는 어떤 것이 필요할까?

NII란 무엇인가

「정보 초고속도로」에 열광한 사람들은 전국 정보 네트워크가 가져오는 사회적 이익을 설명하기 위해 다음과 같은 이야기를 자주 언급한다. 애팔래치아 산맥의 작은 마을에 사는 의사가 대단히 위급한 환자에게서 이상한 증세를 발견하게 된다. 근처에는 동료 의사가 없기 때문에 그 의사는 컴퓨터 터미널에 문의해서 미네소타에 있는 마요병원(Mayo Clinic)에서 일하는 한 전문의와 접촉한다. 정확한 진단이 이루어지고, 치료가 시작되고, 환자는 치료된다.

이러한 이야기는 몇몇 개별적 환자들에게는 효과적일 수 있지만, 그러한 요청이 엄청나게 늘어날 경우 문제의 전문의는 어떻게 감당해낼 것인가? 다시 말하면 과연 별도의 통신 하드웨어를 설치한다고 해서 많은 사람들의 문제를 해결할 수 있을까?

그러한 문제점에 대해 모호한 말로 토의하는 대신 지리적으로 고립된 지역에서 곤란을 겪는 의료 서비스의 실태를 생각해보자. 세계적으로 볼 때, 맨해튼이라는 이름을 가진 14마일 길이의 화산섬에 집적된 통신기술의 양을 능가할 수 있는 공동사회는 드물다. 열 개가 넘는 제조 회사로부터 공급되는 광섬유가 두꺼운 전화선 묶음, 동축 케이블과 함께 지하에 묻힌 관과 터널을 채운다. 땅 위에서는 마이크로파 무선전신 링크와 셀 방식 전화가 부가적인 통신 능력을 제공한다.

통신분야 이외에도 맨해튼은 세계에서 가장 많은 의과대학 부속병원과 전문의를 보유하고 있다. 그 곳의 시민들이 어떤 종류의 병에 시달리든 간에, 의사들과의 지리적인 거리는 그리 큰 문제가 되지 않는다. 단적으로 할렘(Harlem)의 경우를 보자. 경계 내에 위치한 많은 공립병원과 개인병원 외에도 그 지역에는 세계에서 가장 수준 높은 평가를 받고 있는 병원 가운데 두 개가 자리잡고 있다. 바로 북쪽에 위치한 컬럼비아 장로회(Columbia Presbyterian) 병원과 남쪽에 위치한 마운트시나이 의료센터(Mount Sinai Medical Center)가 그것이다. 이처럼 뛰어난 의료기관들과 몇 블록 내에 있는 여섯 개의 다른 병원들을 볼 때 할렘의 의료 서비스 사정을 지리적인 고립 탓으로 돌리기는 어려운 일이다.

전자 통신광들이 제기하려는 지리적 문제가 해결되었다고 하더라도 이 지역의 의료 서비스 사정은 여전히 심각한 결점을 안고 있다. 실제로 〈뉴잉글랜드 의학저널(New England Journal of Medicine)〉에 실린 어떤 기사에서 지적했듯이, 의료 서비스의 상태를 볼 때 할렘보다 더 열악한 곳은 찾아보기 힘들 정도다. 시내전화 한 통화로, 걸어서 몇 분 내에, 또는 버스로 몇 정거장 가지 않아 볼 수 있는 세계적인 명성의 의료시설들이, 할렘의 성인 남자들이 방글라데시에 사는 같은 연령층의 성인 남자들보다도 평균 수명이 더 짧은 비극적인 현실과 공존하고 있는 것이다.

비극적임엔 틀림없는 일이지만, 전혀 기삿거리는 되지 못한 모양이다. 〈뉴잉글랜드 의학 저널〉은 같은 호에 콜레스테롤을 낮추는 귀리겨의 효과에 대한 연구기사를 실었다. 귀리겨 이야기는 모든 이들의 관심을 끌었지만 할렘에 대한 보고서는 〈뉴욕 타임스〉지의 짧막한 기사 정도로밖에 여겨지지 않았다.

수백 마일이나 떨어진 곳에 있는 의사에게 치료받은 어린이의 극적인 이야기는 모든 사람들의 심금을 울렸겠지만, 그러한 결과에 대한 만족감이 우선순위를 정하는 데 가장 필요한 것을 보지 못하게 하는 요소가 되어서는 안 될 것이다. 할렘의 예에서 볼 수 있듯이 기준치 이하의 의료 서비스를 받는 지역을 위해 의료 시스템을 향상시키는 일은 데이터 경로를 만드는 것보다 더 많은 작업을 필요로 한다. 잠재적인 서류사무의 홍수를 조절할 수 있는 능력을 갖춘 소프트웨어, 병자들을 돌보는 사람들과 후원자들, 그리고 그들의 숙련된 능력의 통합은 문제의 「고속도로」가 지니는 가치를 제공하게 될 것이다.

우리의 가장 긴급한 사회적 요구를 충족시키려면 사회가 별도의 인적·물적 자원을 제공할 수 있어야만 한다. 그러한 투자를 통해 정보 기반시설이 확충되면 경제적인 성장을 촉진할 뿐 아니라 효율성을 증가시켜 현재의 자원을 더 폭넓게 사용할 수 있도록 할 것이다. 이런 일을 실현시키는 데 테크놀로지가 맡은 역할은 어떤 것일까? 이제 주요 요소들을 살펴보기로 하자.

인터넷

오늘날 컴퓨터 관련 사업에 종사하는 거의 모든 사람들은 「인터넷」에 접근할 수 있는 컴퓨터를 최소한 한 대씩은 갖고 있다. 수천 개의 작은 네트워크로 연결되어 서로 정보를 교환하는 약 30개의 「부분(regional)」 네트워크는 국립과학원(National Science Foundation)의 후원으로 관리되는 하나의 종합 「주력」 네트워크를 거친다. 얼핏 보기에는 주력 네트워크가 AT&T나 스프린트와 같은 역할을 하고, 부분 네트워크들은 벨 애틀랜틱(Bell Atlantic)사 등의 기업이 전화기를 공급하는 것과 마찬가지의 기능을 수행하는 듯하다. 그러나 좀더 자세히 살펴보면 이 깔끔한 구분은 흐릿하게 변한다. 어떤 부분 네트워크들은 태평양 연안에서 대서양 연안까지 전국의 사용자들에게 편의를 제공하며, 정부에서 보조되는 주력 네트워크가 사용자들의 요구를 총족시키지 못할 경우 자체의 대륙 횡단 통신선을 보완하기 위해 다른 주력 네트워크들을 이용하기도 한다.

거의 모든 인터넷 운용 회사들(Internet carriers)은 그들이 사용하는 통신선의 대부분을 전화회사로부터 임차한다. 그들은 통신에 필요한 대역폭(bandwidth)을 도매가격으로 인수하고 서비스 이용료와 정부측으로부터 지급받는 보조금 등을 통해 비용을 회수한다. 이러한 보조금은 학교, 정부 기관, 그리고 여러 비영리 조직에게 부과된 비용으로 상환한다. 거기에 더해서 부분 네트워크 회사들은 네트워크에 컴퓨터를 연결하는 통신선의 대역폭에 기초해서 개별 고객에 대한 이용료를 결정한다. 그리고 나서 각각의 부분 네크워크는 주력 네트워크를 운영하는 사람들에게 그 돈의 일부를 보낸다.

개인이 가진 지식(시중에는 인터넷에 관한 지침서들이 많이 나와 있다)과 관심의 정도에 따라 인터넷은 다양한 홍미로움을 제공한다. 인터넷은 사용자들에게 여러 가지 목록의 또 다른 긴 목록으로 안내하는 4,000개 이상의 데이터 베이스들을 둘러볼 수 있도록 해주는 다채로운 도서관 역할을 한다. 이용자가 원하는 정보는 디렉토리, 카탈로그, 소프트웨어, 그리고 게시판 등에 올라와 있다. 인터넷 이용자는 단지 몇십 차례의 키를 두드리면 개별적인 온라인 전자 「카드 색인」을 거쳐 시러큐스에서 싱가포르에 이르는 수많은 도서관들을 순례하거나, 세계 유수의 미술관에서 열리는 미술전람회의 화상을 불러오거나, 복잡한 미립자의 구조를 살펴볼 수 있다. 대단하지 않은가!

1만 1,000개를 넘어서는 네트워크들의 세계적 연합인 인터넷은 수백만 명의 이용자들을 위해 다양한 주제에 걸맞은 엄청난 양의 정보 흐름을 움직이고 있다. 한 예로 심리학자인 도널드 노먼(Donald Norman)은 냉장고 문을 가족의 메시지 전달 장소로 이용하는 것에 관한 논문을 쓰면서 자신이 회원으로 있는 인터넷 대화방을 통해 이 미국 사회의 관습이 다른 국가에도 적용되는지 살펴봤다. 그는 행간의 여백이 없는 37쪽짜리 텍스트를 채울 만한 분량의 답변들을 받아냈다. 이를 1년 기준으로 계산한다면 약 10조 개의 단어에 달하는 방대한 양이었다. 1970년대 초반에 시작된 소규모 데이터 네트워킹과는 너무나 큰 차이를 보이는 것이다.

역사적인 견지에서 볼 때 국제적인 데이터 네트워킹 서비스인 인터넷은 첨단기술 발전의 씨를 뿌릴 목적으로 미국 국방부의 자금을 지원받은 고등연구계획국(Advanced Research Projets Agency : ARPA)의 뒷받침에 힘입은 바 크다. 즉 1960년대 후반 막 알에서 깨어나기 시작한 미국의 컴퓨터 과학 연구계를 한데 묶는 작업의 일환으로 일군의 진보주의자들이 ARPA 통신망을 만들어냈던 것이다.

ARPA 통신망에 확립되자 MIT, 하버드, 그리고 레이디온(Raytheon)의 연구원들은 칼테크(CalTech), UCLA, 그리고 록히드(Lockheed)사로 보낼 데이터 패킷(Packet)을 보스턴에 있는 데이터 스위치 시스템을 경유하여 역분배 프로세스 보완장치가 있는 로스앤젤레스로 보낼 수 있게 되었다.

오늘날의 기준으로 본다면 다소 유치하기까지 한 이 선구적인 시스템은 어쨌거나 데이터 네트워킹을 음성 전신과 구분하는 통계적 다중송신 전자 시스템(statistical-multiplexing) 개념으로 구체화시켰다. 전화선을 통해 대화하는 두 사람은 일반적으로 마지막 인사 직후까지 계속되는 직통 풀타임 연결 서비스를 받게 된다. 어떤 전화 통화자들은 통화대기 서비스(call-waiting)를 통해 한 번에 두 명 이상의 사람과 대화할 수도 있지만, 각 전화통화는 전화를 거는 순간에 시작되어 끊는 순간까지를 연결하는 회선을 사용한다. 컴퓨터의 경우는 그렇지 않다. 컴퓨터끼리의 수신교환은 조용하고 긴 휴지기 사이에 연속적으로 발생하는 액티비티를 산재시킨다.

데이터 전송은 휴지기에 의해 분리된 짧은 데이터 패킷의 연속적인 폭발에 따라 진행되기 때문에 데이터 스위치 루트(route)는 우체국 직원이 편지를 분류하는 방식과 마찬가지로 데이터를 패킷 단위로 나눈다. 이것은 각 데이터를 전송할 때 풀타임으로 연결할 필요가 없다. 편지와 마찬가지로 각 패킷에는 목적지의 주소가 있으며, 루트를 지나는 각 스위치는 패킷을 목적지로 보내기 위해 그 주소를 이용한다.

통화의 양 끝점 사이의 「힘겨운」 연결을 해주는 전화 스위치와는 달리 데이터 스위치는 우체국과 유사한 역할을 수행한다. 그러나 패킷은 편지처럼 한 행낭 속에서 여행할 수는 없게 되어 있다. 각 패킷이 대역폭을 완전히 차지하기 때문에 디지털 전송회로는 한 번에 단하나의 패킷을 운반할 수밖에 없다. 게다가 데이터 스위치가 일반적으로 같은 수의 입력 라인과 출력 라인을 갖는다고 하더라도 하나의 특정 출력 라인을 놓고 언제, 얼마나 많은 수신 패킷이 서로 경합을 벌일지는 아무도 알 수 없다. 결과적으로 각각의 장거리행 패킷은 문제의 채널이 그것을 수용할 수 있을 때까지 대기행렬 속에서 차례를 기다려야 한다.

대체로 데이터 스위치로 흐르는 데이터는 그 스위치의 대기행렬이 범람하기 전에 출력될 것이다. 게다가 특정한 대기행렬이 너무 빨리 채워질 경우에는 일정한 네트워크 관리 시스템들이 자동적으로 그 대기 행렬 목적지로 향하도록 되어 있는 데이터 통행을 거부한다는 역방향 메시지(upstream messages)를 보낸다. 그러나 그러한 예방 조치가 출력불가를 알려올 경우 출력에 실패한 패킷은 또 다른 새로운 통로를 통해 운반되거나 출력 자체를 완전히 포기할 수도 있다.

　대부분의 인터넷 이용자들이 이 네트워크를 단순히 문명의 이기라고 생각하는 데 비해, 소수의 사람들은 전자우편 교환을 넘어서는 범위의 과업에서는 그야말로 완벽한 것이라고까지 말한다. 때로 메시지는 전혀 엉뚱한 곳으로 배달되기도 하고, 잘못 전해지기도 하며, 늦어지기도 한다. 그러나 이러한 결점 가운데 일부는 네트워크 내부가 아닌, 발신자나 수신자의 실수에서 비롯되는 경우도 있기 때문에 익숙한 이용자들이 실망하는 예는 드물다. 그들은 단지 다시 시도하면 된다. 반면 월마트의 판매시점(point-of-sale) 정보를 중앙 데이터 베이스 시스템과 연결하는 것과 같은 일은 훨씬 높은 수준의 네트워크 성능을 필요로 한다. 따라서 상업적인 이용자들은「산업용 등급(industrial grade)」의 요구를 충족시키기 위해 대체로 업무용 네트워크를 사용한다.

　오늘날 대부분의 기업 네트워크 이용자들이 최소한 전자우편을 이용하기 위해서라도 인터넷을 사용하는 것은 사실이지만, 급료 지불 명세서처럼 좀더 중요한 데이터는 상업용 설비를 통해 운반된다. 어쨌거나 인터넷의 저렴한 비용과 광범위한 연결성은, 이용자들이 인터넷 서비스 수준을 관대하게 보아넘길 수만 있다면(완전히 형편없다고 생각지만 않는다면), 민간부문이 제공하는 기업 네트워크 대용으로 삼을 만한 가치가 충분한 것이다.

　인터넷이 기술적으로 숙달된 수백만 명의 삶에서 중요한 역할을 맡고 있는 것은 사실이다. 그러나 전세계에 걸친 데이터 네트워킹의 수용력에 비춰볼 때 인터넷은 아주 작은 부분을 차지할 뿐이다. 1990년대 중반 이용자들이 1년 간 미국의 상업 데이터 네트워킹에 지불한 금액은 거의 100억 달러에 달했다. 같은 시기에 인터넷을 운영하는 데 쓰인 1억 달러와 비교하면 무려 100배에 가까운 금액이다. 게다가 인터넷의 주력 네트워크는 1초당 45메가비트를 감당할 수 있는 디지털 채널을 보유하고 있다. 내가 아는 바로는 약 1,000개에 이르는 그와 비슷한 채널들이 현재 북미 대륙을 덮고 있다. 이런 거대한 디지털 채널이 갖고 있는 대부분의 전송 수용력이 전화통화에 사용되고 있는 것은 사실이지만 데이터 통신량(data traffic) 역시 중요한 몫을 차지하고 있으며 그 비중은 점점 커져가고 있다.

초고속도로

엄청난 양의 데이터 비트(bit)를 보내는 데 유리보다 나은 것은 없다. 한쪽 끝에서는 레이저가 1초 간 수십억 번을 깜박거리고 다른 한쪽 끝에서는 받아들인 빛의 파동을 전자파로 바꾸는 머리카락처럼 가느다란 광섬유가 엄청난 양의 정보를 한 장소에서 다른 장소로 옮겨준다. 100km가 넘는 증폭기 사이를 광파신호로 오갈 수 있도록 하는 투명한 광섬유의 1m당 가격은 보통 사용되는 우표 한 장의 가격보다도 저렴하다. 그런데도 한 가닥의 광섬유는 미국 국회 도서관이 보유한 모든 정보를 불과 몇 시간 내에 세계 어느 곳으로도 옮길 수 있을 정도의 대역폭을 제공한다.

광섬유의 값은 일정하기 때문에 장거리 운반 시스템을 설계하는 사람들은, 특히 수억 달러의 케이블 비용이 느는 내양 횡단 연결과 같은 경우, 레이저를 작동시키는 데 드는 비용을 가능한 한 높이 책정하려고 한다. 그리고 그러한 요구가 여러 가지 기술적 한계에 대한 도전을 창출해낸다. 예를 들어, 반도체 과학자들은 매초 수백억 번을 점멸할 경우에도 빛의 파동이 균일한 레이저를 고안해내야만 하는 것이다. 그러나 이런 장치나 설계의 한계에 대한 도전은 광섬유의 수준을 벗어난 문제다.

강철보다 강하고, 창 밖의 공기보다 투명하고, 광학 분야에서 연구 중인 어떤 물질보다 빛을 덜 분산시키는 특성을 지닌 재료가 필요하다고 상상해보자. 유리 섬유는 그러한 특징을 모두 갖추고 있다. 한 가닥의 유리 섬유는 각기 다른 파장의 수를 제한하기 때문에 빛의 분산은 현시점에서 광섬유 개발자들의 가장 큰 도전 분야가 되었다. 유리 섬유의 강도는, 정밀한 순도 결정과 극히 미세한 긁힘을 방지하는 특수 코팅이 함께 조화되어 우리가 알고 있는 가장 견고한 금속보다 더 강한 장력을 생산해낸다. 게다가 섬유 자체에 내장된 광확대경(optical amplifiers)이 케이블을 강하게 할 뿐 아니라 투명도를 높이는 작용을 한다. 따라서 프랑스에 있는 검파기가 뉴저지 주에 있는 레이저 기계로부터 나온 빛의 파동에 들어 있는 정보를 뽑아내는 일이 가능한 것이다.

오늘날 투명도는 더 이상 최대의 문제점이 아니다. 대부분의 관심은 빛의 파동을 얼마나 「멀리」, 그리고 얼마나 「빨리」 보낼 수 있느냐 하는 주제로 옮겨졌다. 연구원들은 이미 레이저를 1초에 수백억 번이나 깜박이도록 하는 방법을 알지만 자연이라는 것은 언제나 다른 어딘가에 한계를 정해놓은 법이다. 유리 섬유를 따라 흐르는 빛의 파동이 점점 넓게 퍼지는 점이 바로 문제인 것이다. 이러한 현상은 기나긴 하이킹에 나선 보이스카우트 분대에 비유해볼 수 있다.

어느 무리에 속해 있든 발걸음이 느린 대원들은, 하이킹의 거리와 분대 사이의 간격에 따라 같은 분대에 속한 빠른 대원들이 앞서가는 분대의 느림보들을 추월함으로써 조만간 그 분대에서 뒤처지게 된다.

비록 빛이 공간을 일정한 속도로 여행하는 것은 사실이지만 유리 섬유로 전해지는 파동 속의 에너지는 유도기구와의 상호작용을 거치면서 갈라지고, 그로 인해 이러한 「보이스카우트」 효과를 내게 된다. 하지만 그러한 파동의 확산현상이 물리학의 법칙상 필연적인 것이라고 해도, 독창적인 과학의 힘은 그러한 문제점을 극복해나갈 수 있는 방법을 제시해준다. 즉 해결방법은 빛을 담은, 움직이는 「구덩이」를 만들어낼 수 있을 정도로 파동력을 올리는 것이다. 이 방법이 어떻게 성공할 수 있는가를 알아보기 위해 각 보이스카우트 분대에 너무나 비만해서 길이 일시적으로 휠 정도로 아주 육중한 분대장이 한 명씩 있다고 상상해보자. 이럴 경우 분대장의 바로 앞에서 걷는 대원과 바로 뒤를 따르는 대원은 육중한 분대장 때문에 생긴 오르막 길이나 내리막 길을 만나게 되며, 그 때문에 보조를 맞출 수 있게 된다.

과학 공동체에서는 이 「육중한 분대장」 현상을 「솔리턴(soliton)」이라고 부른다. 지진과 같은 진동에 의해 때때로 지구를 한 바퀴 여행할 수 있을 정도로 오랫동안 그대로 남아 있는 개별적인 파동에서 솔리턴 다발을 처음으로 발견한 것은 해양학자들이었다. 솔리턴을 이용한 접근방법은 통신부문에서 개별적인 광섬유의 전송 능력을 현재보다 몇 배나 증대시키게 될 것이다.

현재 가동되는 가장 빠른 속도의 광섬유 시스템은 1초당 10억~50억 비트를 움직인다. 그러나 솔리턴 효과와 같은 방법을 이용하면, 현재 물리학적 법칙에 따라 진행 중인 과학 기술의 발전을 통해 방금 언급한 수치를 10배 이상 끌어올릴 수 있을 것이다. 경제적인 측면에서 볼 때는 솔리턴에 기초한 시스템이 그리 매력적이지 않을 수도 있지만, 광섬유 시스템 설계자들은 상이한 파장의 광파신호를 한 가닥의 유리 섬유에 통합함으로써 수용량을 늘릴 수 있다.

그러나 전선과 마찬가지로 유리 섬유도 단점이 하나 있다. 바로 이용자들을 일정한 장소에 붙잡아놓는다는 점이다. 따라서 통신기구의 배치를 자주 바꿔야만 하는 활동에서 뿐만 아니라 계속 이동해야 하는 사람에게도 무선 테크놀로지는 훌륭한 선택의 통로가 아닐 수 없다. 미국 정부가 경매를 통해 무선 주파수 대역폭의 상업적 이용률을 올리고 있는 지금, 무선전화법이 유선전화법과 제휴하여 데이터 네트워킹으로 확장되리라는 예상은 머지않아 실현될 것이다.

엄청난 기술적 현란함을 제공하는 광섬유와 무선 전신기 때문에 일상적으로 사용되는 구리선은 점차 사양길로 접어들고 있다. 실제로 빈 음료수 깡통을 반드시 재활용품 수거통에 버려야 한다는 생각을 가진 많은 사람들은 광섬유 시스템에 찬성하여 지역전화회사에게 구리선에 기초한 기본시설을 파기하도록 재촉한 적도 있다. 그러나 그와 관련되는 비용 규모가 엄청나게 크기 때문에 그 문제는 재고해야 할 것이다. 현재 일반 가정, 사무실, 그리고 각종 단체들을 지역전화회사의 시설과 연결하는 구리선을 모두 대체하는 데는 2,500억~5,000억 달러 가량의 천문학적인 비용이 소요된다. 문제의 해결방안을 강구하는 데 진지한 재고를 요구하기에는 충분한 금액이다.

액세스의 병목현상

점차적으로 현대화되어가는 미국의 지역전화회사들—— 그리고 그들의 재정적 건실함에 의존하는 고객들—— 은 현재의 통화 서비스(voice service)로부터 얻어지는 수익 유지의 필요성을 느끼면서도 다른 한편으로는 대체 액세스(alternate-access) 제공자들이 벌써부터 데이터 고객을 대상으로 펼치고 있는 경쟁의 위협을 감지하며 혼란스런 상태에 빠져 있다. 과연 그들이 할 수 있는 일은 무엇인가?

전화회사들이 영상 서비스를 통해 돈을 벌어들이려는 계획을 추진하고 있는 것과 마찬가지로, 대부분의 케이블 회사들도 신규사업의 강렬한 매력으로 말미암아 동시에 송수신이 가능한 쌍방향 케이블 시스템을 구상하고 있다. 하지만 엄청나게 많은 일반 가정으로 광섬유 라인을 연결시킨다는 것은 어차피 앞에서 언급했던 통신 기본시설에 드는 막대한 비용 문제와 별다른 차이가 없는 것처럼 보인다. 광섬유 연계의 경제적인 타당성에 대해 깊이 생각해보아야 함은 물론이고, 지역전화회사들과 가입자들은 그 사이에 이미 모든 비용을 들였으나 아직 사용되지 않은 전화선의 능력을 간과해서는 안 될 것이나.

일반적으로 사용하는 전화기를 전화 네트워크로 연결해주는 전화선의 기능은 음성 신호를 강하게 해주는 증폭기의 도움을 받아야만 가능하다. 과거의 전화 네트워크는 그러한 신호를 발생지에서 목적지까지 원래의 아날로그 형태로 반송했다. 그런데 디지털 기술이 등장함으로써 통신 설계자들은 아날로그형 신호를 디지털 형태로 변형시켰다가 목적지에 다다랐을 때 다시금 아날로그형으로 재변형시키는 것이 효과적인 반송방법이라는 사실을 알게 되었다. 결과적으로 매사추세츠 주에 사는 내 아들과 캘리포니아 주에 사는 그의 여동생 사이의 전화 통화는 양쪽 끝의 단지 몇백 m를 제외하고는 3,000마 일에 이르는 거리를 숫자의 양방향 흐름(two-way stream) 방식에 따라 진행하는 것이다.

하지만 그들이 가정용 컴퓨터를 이용해서 전자우편을 교환하려고 할 경우에는 숫자들을 음조로 전환하는 모뎀을 거쳐야만 한다. 물론 그 음조는 대부분의 반송과정에서 전화회사에 의해 숫자로 재전환된 다. 대단히 성가신 일일 뿐 아니라 대역폭의 낭비이기도 하다. 전자 통신의 반송파가 각 전화회선의 디지털 부분에 1초당 61만 4,000비 트를 부어넣는 데도 불구하고 대부분의 모뎀은 그것의 10분의 1에도 못 미치는 속도로 움직이는 것이다.

각 모뎀은 오늘날의 전화회선으로 데이터를 보내기 위해 데이터 인터페이스에서 수신하는 디지털 파동을 받아 그것을 목소리와 같은 음조로 전환시키며, 그와 동시에 다른 방향의 데이터 흐름을 위해 역프로세스를 수행하기도 한다. 모뎀이 작동하고 있다는 사실은 팩 스가 서로 서류를 교환할 때 내는 것과 같은 소리를 들음으로써 알 수 있다.

일반적으로 모뎀은 1초당 불과 몇천 비트의 속도로 작동되며 몇 년 후에는 그것의 10배, 즉 광섬유에 관해 얘기하면서 언급한 대역 폭의 1,000분의 1에 이르는 수준까지 가능하다고 한다. 광섬유 시스 템 지지자들이 구리선을 폐기처분하자고 주장하는 것도 무리는 아니 다.

그러나 목소리의 음조를 원래 형태 그대로 운반하는 「아날로그」 연계 대역폭은 전선이 아니라, 인간의 말소리를 송신하도록 프로그램된 전자 시스템으로부터 들어온다는 사실을 기억해야만 한다. 그리고 이러한 사실은 또 다른 접근방법을 제시해준다. 즉 아날로그 송신의 필요성을 완전히 없애버리기 위해 전화기 내에서 말소리를 숫자로 전환시키자는 것이다. 그렇게 되면 디지털 대역폭을 높이 평가하는 전화 고객들은 자신의 데스크탑 컴퓨터에 광섬유 케이블을 연결하는 비용을 지출하지 않고서도 아날로그 액세스의 장애를 완전히 피할 수 있는 것이다.

종합정보통신망(Integrated Services Digital Network : ISDN)은 실의에 빠져 있는 데이터 이용자들에게 양쪽 끝을 연결하는 1초당 64킬로비트짜리 서비스를 공급하기 위한 기술적인 타개책을 제공한다. 최근에 나는 사무실에 있는 PC 화상전화를 통해 공상과학 소설 작가인 아서 클라크(Arthur C. Clarke)와 전자통신의 미래에 대해 토의하기 위해 ISDN 서비스 라인을 이용한 적이 있다. 클라크는 뉴저지와는 약 9,000마일이나 떨어져 있고 11시간의 시차를 보이는 스리랑카에서 살고 있다. 다행스럽게도 한 쌍의 원거리 전화회선을 거친 컴퓨터 통신은 우리 토론에 더없이 적절한 것이었다. PC를 이용한 화상 통화는 일반적인 디지털 음성회선이 사용하는 것의 두 배에 달하는 대역폭을 필요로 하기 때문에 화상 통화(소리를 포함한)를 하는 데는 일반 국제전화 요금보다 두 배나 많은 비용이 들게 된다.

아직도 거의 모든 가정에서는 아날로그식 전화 서비스를 이용하지만 이 완전 디지털 방식은 상업용으로서 이미 자리를 확보해나가고 있다. ISDN을 이용하면 전화기 내에서 바로 말하는 사람의 아날로그 음성신호가 디지털 형태로 변환되며, 따라서 직접 데스크탑으로 디지털 서비스를 받을 수 있게 된다. 내 동료들 가운데 몇 명은 벌써 직장에서뿐만 아니라 집에서도 ISDN을 이용하고 있기 때문에 여러 장소의 전화기를 뉴저지의 벨 연구소에 있는 교환기와 연결하는 전선은 1초당 144킬로비트에 달하는 디지털 연결성을 제공한다. 일정한 양의 별도 신호와 1초당 64킬로비트의 두 개 채널을 위해서는 충분한 대역폭이다.

대역폭이 점점 더 넓어질 것으로 전망하는 일부 컴퓨터 제작회사들은 이미 ISDN 포트를 기본사양으로 제공하고 있으며, 증가 추세에 있는 첨단 PC 사용자들은 플러그 접속식 ISDN 보드를 구입해서 사용하고 있다. 따라서 많은 컴퓨터 스크린들이 훨씬 더 빠른 속도로 채워지고 있다. 하지만 그게 모두는 아니다. ISDN을 통한 디지털 방식의 컴퓨터 액세스가 일반화되면서 이 늘어난 대역폭을 유익하게 이용할 수 있는 적용범위도 확대될 것이다. 스리랑카에 대한 이야기가 시사하듯, 나는 화상 연계를 통한 강연을 함으로써 여행이 주는 부담감을 피할 수 있게 되었다.

최근까지 이와 같은 설비는 정교한(그리고 값비싼) 위성 연결을 필요로 했다. 그러나 요즈음 나는 개인용 컴퓨터에 장착된 저비트(low-bit-rate) 화상 보드를 사용한다. 이 시스템에는 내 책상 위의 ISDN 전화에 내장되어 있는 1초당 64킬로비트의 디지털 채널 두 개만 필요할 뿐이다. 따라서 이제 나는 사무실을 떠나지 않고서도 애틀랜타나 스톡홀름에서 열리는 모임에서 강연을 할 수 있다. 대개 맞은편 끝에서는 그와 비슷한 장치를 보유한 회의 출석자들이 근처의 호텔이나 회의장을 잇는 전화선을 준비하면 된다.

대부분의 현대식 전화 스위치 설계들이 이미 ISDN 호환성을 갖고 있기 때문에 설비자들은 단지 아날로그 인터페이스판(또는 라인 장치라고 불리기도 한다)을 ISDN형 보드로 교환하고 가입자의 전화선에 다시 연결하기만 하면 된다. 전화회사측의 처지에서는 가입자들에게 별도의 서비스를 제공할 수 있는 기회뿐 아니라 운용상 절약효과도 가져다주기 때문에, 경제적인 면에서도 ISDN 전개는 점점 더 매력적인 것으로 인식되고 있다.

하지만 ISDN이나 기타 디지털 네트워킹 방식이 매력적이라 하더라도 아날로그의 뿌리를 간직한 채 디지털 네드워크로 이행했다는 점에서 여전히 개량을 간절히 필요로 하고 있는 것만은 틀림없는 사실이다. 애틀랜타에 있는 누군가가 런던으로 팩스를 보낼 경우 64비트짜리 회선에 대한 사용료를 지불하지만 정작 그가 사용하는 것은 그 대역폭의 10%에 불과하다. 지금과 같은 속도지만 10배의 선명도로, 그리고 현재의 원거리 통신 사용료로 각 페이지를 보낸다고 상상해보라. 결국 마지막에는 아날로그 액세스의 장애가 풀어야 할 유일한 숙제로 남게 되는 것이다.

음성 · 데이터 · 영상통합

현재 대부분의 전화 액세스 라인들의 활동을 억제하고 있는 아날로그 액세스 장애를 타개한다는 것은 현저한 발전을 의미한다. 그러나 우리는 그보다 좀더 나아가야 한다. 오늘날에는 음성, 데이터, 그리고 영상이 서로 거의 연결되어 있지 않은 개별적인 네트워크를 거쳐 개인에게로 전달된다. 더 나은 것을 기대할 수는 없을까? 예를 들어, 당신이 전화통화 중에 화상이나 영상을 교환하고 싶다고 가정해보자. 지금 현재로서는 그러한 바람을 충족하려면 대체로 따로 떨어져 있는 단말기 간의 개별적인 접속이 필요할 것이다. 그렇다면 새로운 테크놀로지가 그러한 문제점들을 어떻게 해결하게 되는

지 살펴보자.

컴퓨팅과 전자통신의 통합 선언은 1970년대부터 시작되었지만 기술적인 문제점 때문에 그 이후로도 수십 년 동안 두 개의 네트워킹 체제가 세상을 양분해놓고 있었다. 따라서 정보 초고속도로에 대한 초기의 요구조차도 격리된 「전화」 네트워크를 전제로 한 것이었다. 그러나 같은 네트워크에 두 종류의 트래픽(traffic) 모두를 공존할 수 있도록 해주는 기술적 교량 덕택에 오늘날 그러한 분열은 과거보다 훨씬 더 비능률적인 것으로 판단된다. 여느 기술적 발전이 그러하듯이 이 새로운 기술도 그에 앞선 일련의 발명에 힘입은 바가 크다.

단지 음성 트래픽을 앞에서 설명한 디지털 음성 패킷으로 바꾸는 것만으로 완전한 전송이 보장되는 것은 아니다. 음성 패킷이 교환점에서 더 빠르게 움직이는 격리된 대기행렬로의 액세스와 같은 우대를 받지 못한다면, 지연으로 인해 전송되는 문장의 중간에 예상치 못한 공백이 만들어지게 된다. 게다가 과잉 상태의 패킷 교환기는 들어오는 트래픽을 다른 대체 통신로 속에 넣어 도달순서에 맞지 않게 상호 독립적으로 패킷을 목적지로 운반하기 때문에 결과적으로 전송 프로세스는 그것을 추릴 때 또 다른 지연을 맞게 된다.

1960년대 후반 컴퓨터 과학자들은 각 메시지의 패킷이 제각기 순서에서 벗어나는 것을 방지하는 작업에 착수하기 시작했다. 다행히도 그들은 멋진 해결방법을 찾아냈다. 그것은 바로 가상회선(virtual circuit)에 대한 구상이었다. 「어째서 같은 메시지의 모든 패킷에 반복해서 구조를 지정해야 하는 것인가?」 하고 그들은 생각했다. 그리고 그러한 메시지 그룹을 이루는 패킷들은 패킷열(sequence)의 첫 번째 패킷에 의해 알려지게 되는, 지정된 통신로를 가리키는 「BOB」처럼 지극히 간략화된 주소를 운반할 수 있을 뿐이라는 사실을 알게 되었다. 이 때「BOB」라는 이름의 첫번째 패킷은 각 스위치에『나를 열어서 안에 무엇이 있는지 읽어보시오』라고 알리는 플래그(flag)를 전송하게 된다.

그 응답으로 이 가상회선망 안에 있는 각 교환기는 통신로에 표를 다는 패킷의 메시지 부분(message section)에 들어 있는 주소를 읽고, 그것을 알맞은 방향으로 전송하고, 같은 경로를 통해「BOB」라고 이름붙은 나머지 모든 패킷들을 보내기 위해 자체적인 정리를 한다(그렇게 해서 하나의 가상회선이 생기는 것이다). 송신자측의 기계가 문제의 메시지 전송을 완료할 경우 기계의 구역통로(local gateway)는 각 스위치에게「안을 살펴보라」고 다시 요청하는 마지막「BOB」을 보낸다. 이 때 그 메시지는 각 스위치에게 정리를 끝마치라는 명령을 내린다. 전화통화의 마지막에 수화기를 내려놓는 동작이 회선의 양 끝점 사이의 모든 접속을 끊는 것과 마찬가지다.

이 가상회선 계획은 개발된 후 상당한 과학적 관심을 불러일으켰지만, 대부분의 데이터 네트워크 설계자들은 더 간단한(이른바 데이터그램이라는) 길 위를 계속 걸어나갔다. 데이터그램 네트워크는 미국우편제도에서 제1종 우편에 부여하는 특별대우를 받는다. 그러나 시간이 지남에 따라 데이터그램 방식은 점점 매력을 잃어갔다. 기술의 기치는 하락했고 음성·데이터 통합의 수요는 높아졌다. 그리고 그 결합은 네트워킹의 기준에 대한 새로운 시각을 제공했다.

오늘날 세계 전역의 컴퓨터 전자 통신 회사들은 음성, 데이터, 영상, 그리고 정지화상의 풍부한 혼합물을 조금의 불편함도 없이 공급해줄 비동기식 전송 모드(asynchronous transfer mode : ATM)라는 단일 네트워킹 방식의 등장을 기대하고 있다.「셀(cells)」이라고도 불리는 ATM 패킷은 주소를 넣기 위한 세련된 공간과 함께 위에서 언급한 「안을 살펴보는」 방식에 의거해 다소 짧은 하나의 패킷열로 들어온다.

이 기술에서 우리가 기대할 수 있는 것은 무엇인가? 적어도 하나로 통합된 통신 기본시설 내에서의 음성과 데이터 트래픽 융합을 기대해도 좋다. 곧 통합 전자통신이 제공할 이익을 누릴 수 있게 될 것이다.

예를 들어, WYSIWYG(What You See Is What You Get)는 전자출판에서 자주 사용되는 두문자어(頭文字語 : acronym)다. 음성, 이미지, 그리고 데이터를 통합할 때 우리는 네트워킹에서도 그와 비슷한 술어를 예상할 수 있다. 바로 WISIWYS(What I See Is What You See), 즉 이는 뜻깊은 상호 작용에서 매우 중요한 정보의 시각적인 나눔을 뜻하는 말이다. 미래의 회의 참석자들은 테이블을 가운데 두고 마주앉기 위한 잦은 여행 대신에 사무실을 떠나지 않고서도 서로를 바라볼 수 있게 될 것이다. 이와 같은 회의가 진행된다면 서로의 정보를 펼쳐보이고, 그 특징에 대해 이야기하며, 동료들의 견해를 종합적으로 받아들임으로써 상호 교환적인 보완을 이룰 수 있게 된다. 그러므로 통합 네트워킹 구조는 공용 데이터 액세스와 함께 공용 시각적인 공간을 제공하게 될 것이다.

확실히 우리는 수많은 소프트웨어를 응용해서 미래형 대화를 낳아야 한다. 그것이 실현될 경우 미래의 컴퓨터 스크린 위의 영상 윈도는 그래픽, 서류, 그리고 텍스트를 나타내는 다른 윈도와 화면을 공유하게 될 것이다. 이 모든 것들의 통합은 미래의 정보 초고속도로를 통한 생산적인 여행을 하는 데 값진 운송수단을 제공할 것이다. 그리고 이 통합 네트워크는 이용범위를 확보해야 하므로 각 개인의 개별적인 필요를 지향하는 산업의 범위를 넘어서게 될 것이다.

미래의 네트워킹 제작자들은 네트워크를 개인의 전화와 TV에 연결하는 대신 각 개인 가입자의 집 안에 있는 데이터 스위치에 연결할 가능성이 크다. 이 스위치는 바깥 세상과의 연결에 그치지 않고 차례로 모든 가전제품 —— 난방용품, 에어컨, 경보 시스템, 조명 장치, 전자 레인지 등 —— 을 한데 묶을 것이다. 일반 전화 코드에 접속된 자동응답기나 팩스같이 미래의 가전제품은 완전한 모습을 갖춘 「홈 네트워크」에 연결될 것이다. 다시 말해서 정보 고속도로는 일반 가정에도 적용될 것이다.

정부, 산업계, 그리고 관심을 가진 일반 국민들이 NII의 장래를 둘러싼 사회적·기술적, 그리고 경제적 문제점들을 제기하는 지금, 우리 모두는 다음과 같은 질문에 귀를 기울여야 한다. 과연 그 시스템이 모든 이용자들을 만족시킬 수 있을 것인가? 이 물음에 대한 해답을 찾는 과정에서 정보처리 상호운용, 사용의 용이성, 그리고 환경 영향에 대한 연구가 모든 네트워킹 이용자들 —— 개인 고객에서 거대한 다국적 기업에 이르기까지 —— 에게 이익이 되는 결정을 내리는 데 바른 길잡이 역할을 할 수 있을 것이다.

7

유용성

오늘날 테크놀로지는 이중의 역할을 수행한다. 인간의 삶 자체를 유지하는 것이 첫번째 역할이고 복잡하게 하는 것이 두번째 역할이다. 《일상 속에서의 디자인》의 저자인 심리학자 노먼의 말을 빌리자면, 우리는 자신을 어리석다고 여기게 만드는 것에 의존하게 되었다. 그리고 신기술 교육은 이러한 딜레마를 완화시켜주지 못한다. 직업적인 컴퓨터 과학자들은 자신들이 만들어낸 소프트웨어의 유사 코드를 재사용하기보다는 소프트웨어를 처음부터 다시 쓰는 경우가 얼마나 많은지 모른다. 자신의 프로그램이 지닌 내적 작용에 대해 제대로 파악하지 못하고 있는 것이다.

어째서 기술자들은 자신도 사용하지 못하는 것을 실계하는 깃인가? 이런 역설을 조사하기 위해 우리는 인류에게 내재되어 있는 특징과 맞서야 한다. 삶은 설명보다는 행동에 대해 보상해주는 듯하다. 인류가 원하는 인물은 빈틈투성이의 개척자이지, 결코 후에 가서 그가 개척한 것을 갈고 닦는 이가 아닌 것이다. 과거에는 인류의 이러한 성향이 자동차 판매상과 고객으로 하여금 제조부문의 감시를 「청산」하도록 조장했다. 품질에 대한 관심이 제조부문의 결점을 현저히 낮추기는 했어도 다른 결점들은 여전히, 그리고 더욱 깊이 뿌리박혀 있다. 최종 사용자의 편의 도모라는 가치에 대한 불충분한 고려는 많은 문제점들을 낳게 마련이다.

서류사무 시대(paperwork-era)의 조직특성을 나타내는 고객에 대한 집중의 부족은 기업계나 정부기관에만 국한된 것이 아니다. 특히 관료적 행동은 보통 관료주의라고 지각할 수 없는 환경 안에서도 여전히 활개치고 있다. 노먼의《일상 속에서의 디자인》에 나오는 다음과 같은 일화를 생각해보자.

미국 정부의「집주인」역할을 하는 미국 조달본부(General Services Administration : GSA)는 미국 연방항공국(Federal Aviation Administration : FAA)으로부터 거의 동시에 한 쌍의 요구사항을 접수했다. 서부 해안의 두 도시—— 시애틀과 로스앤젤레스 ——에서 근무하는 FAA의 직원들에게는 새로운 사무실 건물이 필요했는데, GSA에게 병행 실험을 지휘할 수 있는 기회를 제공했던 것이다.

로스앤젤레스에서의 계획이 평범하게 진척된 데 반해, 시애틀의 건물을 담당한 건축가는 먼저 장래의 입주자들과 면담을 하고 그 의견을 설계에 반영했다. 시애틀의 직원들이 로스앤젤레스의 직원들보다도 신축건물에 대해 만족해한 것은 전혀 놀라운 일이 아니다. 시애틀로 전출되어온 직원들의 직장 만족도가 7% 가량 증가한 반면,

로스앤젤레스에서는 아무런 변화도 없었다. 과세 대상자들도 같은 느낌을 받은 것 같았다. FAA의 직원처럼 시애틀의 FAA 건물을 방문한 일반 시민들도, 특히 그 건물이 전형적인 연방정부 사무실 건물처럼 보이지 않는다는 이유로 더 높은 점수를 주었던 것이다.

그러나 이야기는 거기에서 끝나는 것이 아니다. 과연 어느 쪽 건물을 설계한 건축가들이 상을 받았을까? 어떤 한 심사위원회는 시애틀 건물의 설계에는 「규율(discipline)이 부족」하다고 밝히면서 따라서 건축술의 탁월성을 구현한 로스앤젤레스의 건물이 수상 대상으로 채택되어야 한다고 주장했다. 그 건물을 날마다 사용하는 사람들의 바람은 전혀 중요하지 않은 것이었다. 이 경우 전문가들은 대중이 선호하는 것보다는 대중이 선호해야 하는 것에 초점을 맞추었던 것이다.

지나친 예일까? 그렇지 않다. 노먼 교수의 책은 수도꼭지에서부터 약사의 처방에 이르는 일상적인 예를 통해 전문가들이 다른 전문가들의 인정을 받기 위해 애쓰는 세상의 인공 산물에 대해 묘사하고 있다.

아이작 바셰비스 싱어(Issac Bashevis Singer)는 자주 제기되는 문제에 대해 답하면서 그러한 태도를 취했다. 무명의 언어를 사용하는 무명작가로 시작한 싱어는 모든 작품을 이디시어(Yiddish : 유태의 민중 언어)로 썼다. 1970년대에 이르러 그의 작품에 대한 번역판이 세계적인 관심의 대상이 된 반면, 그의 초기 독자층은 지금도 여전히 이디시어로 된 출판물만을 읽고 있다. 따라서 독자층은 점점 축소되어가는 미국의 유태인 사회에 국한되어 있었다.

독자층을 넓히기 위해 1950년대 후반~1960년대 초반까지 시민 문화회관 순회강연을 감행하기도 한 싱어는, 그와 내가 각각 문학과 물리학 부문에서 노벨상을 수상하기 위해 스톡홀롬의 한 연단을 함께 밟기 약 15년 전에 내가 사는 동네를 방문한 적이 있었다. 유창하기 이를 데 없는 영어로 실시한 강연 후에 한 질문자가 그에게 물었다. 『당신은 어째서 극소수의 사람만이 읽는 이디시어로 작품을 씁니까?』

싱어가 답했다. 『옛날에 저는 오직 아람어(Aramaic)로 한 권의 책을 쓴 어떤 사람을 만난 적이 있었답니다. 「당신은 어째서 극소수의 사람만이 읽는 아람어로 작품을 썼습니까?」라고 제가 물었죠. 그가 뭐라고 했는지 아십니까? 「저는 무지한 사람들을 위해 쓰지 않습니다」라고 했답니다.』

그는 꿈과 상상력의 정령, 그리고 유년시절의 풍경을 떠올리게 하는 모국어를 매개수단으로 선택한 동기에 대해 계속 말했다. 싱어가 현대의 독자들에게 다가가기 위해 다른 시대와 다른 장소를 풍미했지만 이제는 죽어가는 언어를 필요로 한 데 비해, 아람어에 열중한 그의 동료 작가는 초야에 묻혀 지내는 것을 즐겼던 것이다. 이는 한 전문가로서, 오직 동료 전문가들의 인정을 받기 위한 행동이었다.

이러한 실례가 하모니 개념에 어떤 식으로 관계되는 것일까? 전문가들이 동료 전문가들의 인정을 받는 데 총력을 기울일 경우 정보시대의 테크놀로지와 그것을 사용하는 사람들 사이에는 불협화음이 계속될 것이다. 물론 기술력을 자극하는 문제들이 지나치게 기교적인 해결방법을 요구하는 것은 사실이다. 그러나 진실된 첨단기술은 이용자들에게 꼴사나운 복잡성의 짐을 지우지 않는다. 자연이 인간에게 주는 멋진 수단을 생각해보자. 독일산 셰퍼드가 쓰레기통 주위를 배회할 때는 자동적으로 유기 미립자의 초정밀 미량화학적 분석이 이루어진다. 개는 단지 쿵쿵대며 냄새를 맡으면 되는 것이다.

인류의 기술이 자연에 필적하기를 바랄 수는 없다는 예는 명확하지 않나 싶다. 진정으로 정교한 테크놀로지는 이용자들에게 비자의식적인 능력을 부여해야 한다. 따라서 인간과 정보처리 수단 사이의 인터페이스는 될 수 있는 한 익숙해진 행동(accustomed behavior)을 모방하는 것이 바람직하다.

『언제쯤이면 컴퓨터와 말할 수 있게 될까?』 이 질문은 내가 1970년대 중반에 시작한 「테크놀로지의 미래」에 관한 이야기의 종결부에 언제나 등장했다. 그 시대의 대다수 과학 기술자들처럼 나는 청중들에게 키보드를 두드려 내리는 명령을 육성 명령방식으로 대체한다고 해서 컴퓨터로의 접근이 더 용이해지지는 않는다고 설득하려 했다. 그렇지만 나의 주장은 기술적으로는 올바른 것이었지만 주안점 하나를 간과하고 있었다. 바로 자연언어는 유용성을 요구한다는 점이다. 예를 들어, 누군가가 「Alt F5」라고 말하는 것을 상상할 수 있겠는가? 구어 체계에서는 인터페이스를 조정하는 부담이 인간 사용자로부터 기계로, 더 정확히 말하면 기계를 작동시키는 소프트웨어로 이동한다.

사용하기 간편한 인터페이스에 대한 온갖 노력에도 불구하고 버튼을 누르는 방식으로 작동되는 시스템은 대체로 「알맞은」 버튼을 「알맞온」 차례대로 눌러야만 기능하게끔 되어 있다. 반면에 자연언어를 사용하는 데는 그러한 엄격한 제한을 가할 필요가 거의 없다. 결과적으로 명령을 「듣는」 컴퓨터 활자화된 명령을 「읽는」 컴퓨터보다 더 복잡할 수밖에 없다.

말하는 것과 쓰는 것 가운데 하나를 선택하라고 한다면 아마 대부분의 사람들은 원하는 바를 구두로 나타내려 할 것이다. 정보를 받아들일 때 대부분의 사람들이, 쓰여진 텍스트가 제공하는 명쾌함과 읽는 데 속도 조절이 가능하다는 점을 선호하는 것과 마찬가지다. 인간들은 전자「부하」를 다루는「상관」의 역할을 기대한다. 그러므로 사용자들이 자연언어를 입력함으로써 명령을 내리고, 기계적으로 생산된 텍스트와 그래픽으로 응답하는 기계를 원하는 것은 당연할 것이다. 예를 들어, 항공 여행을 준비하는 데 음성 방식 시스템을 이용한다고 가정할 경우 사람들은 여행일정에 대한 텍스트 방식의 일람표를 원할 것이다. 물론 나의 경우도 마찬가지일 것이다.

그러나 어떤 하나의 접근방법이 모든 것에 적용될 수는 없다. 예를 들어, 육성 명령으로 피아노를 치려 한다고 상상해보자. 서로 다른 인터페이스는 서로 다른 특정 분야에 적합한 것이다. 이 장에서는 직접 정보접근의 주된 세 가지 영역——사람과 사람, 사람과 기계, 그리고 사람과 데이터——에 걸친 기술의 역할에 대해 집중적으로 토의하게 될 것이다.

이 세 가지 중「사람과 사람」의 관점은 공용 시각 공간——참여자들이 공통적인 관심을 갖는 항목——뿐만 아니라, 그들이 서로를 볼 수 있는 전자「윈도」의 창조를 강조한다. 따라서 여기에서는 이미지 처리 소프트웨어가 1차적인 역할을 맡게 된다. 거기에 덧붙여 관련 기술은 하나의 매개에서 다른 매개로의 매끄러운 대화——예를 들면 전화기를 통해 전자우편의 내용을 선택해서 들을 수 있는 옵션과 같은——를 지속시켜야만 한다. 그러한 경우 복수의 통신 수단을 거쳐 동시에 진행되는 통신은 이용자들에게 음성으로만 진행되는 현재의 통화 서비스보다 더 많은 어려움을 안겨주어서는 안 된다.

「사람과 기계」사이의 통신으로 이동하는 과정에서 발전장치에서 전기자극 심장박동장치에 이르는 모든 종류의 기계류를 조종하는 디지털 회로를 보게 된다. 기계류를 인간의 요구에 응하도록 한다는 것은 결국 기계의 제어 컴퓨터가 이해할 수 있는 언어로 그러한 요구를 표현한다는 뜻이 아닐까?

　오랜 세월을 거치는 동안 컴퓨터 명령방법은 암호를 사용한 짧은 명령방식에서 최소한 초보적인 자연언어의 모습을 가진, 효과적인 구조로 바뀌어나갔다. 이용자들은 일상적인 대화에서 사용하는 것보다 훨씬 덜 제한된 어휘와 문법을 이용해서 명령할 수 있는 능력을 선호할 것이다.

　그러나 인간들 사이에서조차 음성 언어만으로 충분한 경우는 거의 없다. 요리 전문가인 줄리아 차일드(Julia Child)가 닭고기에 얹을 머렝고 소스를 만드는 방법을 책상에 앉아서 단지 얘기만으로 시청자들에게 설명한다고 상상해보자. 그럴 경우 하나의 동작은 1,000개 단어만큼의 가치를 지니지 않을까? 동작에 근거한 입력은 피아노 연주나 자동차 운전과 같은 과업에서는 극히 중대한 국면으로 남게 된다. 그리고 그와 비슷한 능력이 컴퓨터 분야에서도 그 모습을 드러내고 있다.

　「사람과 데이터」의 영역에서 시스템 설계자들은 중요한 도전을 받는다. 대량 데이터로의 접근을 제공하는 것 이외에도 이용자들에게 아직 체계를 갖추지 못한 데이터 —— 계산 목록서의 잡다한 기록이나 고객의 갖가지 불만 —— 로부터 귀중한 정보를 발굴할 수 있도록 해주는 개량된 수단을 보급해야 할 책임도 있다. 해결되려면 아직도 까마득하긴 하지만, 「지능을 갖춘 대리자(intelligent agent)」 —— 내용을 쉽게 이해할 수 있도록 데이터 구조를 끌어내고 새로운 형태를 취하게끔 해주는 프로그램 —— 의 사용이 점점 늘어나면서 이와 같은 문제는 해결될 기미를 보이고 있다. 특히 정신 없이 바쁜 우리 인간으로서는 도저히 감당할 수 없을 만큼의 자료를 읽어야 하는 과업에 그러한 지능을 갖춘 대리자가 본격적으로 도입될 경우 컴퓨터에 의해 강화된 자연언어 프로세싱의 중요한 역할은 더욱 강조될 것이다.

이 세 가지 주제에 대해 우리는 좀더 세밀히 관찰하게 될 것이다. 그리고 그 과정에서 등장하게 될 이야기와 보기가 현재의 테크놀로지 생산자와 테크놀로지 이용자 사이에 놓여 있는 이해의 간극을 메우는 데 도움이 되었으면 한다. 어쨌든 사람들이 더욱 용이하게 테크놀로지를 조종할 수 있도록 그러한 구분은 사라지리라고 기대해도 좋을 것이다.

사람과 사람

컴퓨터가 사용자에게 자주 제시하는 불가능한 인터페이스로 인해 우리는 사람들 사이의 통신을 강화시킬 필요성을 느끼게 된다. 대화하는 컴퓨터를 사용할 때, 이를테면 누군가에게 사진 한 장을 보인다거나 연필 스케치를 그릴 때 필요 이상 머뭇거려서는 안 된다. 컴퓨터가 정보 제공자 역할을 수행함으로써 직접 회의의 질을 높일 수는 있다. 하지만 그러한 역할은 영상, 그래픽, 텍스트, 그리고 공용 소프트웨어 등의 통신매개를 통해 미래의「전화」대화를 보충함으로써 훨씬 더 큰 가치를 더할 수 있으리라고 예상한다. 그렇게 된다면 서로 다른 도시에 있는 두 명의 증권분석가들은 하나의 스프레드시트를 작성해나가면서 서로의 얼굴을 마주 보고 문제에 대해 토론할 수 있을 것이다. 영상압축(video compression) 기술의 발전 덕택에 이제 온갖 종류의 TV 자료를 과거보다 훨씬 작은 전송 대역폭에 넣을 수 있게 되었고, 1990년대 후반에는 영상통신이 일반화될 가능성이 높아졌다.

광범위한 프로그래밍의 접근이 점점 간편해지고, 화상전화 기술, 그리고 다른 여러 형태의 화상방식 통신을 통해 오늘날의 TV 스크린은 다기능 통신 윈도로 발전하게 될 것이다. 그러나 이러한 통신의 진보가 단지 이미지의 진열장에 불과하리라고 상상하지는 말기 바란다. 특히 전자통신은 미래의 테크놀로지의 도움으로 먼 거리에 있는 일상적인 사물을 적절히 조종하는 편리한 역할도 하게 될 것으로 예상된다. 이러한 「기교」를 실현하기 위해 이미지 처리 회로소자는, 멀리 떨어진 비디오 카메라가 시스템을 사용하는 사람을 위한 여분의 「눈」으로 작용하도록 돕게 될 것이다. 아직은 초기 단계에 있는 이른바 컴퓨터 비전(computer vision)은 특정 시스템이 이미지 요소를 확인하고 메모리에 들어 있는 원형에 일치되도록 가지각색으로 짜맞추도록 해준다. 인간의 눈과 뇌는 그러한 비자의식적인 용이함을 획득하는 데 바람직한 첫걸음이다.

컴퓨터가 하나의 사물을 알아보고 한 장소에서 진행되는 그 사물의 움직임을 관찰할 수 있으면, 컴퓨터는 전자 파트너(electronic partner)로 하여금 다른 장소에 있는 비슷한 사물에게 같은 움직임을 모사하도록 명령할 수 있는 충분한(적어도 이론상으로는) 정보를 제공할 수 있다. 따라서 계속적으로 키보드를 두드려대야 하는 일련의 소모적인 명령 대신 시스템 사용자는 단순히 하고자 하는 과업을 한 장소에서 수행해나감으로써 먼 곳에 있는 사물을 조종할 수 있게 되는 것이다. 키보드나 디스플레이도 없이 수천 마일이나 떨어져 있는 상태에서 서로 카드 놀이를 할 수도 있다. 카드를 섞고 나누는 데 스크린도 필요 없고, 타이프를 칠 필요도 없는 것이다.

하모니 시대에는 개인과 가족이 물리적인 거리에도 불구하고 서로 간의 유대관계를 유지하는 데 더 자연스러운 방법——단순히 엽서나 전화통화를 교환하는 것이 아닌——을 향유하게 될 것이다. 예를 들면 21세기에는 시애틀에서 사우스벤드로 이사한다고 해서 절친한 이웃과 오랫동안 계속해온 목요일 밤의 브리지 게임이 중단되는 일은 없을 것이다. 표준 시간대의 차이로 약간의 시간 변경은 필요하겠지만 불과 1시간 정도의 조정이 불가능하지는 않을 것이다.

위에서 예로 든 브리지 게임의 경우 어떤 사람들은 1990년대판 컴퓨터 브리지 게임의 연장선상에 안주할 수도 있다. 네 명의 참가자들이 각자 스크린 앞에 앉아 키보드를 치며 카드 놀이를 즐기는 동안 컴퓨터 프로그램은 패를 섞고 카드 나누는 일을 전자적으로 처리해 나간다. 생각건대, 브리지 게임광에게는 괜찮은 방법일 수도 있다. 하지만 게임 자체보다는 사람에게 더 많은 관심을 갖는 이에게는 그리 흥미로운 방법이 아닌 듯하다.

대신 진짜 카드로 하는 완벽한 일반 브리지 테이블은 어떨까. 두 명의 게임 참가자들이 정해진 자리에 편한 자세로 앉고 그들의 앞에는 두 개의 이젤(easel)이 서 있다. 각 이젤 위에는 유화용 캔버스 크기에 모양도 비슷한 평면 영상장치(flat video display)가 올려져 있다. 그리고 그 영상장치는 다른 장소에 있는 상대편 참가자의 상반신 영상을 보여준다. 두 쪽의 식빵을 구워내는 자동 토스터를 닮은 소형 박스를 제외하면 전자 이전 시대의 브리지 게임 풍경과 별로 다를 바가 없는 것이다.

게임을 시작하면서 시애틀에 있는 딜러는 카드 한 벌을 집어들어 패를 섞고, 돌린 카드를 사우스벤드에 있는 친구에게 보내는「자동 토스터」——가늘고 긴 구멍이 두 개 뚫려 있다——에 밀어넣는다. 시애틀에서 투입한 패는 곧바로 사우스벤드의 테이블 위에 있는 「자동 토스터」를 통해 튀어나온다. 게임이 계속되면서 각 도시에 있는 「자동 토스터」는 인간들이 내놓는 패를 다른 편의 테이블로 보낸다. 인간들이 패를 돌리고, 서로가 내놓는 카드에 대해 얘기하고, 『누가 이런 식으로 카드를 돌렸지?』라고 묻기도 하며 게임을 즐기게 되는 것이다.

토스터가 어떻게 어떤 카드들을 내놓는가? 간단하다. 각 카드의 뒷면에 자기 띠를 붙이는 것이다. 그렇게 되면 토스터의 「판독기」는 그것을 구별할 수 있지만 인간은 단지 각 카드의 검은 줄무늬로 볼 뿐이다. 게임이 진행되는 동안 비디오 카메라는 각 카드가 테이블 위에서 젖혀질 때마다 그것을 읽고 즉석에서 다른 쪽의 토스터에게 그 쪽의 테이블 표면에 같은 카드를 공급하도록 명령을 내린다. 아마도 그러한 시스템에는 게임 참가자의 상반신 화면 아랫부분에 각자 가진 카드를 보여주는 독립된 분배기(dispensor)가 기본적으로 장착될 것이다.

오늘날의 그럴 듯해보이는 첨단 컴퓨터 브리지 게임과 진짜 카드를 사용하는 미래의 브리지 게임이 만들어내는, 거의 진짜와 다름없는 환경 사이의 차이를 생각해보자. 많은 사람들에게 컴퓨터 브리지 세임은 「테크놀로지」를 의미한다. 진짜 카드의 부재 때문이다. 모두 터미널에서 타이프를 치면 된다. 눈앞의 컴퓨터가 게임의 대부분을 「도와준다.」

그러나 테크놀로지가 반드시 기계류로 하여금 인간에게 주제넘은 도움을 제공하도록 할 필요는 없다. 이 예처럼 진정한 첨단기술은 인간이 어떠한 구속도 받지 않는 상태에서 행동할 수 있는 환경을 제공해야만 한다. 기계와 살아간다는 것은 결코 우리의 보조사인 그것을 닮도록 강요받기 위한 것은 아니지 않은가?

대학시절 이후 브리지 게임을 해본 적이 없는 나는 그러한 시스템을 손자들과 「고 피시(Go Fish)」 놀이를 하는 데 이용할 수 있을 것이다. 그렇지만 나는 영상 윈도가 있는 컴퓨터 스크린이 게임을 하는 우리의 얼굴을 서로에게 보여주는 방식보다는 진짜 카드를 주고받는 쪽을 택할 것이다. 어떤 영리한 프로그래머가 다섯 살짜리 꼬마로 하여금 속임수를 쓸 기회를 제공하는 소프트웨어를 만들어낼수도 있겠지만, 그보다는 내 손녀가 어떻게 할지 결정하기 전에 쌓여 있는 카드 가운데 맨 위의 것을 살짝 엿볼 수 있기를 바라기 때문이다.

이 카드 놀이의 예는 좀더 큰 주제로 우리를 인도한다. 우편물 교환하기, 전화기를 통해 말하기, 비디오를 통해 서로를 마주보기, 그리고 디스플레이 스크린의 공용 영상공간을 통한 상호작용 등은 장거리 접근을 점점 더 용이하게 해준다. 그러나 우리의 테크놀로지 미래상이 여기에서 멈출 필요는 없다. 결국 방금 언급한 토스터와 같은 원격조작 장치는 원격명령에 응답할 것이고, 게다가 그런 명령은 키보드를 통해 내릴 필요가 없는 것이다. 대신 진실로 사용하기간편한 기계는 그것을 사용하는 사람의 의도를 그 사람의 행동을 관찰함으로써 추측할 수 있어야 한다.

우리 사회의 사회적 유동성과 관련되어 매우 자주 나타나는 비극적인 낭비에 대해 생각해보자. 건강한 퇴직자는 따뜻한 지방에서 골프와 수영을 즐기며 보내기도 하지만, 인생의 말년은 대체로 요양원에서의 외로운 나날들을 의미한다. 어느 곳에서는 늙은 여인 하나가 휠체어에 앉아 저녁식사 때까지 남은 시간을 보내기 위해 고심하고 있고, 다른 도시에서는 그녀의 아들이 관심을 끌려고 애쓰는 1학년짜리 아이에게 시달리면서 저녁식사를 준비하고 있다. 이 세 명이 고 피시 카드 놀이를 할 수는 없을까?

1주일에 한 번씩 거는 문안 전화와 1년에 두 번 찾아오는 아이들에게 할머니는 언제까지나 낯선 사람으로 남아 있을 수밖에 없다. 그러나 이러한 테크놀로지를 이용하면 세대 간의 유대관계가 돈독해질 수도 있다. 누군가가 얘기하기를 『손주들과 그들의 할아버지, 할머니들은 공동의 적을 가졌다는 이유로 서로 잘 통한다』라고 했다. 인류는 이른바 쥐 경주(rat race)라고 불리는 치열하고 무의미한 경쟁을 위해 대가족이 가져다 주는 씁쓸하고도 달콤한 이익을 너무나 오랫동안 즐겨왔다.

테크놀로지는 감정적인 유대를 강화해주는 것 이외에도 물질적인 이익도 함께 가져다 준다. 우리는 물론 장애자를 위해 더욱 효과적인 보조기계를 기대할 수도 있지만, 몸을 마음대로 움직일 수 없거나 언어능력에 손상을 입은 사람에게는 보조 기계류를 조종하는 것이 어렵게 느껴질 것이다. 그러한 상황에서는 멀리 떨어져 있는 방문객이 때때로 요양원의 일을 도와줄 수도 있을 것이다.

다른 도시에 사는 늙은 친척과 「저녁 식탁에 앉는 것」을 상상해 보라. 스웨터를 갖다달라고 부탁하거나 식기의 뚜껑을 열어달라고 시중드는 사람을 부르는 대신, 식사가 진행되는 동안 방문자는 현장에 있는 기계를 이용해 그러한 허드렛일을 처리할 수 있다. 얼마나 훌륭한 요양원이든 얼마나 뛰어난 시설을 갖추고 있든 간에 서로에게 관심을 가진 인간들이 제공하는 각별한 배려는 가족끼리 식사하면서 느끼는 따뜻한 분위기를 자아내는 법이다. 가장 기본적인 면을 볼 때, 기초를 이루는 테크놀로지는 여전히 유리 실로 연결된 실리콘 판 사이를 오가는 데이터, 즉 1과 0으로 이루어져 있다. 그러니 그러한 테크놀로지가 할 수 있는 것이 무엇인가를, 아니 좀더 알맞게 말하자면 그것을 통해 인간이 할 수 있는 것이 무엇인가를 보라. 결국 선택은 우리의 것이 아닌가? 그리고 적어도 이러한 테크놀로지의 적용은 미래 세대들이 물리적인 분열의 충격을 완화하는 데 많은 도움을 줄 것이다.

사람과 기계

모든 것을 이해하고도 인간의 가장 솔직한 희망을 이해하지 못한다면 컴퓨터는 여전히 너무나 뒤떨어져 있다고 말할 수밖에 없다. 그러나 세계에서 가장 강력한 컴퓨터가 겨우 오늘날 PC 정도의 능력을 지녔을 때 전문가들은 이미 「인공지능(artificial intelligence : AI)」의 도래를 점쳤다. 얼마 지나지 않아 그들은 그 용어를 고유명사화하기까지 했다. 그러나 현실적으로 무슨 일이 일어났는지 직시해보자. 흥미로운 많은 아이디어, 관련 분야에서의 중요한 발전, 그리고 인간의 두뇌가 지닌 놀라운 복잡미묘함에 대한 얼마만큼의 겸허한 통찰.

인공지능이 처음에 내세웠던 목적을 완수했다면 소프트웨어는 컴퓨터 과학자들만의 몫이었을 것이다. 기계들이 자체적으로 프로그램을 만들어낼 것이기 때문이다. 그러나 현실은 그렇지 못하다. 그 대신 하나의 과업을 완수하기 위해 버튼을 두드릴 때마다 프로그래밍이라는 귀찮은 작업과 마주하게 한다. VCR만을 보더라고 그렇다. 대다수의 가정에서는 VCR에 내장된 전자시계가 「12 : 00」를 깜박거린다. 바로 소유자들이 제대로 시간 맞추는 방법——일련의 버튼 누르기——을 찾아내지 못했기 때문이다.

그러나 인간의 뇌를 닮은 컴퓨터를 생산해내지 못해 AI 계획이 실패했음에도 불구하고 컴퓨터 과학은 이 열광적인 연구자들에게 상당한 빚을 지고 있다. 특히 AI 연구자들은 현재 이용되고 있는, 복합적인 데이터 베이스로부터 의미를 추출해내는 방법을 생산하는 데 큰 기여를 했다. 따라서 인간 사용자의 편의대로 움직이는 컴퓨터를 세상에 제공하는 AI의 역할을 인정해야만 할 것이다. 이른바 지능을 갖춘 대리자가, 인간이 말하는 바를 「이해한다」는 것은 여전히 다분히 한정된 경우에만 적용되는 말이다. 따라서 언어를 이해하는 소프트웨어라는 것은 그러한 지능을 갖춘 대리자가 필요로 하는 정밀하게 조직화된 명령방법과 비전문적인 사용자가 선호하는 좀더 느슨한 형식 사이의 차이를 메움으로써, 혼란 없는 인간과 기계 사이의 인터페이스로 향하는 가장 확실한 길로 우리를 안내한다.

컴퓨터가 문장을 분석해서 의미를 추출해내기 전에 소리를 텍스트로 전환할 수 있는 음성 인식 소프트웨어의 개발이 먼저 이루어져야 한다. 오늘날 우리가 알고 있는 음성 프로세싱은 통신로를 통해 신호 그 자체가 아닌 그것의 수치기(numerical description)를 보내는 것이 효과적이라고 판명된 1960년대 중반에 시작되었다. 어쩌면 쿠키 대신 쿠키를 만드는 비결이 적힌 종이를 배달하는 것과도 비슷한 이 방법은 하나의 과정을 반드시 필요로 한다. 도중에 파손될지도 모른다는 걱정을 할 필요는 없지만, 신선한 쿠키를 구워내기 위해 반드시 필요한 재료를 장만해야만 하는 것이다.

디지털 복제를 보내는 데 수반되는 교환이 조리된 음식물과는 관련이 없는 듯이 보이기도 하지만, 디지털화는 얼마 전 전자통신을 휩쓸고 계속해서 다른 분야 속으로 침투해들어가고 있다. 예를 들면 CD에는 숫자——음악가의 마이크로폰에서 압틱 빈화를 확인하는 숫자의 긴 리스트——— 외에는 아무것도 들어 있지 않다. 레코드 상점에서 홈이 음파 운동을 직접 따라가는「LP판」이 차지하는 공간은 점점 더 작아지고 있다. 디지털 혁명은 확실히 뿌리를 내린 것이다.

가장 기본적인 차원에서 볼 때 음성 인식 소프트웨어는 보통「디지털 신호 프로세서(digital signal processor : DSP)」라고 불리는, 마이크로 프로세서와 비슷한 장치 속에서 움직인다. DSP 인식 프로그램은 인간의 말소리가 만들어내는 파형(waveforms)을 조각내고 분석하고, 일종의 음성 알파벳을 구성하는 이른바「음소」그룹을 추출하기 위해 음성의 스펙트럼 패턴을 분석한다. 음절이 단어를 구성하기 위해 결합되는 것과 마찬가지로 음소는 음절을 만들기 위해 합쳐지고, 그런 식으로 계속 진행되어나가면서 의미를 가진 표현을 만들어내는 것이다.

「말로 조정하는 컴퓨터」를 현실화하기 위해 눈부시게 진보하는 DSP 기술과 이 유용한 하드웨어를 움직이는 알고리듬(algorithms)의 발전이 접목되었다. 예를 들면 1992년의 발렌시아 엑스포에서는 두 사람——— 한 사람은 영어만을 할 줄 알고, 다른 사람은 스페인어만을 아는——— 이 실시간대에(real-time) 통화할 수 있는 자동 언어통역기가 처음으로 소개되었다.

이「통역기」는 특수 음성처리 회로판 위에서 작동되는 음성 인식 프로그램, 언어 이해 프로그램, 통역 프로그램, 그리고 텍스트에서 음성으로 전환하는 프로그램 등의 언어처리 프로그램으로 이루어져 있다. 이 회로판에는 출력, 마이크로폰과 확성기의 연결, 데이터 기억장치, 그리고 대체로 컴퓨터가 공급하는 기타 가사관련 서비스를 제공하는, 주인격인 고성능 워크스테이션의 플러그 접속 홈이 있다. 그것이 전부였다. 그런데도 서로 다른 언어로 말하는 두 사람의 통화를 즉각 통역하며 계속 대화를 연결해주었다.

이 시스템의 설계자가 대인 통신 분야에서 획기적인 업적을 이룬 것도 분명한 사실이지만, 그 「통역기」는 또한 컴퓨터 사용의 편리함으로 나아가는 중요한 첫걸음을 내딛은 것이다. 특히 통역 시스템은 서로를 뒷받침해주는 한 쌍의 인간과 기계 사이의 인터페이스로 볼 수 있다. 「통역기」의 영어 하위 시스템은 스페인어 하위 시스템의 출력을 거쳐 음성 언어를 이해할 수 있는 능력을 보였으며, 그 반대 역시 가능함을 증명했던 것이다.

비록 인간 음성 언어의 녹음 견본(이 특정 시스템이 사용자의 입력과 대조할 수 있는)의 어휘 수가 불과 몇백 단어로 제한되어 있었지만 그 이후 계속 진행된 약진은 우리에게 더 큰 능력을 제공해주었다. 특히 언어학의 발전이 대화의 영역을 넓히기는 했지만 새로운 음성 처리기술은 이제 더 많은 어휘를 감당할 수 있게 되었다.

언어학상의 측면에서 보자면 언어의 다의성으로 인해 철저한 토론을 하는 데에는 여러 가지 만만찮은 장애물들이 지속적으로 존재한다. 현재 언어 이해 연구자들은 일반적으로 그들의 시스템을 통화 교환과 같은 특정 영역에 제한적으로 적용함으로써 이 문제를 교묘하게 처리하고 있다. 어쨌든 대화자들은 서로 다른 문맥을 염두에 두고 있다는 것을 알아차릴 때까지 서로가 이해하지 못하는 말을 할 수도 있다. 서로 다른 문맥에 대해 이야기하고 있다는 사실을 알게 될 경우 각 대화자가 같은 단어로부터 이끌어내는 서로 다른 양식은 가끔 혼란을 야기하며, 뒤이어 대화자들이 각자의 실수를 깨닫게 될 때는 당혹스러운 선웃음을 불러일으키기도 한다. 상식을 필요로 하는 상황에서 컴퓨터는 한정된 도움밖에는 줄 수 없다. 그렇기 때문에 이 멍청하지만 부지런한 기계에게 우리가 서비스를 받고 싶이하는 배경을 정확히 설정해줄 필요가 있는 것이다.

사람과 데이터

일반적으로 우리는, 컴퓨터가 포맷데이터――미국에 거주하는 사람들에 대한 인구조사국측의 명단, 주소, 나이, 그리고 기타 특성 등――를 다루는 것으로 생각한다. 그리고 사실 오늘날의 재래식 데이터 프로세서 가운데 대부분이 그렇다. 전형적인 데이터 처리용 컴퓨터 프로그램은 검사나 갱신을 위해 컴퓨터의 프로세싱 엔진을 돌리면서 상당수의 데이터 베이스를 관리할 수도 있다. 나는 개량을 하는 데에는 두 개의 길이 있다고 본다. 즉 개별적인 데이터 베이스를 좀더 유용하게 만드는 방법과 다수의 데이터 베이스들로부터 필요한 정보를 조금씩 수집하는 손쉬운 방법이 그것이다. 메인프레임 컴퓨터의 속도와 능률성에 힘입어 이른바 주인과 노예 사이의 접근 방법(master-slave approach)은 처음부터 데이터 프로세싱 부문을 지배했다. 심지어 메인프레임의 종말에 대해 떠돌던 무수한 소문에도 불구하고 거대 기업들(대체 해결책을 판매하는 몇몇 기업들을 포함해서)은 여전히 매년 급료지불 대장과 같은 특정 오퍼레이션을 위해 수십억 달러어치의 메인프레임을 구입한다.

수많은 급료지불부 담당 사무원들이 그들의 (노예) 터미널 앞에 앉아 미리 정해진 명령에 따라 메인프레임과 상호작용을 하는 것이다. 그 시스템의 기본규칙에 익숙해지면 사무원들은 좀더 손쉽게 임무를 처리할 수 있다. 그러나 이는 임시 사용자들에게 해당되는 얘기는 아니다. 사무원들이 한 명도 일하지 않는 주말에 인적 자원 관리자가 급료지불부를 조사할 필요가 있다고 가정해보자. 관리자는 집에서 문제의 메인프레임으로 전화를 돌리고 그의 PC를 터미널로 이용해서 급료지불 담당 사무원들이 근무시간에 하는 식으로 메인프레임을 조사할 것이다. 물론 그가 알맞은 처리절차를 외우고 있다는 가정하에 말이다. 그 문제를 전화 한두 통화로 해결할 수도 있겠지만 그의 집에서 더 먼 곳에 있는 데이터 베이스의 경우에는 어떠한가?

오늘날 네트워크화된 세계에서는 방금 언급한 인적 자원 관리자와 같은 임시 사용자들이 세계 도처에 깔려 있는 데이터 베이스를 이용하는 경우가 늘어나고 있다. 그들은 특별교육을 받은 정규 사용자들과는 달리 기계와 관련된 개별적인 특징, 데이터 구조, 지정하는 규정, 그리고 레이아웃의 주소 지정 등에 서투르다. 그러나 이제는 새로운 인터페이스 소프트웨어가 개발되어 그러한 설비로 좀더 손쉽게 접속할 수 있게 되었다.

〈뉴욕 타임스〉지는 모자이크(Mosaic)라고 불리는 새로운 소프트웨어의 능력에 대해 소개하면서 「정보시대의 보물지도」라는 표현을 사용했다. 대단히 대중적인 이 프로그램은 일리노이 주의 샘페인에 소재한 국립 슈퍼컴퓨팅 응용센터(National Center for Supercomputing Applications)의 학생들과 소프트웨어 개발 연구원들로 구성된 작은 집단이 개발한 것으로서 인터넷 이용자들은 무료 이용이 가능하다. 국립 슈퍼컴퓨팅 응용센터는 개발 첫해에 이 프로그램의 전자판(eletronic copies) 수십만 개를 일반인들에게 전송하고 모자이크 이용자들로부터 한 주당 60만 건 이상의 전자정보 문의를 접수했다.

모자이크의 상업적 이용자 명단에는 로터스(Lotus)사나 노벨(Novell)사와 같은 기존 소프트웨어 회사에서부터 카탈로그 배급자와 레코드 회사에 이르기까지 다양하다. 학생, 취미 생활자, 도서관 사서, 그리고 전세계의 데이터 고속도로를 탐험하려는 열망을 가진 모든 사람들이 이용자다.

무엇이 모자이크를 그토록 대중적으로 만들었을까? 그것은 이른바「고객봉사자(client-server)」라는 컴퓨팅 모델의 상상력 넘치는 기능에 힘입은 바 크다. 사용자의 기계 안에 있는 소프트웨어는 사용자를 대신하여 정해진 데이터베이스 컴퓨터를 대화에 끌어들임으로써 각 컴퓨터의 내적 작용으로부터 사용자를 보호하는 것이다. 사용자들은 난해한 명령어와 씨름하기보다는 단지 컴퓨터 스크린 위의 윈도에 전시된 흥미 있는 메뉴 목록을 보고 마우스 버튼을 눌러 선택하기만 하면 되는 것이다. 따라서 상업용 소프트웨어 회사들이 새로운 데이터 관련 상품과 서비스를 생산하기 위해 모자이크 플랫폼(Mosaic platform)을 채택할 경우 많은 효과와 유용성을 갖게 될 것은 분명하다.

컴퓨터 과학은 기존 데이터 베이스로의 접속을 쉽게 해주는 모자이크와 같은 프로그램 외에도 개별적인 데이터 베이스가 스스로 작동할 수 있도록 해준다. 이는「액티브 데이터 베이스(active data-bases)」라고 불리는데, 일람표화된 데이터에서 특정 고객을 위해 데이터를 모니터하고 정해진 작용을 하게 될 것이다. 이것이 어떤 식으로 적용되는가를 알아보기 위해 신문의 주식 시세 일람표의 컴퓨터판(computerized version)을 생각해보자. 취미삼아 휴가자들을 위한 중급 모텔 체인의 주식에 투자한다고 가정하자. 그럴 경우 투자시기를 정하기 위해 국내여행과 해외여행의 동향을 알아보려고 할 것이다. 해외여행보다는 국내 장거리 자동차 여행을 결정한 사람이 더 많다면 국내 모텔 체인의 이용이 늘어나리라는 것을 예상할 수 있다. 또한 자동차의 판매 증가와 국제 항공선 예약 감소도 예상가능한 일이다. 이러한 것을 근거로 자동차나 항공사 주가의 동시적인 움직임과 연관지어 주식 매매를 결정할 수도 있다.

GM이나 브리티시 항공사(British Airways : BA)의 주식이 계속해서 일정량보다 많이 움직였을 때(물론 반대방향으로), 컴퓨터가 당신에게 경보를 발한다고 상상해보자. 컴퓨터에게 너무 과다한 책임을 지우지 않은 이상 그것은 그리 어려운 일이 아니다. 컴퓨터로 하여금 온라인 데이터를 몇 분에 한 번씩 체크하도록 명령하고 상황이 어떻게 변해가는지 살펴보면 되는 것이다. 그러나 컴퓨터가 맡은 책임이 한계를 초과하게 되면 고객에게 이런 경보 서비스를 제공하는 중개상사의 경우처럼 쉽게 능력을 잃을 수도 있다.

그런 상황에서 우리를 구해줄 수 있는 것이 바로 액티브 데이터베이스다. 이 기술을 이용해 데이터베이스에 결합된 아주 작은 프로그램이 주식 일람표로 들어가는 갱신의 흐름을 모니터하고 GM과 BA의 변동을 탐지하며, 일련의 움직임(events)이 사전에 설정된 기준(value)을 자극(trigger)할 때에만 메인 컴퓨터에게 도움을 요청하게 된다. 항공사의 데이터베이스는 단지 메인 컴퓨터의 수동적인 종복 역할을 수행하는 데 그치지 않고, 스스로에게 보고함으로써 메인 컴퓨터가 감당해야 하는 엄청난 양이 무의미한 문의를 피할 수 있게 한다.

단순함을 위해 평범한 주식 일람표를 예로 들었지만 미래에는 대부분의 데이터가 「객체 지향형(object-oriented)」 접근방식에서 이득을 얻는, 덜 구조화된 형태로 변할 것으로 보인다. 회사에 대한 잡지 기사, 상품 팜플렛, 그리고 새로운 보고를 위한 비디오 클립 등의 항목뿐 아니라 그 항목내용 문의에 대한 응답까지도 포함하는 일람표를 상상해보자. 객체 지향형 방식은 삽화를 넣은 팜플렛에 대한 이미지 분석과 같은 개별 유형의 데이터를 특수 운용과 결합함으로써, 예를 들어 문제의 카탈로그가 랩탑 컴퓨터의 그림을 포함하고 있는 경우, 『어떤 키보드들이 스페이스 바의 바로 아래에 위치한 트래커 볼(tracker ball)을 가지고 있는가?』와 같은 질문을 가능하게 해준다.

객체 지향형 데이터베이스는 다양한 데이터 유형과 그것을 이용해 우리가 실행하려고 하는 운용을 공급해줄 뿐 아니라 숫자표 검색을 위해 설계된 기존 시스템들보다 연결 관계 추적을 훨씬 더 간편하게 해준다. 객체 지향형 데이터베이스 내에 설정된 대상(object)에는 사용자가 그것을 이용해 실행할 모든 오퍼레이션을 비롯해, 그것이 관계하는 다른 대상——예를 들면 워크스테이션의 지정 사용자, 판매원, 수리 서비스, 그리고 소프트웨어 패키지 등——을 겨냥한 포인터도 포함되어 있다.

기존의 데이터베이스를 이용한 기업의 경영정보 시스템 조직은 장비, 서비스 기록, 그리고 소프트웨어 구매에 대한 내용을 각각 다른 세 개의 파일에 차례로 기입할 수 있을 것이다. 광범위하게 분포되어 있는 정보를 토대로 개별 판매자들의 능력을 조사한다고 생각해보자. 이른바 몇 명의 「부가가치 전매자들(value-added resellers : VAR)」이 같은 종류의 그래픽 워크스테이션을 제공할 것이다. 하드웨어·소프트웨어 통합, 테스팅, 지원 등 서비스 전반을 고려할 때 그 가운데 누가 가장 뛰어난 것인가? 각 워크스테이션이 하나의 대상으로 조직되면 그러한 질문에 답할 수 있을 것이다.

연결관계 추적능력이 점점 더 중요해지고 있는 지금, 이 신기술은 데이터 「가족」의 모든 구성원들로 하여금 관계물의 상태변화를 늘

알아차리게 함으로써 데이터베이스 사용자의 활동을 더 쉽게 만든다. 예를 들어, 만일 수리 서비스측에서 하청업자를 바꾼다면 다른 곳에 있는 새로운 인원 ─── 바로 그 접촉을 대표하는 대상 ─── 이 모든 데이터베이스 서비스와 관계된 문의에 대해 최신 해답을 제공할 것이다.

따라서 사용자는 데이터베이스로부터 좀더 풍부하고 시기적절한 정보를 기대할 수 있게 된다. 그러나 그런 것은 이야기의 절반에 불과하다. 결국 대부분의 정보는 우리가 데이터베이스라고 부르는, 공식적으로 조직된 구조의 외부에 머물러 있기 때문이다. 누군가가 평소 정보량 ─── 정기구독을 원하는 잡지와 같은 ─── 의 두 배를 제공하겠다고 제의했다고 가정해보자. 당신은 그런 제의를 환영하겠는가? 대부분의 사람들은 『더 많은 정보로 내가 과연 무엇을 할 수 있을까? 지금 쌓여 있는 종이더미만으로도 숨이 막혀 죽을 지경인데』라고 말할 것이다.

대부분의 사무실 ─── 나의 사무실을 포함해서 ─── 은 각종 메모, 잡지, 그리고 서류로 가득 찬 듯하다. 부지런히 가지를 쳐나가지 않으면 「잎사귀」들은 조만간 사무실을 뒤덮게 된다. 그러한 환경에서 지각 있는 사람이라면 정보량의 증가를 환영하지는 않을 것이다.

이 문제를 살펴보자. 적절한 정보가 많을수록 더 높은 생산성을 약속하는 게 아니었던가? 만일 누군가가 우리에게 필요한 모든 정보를 실제로 소유하고 있다면, 우리는 가까운 곳에 있는 재활용품 쓰레기통에 꼴사나운 잎사귀들을 버림으로써 한두 그루의 나무를 구할 수도 있다. 그런데 왜 그러지 않는 것일까? 바로 이 이질적인 장황함의 더미 속에는 우리가 알아야만 하는 친연의 금괴도 포함되어 있기 때문이다. 감히 우리의 손이 닿지 않는 곳으로 그것이 흘러가게 내버려둘 수가 없는 것이다. 따라서 일반적으로 정보로의 접근능력이 필요를 충족시키지 못할 경우 사무실은 더 뒤죽박죽되는 듯하다.

그러나 우리가 종이를 매개물로서가 아니라 수단으로서 이용하는 방식은 그것의 유용성을 결정한다. 조금만 자세히 생각해보면 다분히 중상모략된 종잇더미의 근본적인 검색절차는 정보 기억장치 시스템만큼이나 추천할 만한 것이다. 그것이 다른 식으로 환영받을 이유는 없다. 서류를 검사할 때 가장 먼저 대하게 되는 것은 가장 최근에 더한(또는 되돌려놓은) 항목이다. 따라서 가장 자주 이용하는 자료는 윗부분에 머무르게 되고 덜 유용한 자료는 아래로 내려가는 것이다. 그러나 모든 편의에는 대가가 따른다. 수백 가지의 항목들을 추리고 싶어하는 사람은 아무도 없으므로 높은 더미를 여러 개의 낮은 더미로 나누는 경향이 있다. 무엇을 찾는지 아는 경우 자료로 접근하는 데는 키 작은 더미 쪽이 더 편리한 법이다.

열성 기업가들은 과다한 종이로 인해 정체된 기존의 정보통로 덕분에 1970년대 중반부터 전자 대체 방식으로 고객들을 끌어들일 수 있었다. 오늘날의 생각으로는 『텍스트에 기초한「종이 없는 사무실」이 모든 종이를 대신할 수 있다』라는 그 시대의 발상이 우습기 짝이 없는 말이긴 하지만 텍스트 파일에 근거한 정보검색 시스템이 오늘날 작업장에서 중요한 특정 수요를 담당하고 있는 것은 사실이다. 예를 들면 대부분의 변호사들은 키보드를 통해 법조인들을 겨냥한 온라인 데이터베이스로 들어가 판례들을 찾아낸다.

확실히 그러한 시스템은 법학부 도서관에서 먼지에 쌓인 두꺼운 책을 뽑아 열심히 읽는 것보다 훨씬 편리하다. 변호사나 법률 보조원은 뚜렷한 데이터를 통해 필요한 내용을 얻어내는 데 어떤 수고라도 할 준비가 되어 있다. 그들은 철저한 노동을 요하는 과업을 어떤 면에서 덜 성가신 다른 과업으로 대체함으로써 이익을 보는 것이다.

반면 비전문직에 종사하는 사용자 처지에서 보면 힘든 조사과정을 거칠 만한 자원은 적고 조사할 범위는 더 넓다. 소규모 민간 직업소개소에서 근무하는, 컴퓨터에 정통한 관리자는 파일 안에 전자판 이력서를 갖고 있다 해도 특정 직업명이 특정 취직자리에 대한 자격을 갖춘 지원자를 모두 포괄하고 있을지 확신할 수는 없다. 결과적으로 문제의 관리자는 자신의 조회에 유의어(thesaurus)를 덧붙임으로써 조사의 폭을 넓히게 될 것이다.

하지만 앞에서 네트워킹 적용에 대해 논의할 때 언급한, 자녀를 둔 어머니와 같은 구직자의 경우는 어떠한가? 이런 경우 이용자가 아닌 테크놀로지가 언어의 다의성에서 비롯되는 어떠한 모호함도 해결할 수 있어야만 한다. 어쨌든 일상적인 언어는 의미를 전달하는 데 만족할 만한 수단이 된다. 그렇지 않다면 이 책을 읽는 것조차 불가능하지 않은가.

음성 언어, 문자 언어, 이미지, 다이어그램, 비디오 테이프, 그리고 일상적인 정보에 내재한 모든 모호성에도 불구하고 일반적으로 인산들이 그 내용을 이해하고 있다는 것은 기짓이 아니다. 따라서 손으로 해야 하는 데이터 검색을 대체하는 컴퓨터 대용물의 설계자들이 어느 정도 동정을 받아야 마땅한 것은 사실이지만 그들의 과업이 불가능하다고 주장할 수는 없는 것이다. 그러므로 독창적인 통찰력, 근면한 공학정신, 그리고 그 어느 때보다 강력한 전자공학의 결합을 통해 강화된 테크놀로지는 사람과 기계 사이의 접근은 물론, 포맷에 관계 없이 모든 종류의 데이터로 더 간편히 접근할 수 있도록 해야 한다.

결국 테크놀로지를 판매하는 사람들은 최소한 테크놀로지 이용자들만큼 이득을 얻게 된다. 이 책의 전반에 걸쳐 언급한 바와 같이 오늘날 가장 유망한 사업기회는 기존 시장의 외부에 있다. 이런 새로운 시장에 가까이 다가가기 위해 테크놀로지 판매자들은 고객층을 세련된 이용자들에 국한시켜서는 안 된다. 호출기와 팩스에 대한 대중화를 보라. 일반 전화기만큼이나 사용이 간편하지만 훨씬 복잡한 호출기와 팩스 이용자들이 스스로를 부적격자라고 느끼는 경우는 거의 없다. 컴퓨터를 바탕으로 한 이런 장치가 이용자에게 컴퓨터 사용능력을 요구했다면 판매량은 엄청나게 달라졌을 것이다.

팩스와 호출기처럼 미래 시장에서 대히트 상품이 되려면 복잡한 사용서를 기피하는 소비자들을 끌어들여야만 한다. 그리고 이처럼 사용하기 쉬운 제품이 인간 이용자와 더 효과적으로 연결된다면 서로 더욱 향상된 유대관계를 맺게 될 것이다.

8

통　합

통합된 세계에서 전자 조수들은 인간에게 필요한 어떤 정보도 획득할 수 있을 것이다. 예를 들면 조세환급 기간에 영수증을 찾아 헤매는 일은 하지 않아도 된다. 여가 시간을 방해하는 쓸데없는 개인적인 용건뿐만 아니라 직장에서의 혼란도 피할 수 있게 해준다.

책의 앞부분에서는 수량 중심적인 자동 제조로부터 컴퓨터 제어 생산 라인의 양질 생산으로의 변화에 대해 설명했다. 기계와 기계 사이의 정보공유는 커다란 차이를 낳는다. 1과 0으로 대화하는 디지털 제어장치가 등장하기 전까지 사람들은 조잡한 기계로 인해 계속적으로 발생하는 사소한 고장을 막으려고 노력하면시 혼란스럽게 일을 처리해나갔다. 그리고 그 후로 공장뿐 아니라 사무실에서도 많은 발전이 있었다.

그러나 일상 언어를 「말하는」 능력이 있다고 「대화」가 가능한 것은 아니다. 전형적인 현대 병원의 테크놀로지 상태를 살펴보자. 병원 안은 특별한 용도의 기구들로 가득 차 있는 듯하다. 그리고 어떤 기계든지 최소한 하나 이상의 컴퓨터 스크린과 키보드를 갖추고 있다. 어디든 컴퓨터가 놓여 있는데 의사와 간호사, 그리고 병원 고용인들이 거의 알아볼 수도 없게끔 되어 있는 종잇더미와 씨름해야 할 이유가 어디 있을까?

나는 최근 병원에 머무를 기회가 있었다. 그 때 나는 간호원 본부에서 가로 8.5인치에 세로 11인치짜리 종이에 구멍을 뚫고 그것을 환자 한 명당 하나씩 할당된 바인더에 끼우는 데 근무시간의 대부분을 보내는 「사무원」을 한 명 고용하고 있다는 사실에 주목했다. 내 바인더는 내가 검사를 받기 위해 바퀴 달린 침대에 옮겨질 때마다 나를 따라다녔고 그 과정에서 점점 두꺼워졌다. 그 값비싼 기계들을 이용해 환자 상태를 정밀조사한 진료결과가 결국 손에 들고 다니는 기록을 통해 전달되는 것이다.

너무 특정한 예일까? 그렇지 않다. 비공식적인 대화는 물론 수많은 공개 토론회에서도 보건 전문가들은 이 개인적인 경험을 체계적으로 입증해주고 있다. 모든 관계자들은 서로 단절된 테크놀로지 섬 사이의 교량 공사에 소모되는 인적·경제적 손실에 대해 탄식했다. 말할 필요도 없이 비경제적으로 단절된 이러한 보건 상태와 우리 사회에서 볼 수 있는 다른 기술 중심 부문 사이에는 약간의 차이가 있다. 컴퓨터의 확산에도 불구하고 시스템 통합은 여전히 구호에 불과한 듯하다.

「시스템 통합」이란 말이 가장 먼저 떠올리게 하는 이미지는 어떤 것일까? 루크 스카이워커(Luke Skywalker)를 찾아 은하계에서 미끄러지듯 움직이는, 화면에 가득 찬 다스 베이더(Darth Vader)의 제국 전함들? 비즈니스 세계의 경영정보 시스템(Management Information Systems : MIS) 관리자라면 마치 잘 훈련된 교향악단처럼 하드웨어와 소프트웨어의 구성요소들이 서로 완벽하게 조화를 이루어 작동하는 정보환경을 상상할 수도 있다. 이런 환경은 오늘날 MIS 설계자들의 능력을 넘어서는 것이긴 하지만 하모니 시대에는 그 이상의 것을 기대할 수 있다. 하모니 개념은 개별적인 소비자들에게도 같은 수준의 결합력을 요구할 것이다.

그렇다. 기업은 자신들의 정보 형태화와 정보 공유화의 과정을 알맞게 조절해야만 한다. 그러나 그러한 조절이 전부는 아니다. 기업은 어쨌든 사회의 편의를 위해 존재한다. 따라서 X선 단층촬영 스캐너나 심장병 측정 모니터를 생산하는 업체들이 내부정보 시스템을 흠없이 조정해놓고서도 여전히 이 필요조건을 충족시키지 못할 수도 있다. 현대 의료기술이 수없이 많은 사람을 죽음으로부터 구해내는 것은 사실이지만, 의료 서비스에 드는 높은 비용은 많은 사람들이 의료혜택을 향유하는 데 걸림돌이 되고 있다. 그리고 그러한 책임의 일부분은 네트워킹 능력이 부족한 기계 사이에서 정보를 움직이는 데 필요한 고비용구조에 있다는 사실을 간과해서는 안 될 것이다.

그러나 장비 생산자들을 책망하기 이전에, 제품을 받아들이는 시장에서 시스템 통합을 그다지 장려하지 않았다는 점을 기억해야 한다. 구매를 결정하는 각 전문가들은 특정 과업을 염두에 두고 있었다. 하지만 다른 이들이 이미 정한 정보기준에 복잡성을 추가함으로써 그들이 얻을 수 있는 이득은 거의 없었다. 결국 메인프레임 시대에는 서류를 줄이는 데 중앙 컴퓨터가 그리 큰 역할을 하지 못했으며 심지어 어떤 경우에는 서류의 증가를 조장하기까지 했다.

이런 풍경을 기초로 해서 메인프레임에 너무 깊이 매혹되어 상상력이 부족해진 MIS 관리자를 선사시대의 사고력 낮은 혈거인에 비유할 수도 있을 것이다. 그러나 그들의 처지에 서서 바라볼 때는 어떠할까? 중앙화된 정보 시스템을 계속해서 작동시키는 책임을 지고 있다고 상상해보라. 수십만 줄의 코드, 게다가 모든 소프트웨어의 수리와 향상에 미묘한 상호의존 문제를 야기한다. 코드 줄이나 데이터 수집 인터페이스에서의 사소한 변화가 다른 곳에서 전혀 예기치 않은 결과를 불러오지는 않을까? 결과적으로 과거 중앙화된 시스템들의 대부분은 유연성과 상호 연결을 방해하는 기준을 세웠던 것이다.

나는 자주 사무실 지원 컴퓨터 시스템의 「사소한」 기능향상을 요구한다. 하지만 변화가 가져오는 것은 문제점일 뿐이다. 내 사무실처럼 비교적 작은 환경에서라면 그러한 문제점은 일반적으로 수리가 가능할뿐더러 다른 사람들에게 주는 피해도 없다. 하지만 현대의 병원이 똑같은 상황에 처했다고 생각해보자. 시스템 통합의 주창자들이 기술적인 문제점 외에 판매부문에서도 곤란을 겪게 되는 것은 그리 이상한 일이 아니다.

다행스럽게도 모듈 방식의 설계는 상호의존을 좀더 다루기 쉽고 파악하기 쉽게 만든다. 예를 들어, 식기류 한 벌을 커다란 종이 상자로 포장할 경우를 생각해보자. 한 벌의 그릇 모두를 각기 따로따로 포장한 후 다시 큰 상자에 넣는 것과 마찬가지로 모듈 방식이 공간을 낭비하는 것은 사실이지만, 전자 「컨테이너」의 가격은 내용물의 가치와 비교할 때 그리 중요한 문제는 아니다. 마이크로컴퓨터의 원가가 큰 폭으로 하락하는 것을 볼 때 시스템 설계자들은 기존의 시스템을 익숙한 오퍼레이션 방식대로 운영되도록 방치한 채, 온갖 종류의 기계들이 필요로 하는 네트워킹을 도모하기 위해 특정 목적에 적합한 컴퓨터들을 사용하게 될 것이다.

미래의 병원에서는 네트워크화된 인터페이스 소프트웨어층〔어떤 사람들은 미들웨어(middleware)라고 부르기도 한다〕이 개별적인 진단 장비와 병원의 기록을 유지하는 시스템 사이에 존재해야만 한다. 이러한 계획은 독립적인 컴퓨터 모듈 서비스가 특정 환자에 대한 모든 정보를 제공함으로써 의사와 간호원이 종이에 더 적은 시간을, 그리고 환자에게 더 많은 시간을 할애할 수 있게 해줄 것이다.

컴퓨팅과 통신이 단일체로 결합됨에 따라 특수화된 시스템 사이의 협력은 흔한 일이 될 것이다. 그리고 그러한 변화는 비단 병원에 국한되는 일은 아니다. 대부분의 사람들은 시스템 통합에서 비롯되는 편의의 증가를 당연히 환영할 것이기 때문에, 일상생활에서 전반적으로 모든 장치의 복잡성 수준이 단계적으로 확대될 것이다. 하모니 시대에는 사람들이 TV, VCR, 캠코더, 전화기, 도난 경보기, 난방 시스템, 스테레오, 전자 백과사전, 개인용 컴퓨터 등 모든 가정용 기구들이 자체적으로 아무런 어려움 없이 서로 소통할 수 있게 되기를 원할 것이다. 그리고 이런 연결이 늘어날 경우 조합의 수도 엄청나게 늘어난다.

제7장에서 우리는 특정 목적의 데이터 베이스 사용이 여러 형태의 데이터를 처리할 때 발생하는 어려움을 어떻게 완화하는지 살펴보았다. 마찬가지로 객체 지향적 프로그래밍을 사용함으로써 대상과 대상의 행동을 관장하는 오퍼레이션 사이의 우연한 충돌을 줄일 수 있다. 예상된 행동을 시스템에 연결하는 대신 문제의 대상과 연결함으

로써 이 새로운 접근방법을 사용하는 프로그램은 새로운 대상——
예를 들면 새로운 청구 협정과 같은—— 이 나타날 때마다 전체적
인 변용을 할 필요가 없다. 과거에는 더 전통적인 계획이라는 명목
하에 지구적 규칙이 하나씩 첨가됨에 따라 예상치 못한 충돌도 늘어
났었다.

일상생활이 제시하는 선택방법의 숫자는 수학적인 측면에서 볼 때
위압적으로 느껴질 수도 있지만 그 문제는 해결할 수 있는 것처럼 보
인다. 인간의 결정방법에 대해 연구하는 심리학자들의 의견으로는,
인간은 스스로 익숙한 방법에 의지한다고 한다. 지구적 규칙에 근거
한 프로그램과는 달리, 인간의 지능이 세계적으로 최적의 조건을 찾
아헤매는 경우는 거의 없다. 대신 우리는 대체적으로 최상이 아닌,
단순한 만족상태에 도달하거나 주어진 문제가 해결될 때 추구하는
행동을 멈춘다.

기념비적인 저서인 《부모와 자녀 사이에서(Between Parent and
Child)》에서 심리학자인 카임 지노(Chaim Ginott)는 부모들에게 자
녀가 자신과 자신의 목적을 위해 사용하려고 하는 대상물과의 교제
(associations)를 강화하라고 권유한다. 예를 들어 그는 『그 의자 위
에 올라서면 안 된다』라는 표현보다는 『의자란 앉기 위해 있는 물건
이다』라는 말을 선호한다. 전자가 단 하나의 상황을 겨냥하는 표현
인 반면, 후자는 바람직한 인간교육을 확립한다. 자연은 대상물과
우리의 삶에서 수행하는 대상물의 역할을 연결하도록 우리를 길들인
다. 예를 들면 그림을 벽에 거려는 결정을 하자마자 손에 망치를 드
는 자신을 상상할 수 있을 것이다.

지구적인 것에 대립되는 대상 중심적인 구조물을 사용하는 것은
소프트웨어와 어떤 관련을 갖는 것일까? 전통적인 프로그래밍 방식

에서 두 개의 숫자를 곱하는 과정은 다음과 같다.

$$\text{Let } a = 5$$
$$\text{Let } b = 6$$
$$\text{Let } c = ab$$

이것은 다시 말하면 『하나의 레지스터(register)에 「5」를 넣고, 「6」을 또 하나의 레지스터에 넣고, 이 두 개의 레지스터에 들어 있는 내용을 처리하는 곱수를 말하라』는 내용이다. 「c=30」이 정답이다. 물론 숫자 계산을 위해서는 그리 나쁜 방법이 아니다. 그러나 오늘날의 소프트웨어는 전화통화에서 엘리베이터에 이르기까지 다른 항목들도 모두 처리해야만 한다.

심지어는 「간단한」 곱셈조차도 그와 관계된 양적인 전형에 의존한다. 예를 들면 렌치에 의한 염력(torque)을 계산하는 데는 손잡이에 가해진 힘의 회전방향이 필요하다. 그리고 3만 2,000과 3.2×10^3은 같은 양을 나타내지만, 이 두 가지 표현은 서로 다른 곱셈 법칙에 따른 것이다.

데이터의 형태가 다양해질수록 복잡한 프로그램의 변경에서 비롯되는 각 데이터의 프로세싱 기능을 유지하는 일은 더욱 어려워진다. 객체 지향적 접근방법은 새로운 대상물과 접촉할 수 있는 오퍼레이션을 모두 수정하기보다는 단순히 특수한 운용규칙을 덧붙일 뿐이다. 그렇게 되면 각 오퍼레이션은 새로운 상황과 마주할 때마다 어떤 식으로 대처해나가야 하는지 자동적으로 알게 되는 것이다.

만일 비서에게 『「이것」을 샌디의 사무실로 보내달라』는 부탁을 한다면 그녀의 행동은 「이것」이 지시하는 대상의 특징에 의존하게 될 것이다. 그녀는 그것의 무게, 파손 가능성, 가치, 또는 긴박성 여하에 따라 그것을 우편으로 보낼 수도 있고, 팩스로 보낼 수도 있으며, 운반인을 부르거나 어쩌면 그녀 스스로 운반할 수도 있다. 그러나 발송하는 일에 대해 여러 가지 소모적인 검토를 시도하는 대신, 우리는 무거운 책상을 운반하는 일에서부터 편지 한 장을 우편이나 팩스를 통해 보내는 일에 이르기까지 대상과 작용 사이의 연합에 의존한다.

따라서 객체 지향형 프로그램을 위한 코드는 여전히

Let a=5
Let b=6
Let c=ab

라고 읽겠지만 그 기저에 깔린 오퍼레이션은 앞의 경우와 비교할 때 현저히 다른 면모를 보일 것이다. 위의 명령에 대한 객체 지향적 실행 프로그램은 a와 b의 레지스터에 위치한 대상에게 스스로 서로를 곱하고 그 결과를 c 레지스터로 발송하라는 메시지를 보낼 것이다.

만일 「a」안의 대상이 하나의 벡터(vector)라면 그것은 스칼라(scalar)와 곱해지고(배의 엔진력이 감소할 때처럼), 다른 벡터들과도 스스로를 곱하는 규칙을 따를 테지만 다른 벡터들과의 덧셈과 뺄셈은 제한할 것이다.

각 대상이 이런 별도의 요소를 감당해야 하기 때문에 처리능력은 낭비되지만, 그러한 투자는 확실성과 유연성을 향상시켜준다. 따라서 새로운 종류의 의료보험 공제를 추가하기 위해 실행 프로그램을 더 이상 수정할 필요가 없다. 어떤 기업에서 종업원들의 건강진단

비용을 부담한다고 가정하자. 여전히 객체 지향적 프로그램의 전자 등록 양식은 「지불내역」을 명확히 밝힐 것을 요구할 테지만, 회사 부담 등록(sponsored registration)은 환자나 보험회사가 아닌 문제의 기업이 건강진단 비용을 지불하도록 조정할 수 있을 정도의 판단력을 가질 것이다.

이 객체 지향형 접근방법이 또 다른 지불방식으로 야기될 수도 있는 별도의 복잡성을 어떻게 막아주는지 살펴보자. 회사측이 부담하는 데 필요한 모든 절차는 그 「대상」 안에 포함되어 있기 때문에 통일된 단일 프로그램이 모든 일을 맡을 경우 발생할 수도 있는 오류, 즉 다른 청구내역들을 뒤죽박죽으로 만들어버리는 위험을 피할 수 있다.

오늘날 미들웨어와 객체 지향적 프로그래밍과 같은 소프트웨어의 발달은 이리저리 흩어진 과거의 구성요소들을 통합한 비즈니스 시스템을 형성할 수 있도록 해준다. 그러나 그 너머에는 해결해야 할 과제가 산적해 있다. 미래를 전망해볼 때 각 소비자의 일상생활을 포함한 사회 전반에 걸쳐 훨씬 높은 수준의 시스템 통합을 예상할 수 있다.

전자 집사

몇 년 이내에 가정용 기구 목록에 데이터 포트가 포함될 것으로 예상된다. 오늘날의 낯익은 전기 코드와 마찬가지로 각 VCR, TV, 전화기, 에어컨, 그리고 도난 경보기 등은 제6장에서 언급한 「홈 네트워크」를 통해 정보를 교환할 수 있도록 공용 코드 구멍에 연결될 것이다. 그리고 시간이 지나면서 전기 스위치, 자동 온도조질 징치, 그리고 커피메이커와 같은 작은 품목들도 자연스럽게 홈 네트워크에 연결될 것이다. 그렇게 되면 사용자는 부재 중에도 모든 기구들을 조정할 수 있다. 게다가 자동차 안에 설치된 컴퓨터와 같이 전선으로 연결되지 않은 기구들도 무선 링크를 통해 같은 네트워크에 편입될 것이다.

소파에 길게 누워 자동차정비 특별 서비스 광고를 TV로 보면서 자리를 뜨지 않고서도 마지막으로 브레이크 점검을 받고 난 이후의 주행거리를 알아볼 수도 있다. 너무 먼 미래의 이야기일까? 만약 특정 업무를 단독으로 처리하고 다른 장치와는 연결되지 않는 독립형 시스템에 안주하고 싶다면 그럴 수도 있다. 방법은 이 시스템과 함께 수백 가지의 다른 시스템들을 장만하는 것이다. 어찌되었든 위의 경우에 자동차에 내장된 데이터 저장 시스템에 접근하는 방법을 기억해야만 한다면, 서랍에 가득한 옛날 수리대금 청구서들을 뒤적이는 것 또한 상상할 수 있는 일이다.

바로 여기에 시스템 통합에 도전하는 이유가 있다. 위의 인물이 보유하고 있는 PC가 TV의 음성방식 원격조정을 통해 요구사항을 잘 처리한다고 가정해보자. 요구가 발화되는 지점에서 PC까지, 거기서 홈 네트워크를 거쳐 전화기까지, 다음에는 공용 네트워크를 거쳐 자동차의 셀 방식 전화기까지, 그리고 마지막으로 자동차 자체의 네트워크를 거쳐 자동차의 컴퓨터로. 산업 분석가들이 이처럼 복잡한 일을 처리하는 데 도움을 주게 될, 앞에서 언급한 미들웨어의 중요성을 인식하고 있는 것은 당연한 일이다.

단순화시킨다는 측면에서 보면 미들웨어는 컴퓨터 오퍼레이팅 시스템이 하위단계에서 하는 것과 비슷한 작용을 한다. 우리는 오늘날 PC 윈도에 나타나는 메뉴 항목을 선택할 때 문제의 파일이 어디에 저장되어 있는지 또는 데이터 경로가 어떻게 진행되는지에 대해 의문을 품을 필요는 없다. PC의 오퍼레이팅 시스템이 그러한 세부적 문제를 알아서 처리하기 때문이다.

미들웨어는 이러한 방식으로 좀더 전체적인 단계 —— 특히 개별적인 기계, 데이터 베이스, 그리고 그것들을 이어주는 다중 네트워크의 얽히고 설킨 문제 —— 의 세부적 사항을 사용자 대신 처리해 준다. 사용자는 자신의 목적에 가장 적합한 적용 패키지에 대한 생각만 하면 되는 것이다. 특히 그런 응용 프로그램 가운데 일부는 고객을 위해「지능을 갖춘 대리자」의 역할을 수행하게 될 것이다.

지능을 갖춘 대리자는 사용자의 행동으로부터 얻은 인터페이스에 기초해서 움직인다. 최근의 예를 하나 들어보면, 어떤 대중적인 워드 프로세싱 프로그램은 사용자가 새 조판의 오른쪽 윗부분에 처음의 철자 몇 개를 두드려 넣기만 하면 완전한 어드레스를 산출해내기도 한다.

미래에는 지능을 갖춘 대리자가 측정할 수 있는 행동 범위가 상당히 넓어질 것으로 전망된다. 가정용 도난경보 목적으로 이미 이용되고 있는 환경 감지기로부터 나오는 데이터를 생각해볼 때, 초대된 손님과 불청객을 가려내는 응용 프로그램을 마음 속에 그리는 것은 그리 대단한 상상력을 필요로 하지 않는다.

나는 21세기의 가정을 관리할 그 유용한 조수를「PC」가 아닌 다른 이름으로 명명하고 싶다. 어쨌든 그 때가 되면 거의 모든 것은 컴퓨터가「될」것이다. 그렇다면 21세기의 마이클이라는 이름의 자택 소유자와 그가 고용한 전자「집사(home assistant)」의 하루를 생각해 보자.

그러한 전자 집사는 대부분의 경우 음성으로 응답할 것이다. 따라서 마이클은 집사의 목소리를 선택함으로써 자신과 그「가정용 관리 시스템(home helper)」과의 관계를 시작하게 된다. 영국적인 신중함과 다감스러움이 느껴지는 억양을 좋아하는 그는 리처드 버턴(Richard Burton)을 목소리의 모델로 선택한다. 「버턴」은 계속해서 마이클과 대화하면서 개인 비서와 가정부의 이중 역할을 수행한다.

비서의 역할을 수행하는 「버턴」은 일시적인 중단 명령을 받지 않는 한 모든 사람들의 소재와 활동범위를 추적한다. 또한 집 안의 기구나 장치의 상태를 제어하는 데이터 베이스와 수시로 접촉한다. 그 데이터 베이스는 오디오, 음파 탐지기, 그리고 각 방에 설치된 감지기로부터 받은 비디오 데이터를 분석하는 센서 프로세서로부터 보내오는 내용을 차례로 수신한다.

지능을 갖춘 자명종의 역할도 하는 「버턴」은 잠자는 마이클의 호흡과 움직임을 모니터하는 센서 데이터를 분석함으로써 마이클이 언제 잠을 자고 언제 깨어나는지를 알게 된다. 잠에서 깨면 마이클은 가장 신뢰하는 하인에게 하는 『오늘 어떤 옷을 입는 것이 좋을까?』와 같은 질문을 버턴에게 던질 수 있다.

「버턴」은 배달로봇 서비스를 통해 의류를 세탁소에 보내는 일 이외에도 세탁물을 빨고 옷장에 걸고 마이클의 화장대 서랍을 가지런히 정리하는 일을 맡은 가사용 로봇의 통제를 담당한다. 그러한 감독관의 역할에서 얻어지는 정보는 일기예보, 마이클의 일정, 그가 가장 좋아하는 차림새, 그리고 과거에 마이클이 입었던 옷에 대한 완전한 기록과 결합되어 버턴의 답변을 형성하게 된다. 「버턴」의 대답에 만족하지 못할 경우 마이클은 자신이 만날 사람들이 자신의 어떤 신사복 차림을 이미 보았는지, 그랬다면 그것은 언제였는지 등에 관해 더 자세히 조사하고 물어볼 수도 있다.

살림꾼으로서의 「버턴」은 손님들이 올 경우에 대비해서 필요한 사항에 대해 조사하는 일은 물론, 마이클이 부엌에서 준비되고 올려지는 식사에 대해 만족하는지 확인한다. 「버턴」은 기계가 고장날 가능성에 대비해 가정용 기구의 수리와 점검을 조처하기도 한다. 또한 가정용 재화와 용역을 공급하는 상인들과 거래하면서 각 거래의 질을 면밀히 따져보고 지불을 조처하며, 마이클에게 제때에 올바른 상황보고를 한다. 만일 「버턴」의 기능에 이상이 생기면 네트워크 내의 다른 기계에 있는 보완 프로그램이 그의 자리를 대신할 준비를 항상 갖추고 있다.

비서로서의 「버턴」은 복잡한 세계에서 도움 없이 살아가는 인간에게 일어날 수 있는 혼란의 대부분을 처리해준다. 모든 영수증, 서약서, 그리고 계산서를 확인하는 버턴은 그러한 항목에 대해서도 완벽한 온라인 기록을 유지한다. 필요할 경우 이 데이터는 세금 계획서, 의료보험 청구서 등에 즉시 활용할 수 있다. 따라서 마이클은 『온수 가열기 영수증을 어디에 두었지?』와 같은 질문에 대해 즉각적인 답변을 얻어낼 수 있다. 장치를 구입한 지 몇 년이 지났는가는 아무런 문제가 되지 않는 것이다.

이러한 환상극을 계속 진행해나가는 대신 현실에 대해 숙고해보자. 시나리오외 가 품목——센서, 작동기, 그리고 그것들의 작업을 지원하기 위해 필요한 네트워크화된 컴퓨팅——은 21세기 초반에나 가능할 것처럼 보인다. 우리가 앞에서 살펴본 미들웨어 프로그램처럼 소프트웨어는 21세기의 가정에 필요한 갖가지 기구, 데이터 베이스, 그리고 그 밖의 여러 가지 인공물과 음성으로 조종하는 「집사」를 연결시켜주어야만 한다. 움직이기 간편한 종합 패키지 안에 들어 있는 이런 기능은 매력 있는 상품이 될 것이다. 「버턴」과 그의 동료들이 실제로 출현하게 될 경우 『도대체 그런 테크놀로지가 누구에게 필요할까?』라고 묻는 사람이 과연 몇 명이나 되겠는가? 물론 집안일을 하고 싶어하는 사람들을 제외하고서 말이다.

스마트 카드

나는 종종 모든 주민의 이름을 알고 있는 공무원과 자영업자들이 봉사하는 작은 마을을 닮은 환경을 그려본다. 물론 촌락에서의 생활이 모든 사람들에게 적합한 것은 아니다. 대부분은 개인적인 선호도와 상황에 따라 편의와 사생활 사이의 균형을 선택한다. 따라서 만일 자신이 포르노 비디오를 빌려본다는 사실을 「모두」가 알고 있다는 생각과 같은 개인적인 문제가 걱정된다면 내가 묘사할, 편리한 사생활보호 선택권에 가담하는 시스템에 대해서는 안심해도 좋을 것이다. 미래의 통합된 세계에서 생활하는 거주자들은 사생활을 침해 받지 않고서도 각 개인을 위해 작은 촌락이 전통적으로 제공해온 이익을 누릴 수 있다.

편리하다는 점 외에 현대의 도시 환경은 특별한 요구에 대해 거의 용납하지 않는다. 예를 들어, 내가 아주 어렸을 때 미국으로 이민 온 나의 부모님은 영어권 환경에 적응하는 데 많은 어려움을 겪었다. 게시판을 읽거나 방향을 물어볼 수도 없었던 그들은 간단한 용무를 보는 것조차 거의 불가능했다. 그런데 전자 인터페이스가 확산됨에 따라 오늘날의 테크놀로지는 과거의 그러한 장벽을 상쇄시킬 수 있다. 그런 맥락에서 여러 나라 문자를 표시하는 이스라엘의 ATM을 생각해보자. 구소련으로부터 망명한 여성이 그녀의 카드를 이스라엘 ATM 기계 안에 밀어 넣으면 스크린에는 헤브루어 대신 키릴어로 된 사용방법이 나타난다. 이 경우 ATM 카드는 소유자의 구좌번호뿐만 아니라 그녀의 언어까지도 확인하는 것이다.

　그러나 그것은 시작에 불과하다. 세계에서 가장 성공적인 PC 소프트웨어 회사의 창립자인 마이크로소프트의 빌 게이츠(Bill Gates)에게는 미래의 신용카드가 지갑용 PC 이상도 그 이하도 아닌 것으로 생각될지도 모른다. 그는 〈뉴욕 타임스〉와의 최근 인터뷰에서『비행기에 탈 때 그냥 걸어들어가면 비행기는 당신이 누구인지 알게 됩니다』라고 말했다. 다시 말하면 그 장치는 근처의 근무자들에게 스스로를 확인시키고, 그것을 소유한 사람의 신원확인 내용을 조심스럽게 결집하고, 그 소유자를 대신하여 단거리 무선 링크를 거쳐 전송한다.

　지갑 크기만한 PC 휴대를 망설이는 사람들에게는 앞에서 언급한, 최근에 등장한 전자 스마트 카드를 생각해보라고 말하고 싶다. 요즈음 흔히 사용하는 평범한 신용카드처럼 보이는 스마트 카드 가운데는 이미 링크화된 컴퓨터 칩이 내장된 것도 있다. 카드가 키보드와 디스플레이가 있는「판독기」안으로 들어가서 결합하면 완전한 기능을 갖춘 PC로 탈바꿈하는 것이다. 그리고 그런 결합은 카드 소유자에게 그것이 갖고 있는 모든 정보를 조사하고 사용할 수 있는 권한을 부여한다.

　일반적인 노트북 컴퓨터를 능가할 정도의 메모리 용량이 내장되어 있는 그러한 카드 하나로 현재의 수많은 플라스틱 카드를 모두 합친 것보다 더 많은 기능을 수행할 수 있다는 것은 어쩌면 당연한 일이다. 그러나 여전히 어떤 데이터는 다른 곳에 존재하는 게 나을 때가 있다. 예를 들어, 의료 기록에 대해 생각해보자. 스마트 카드는 여태까지 찍어온 모든 흉부 X레이 사진의 고해상도 회상을 저장하는 것이 아니라, 단순히 담당의사가 그 전자판 사본을 구할 수 있는 방법과 그 사진이 보관되어 있는 장소를 기억한다.

신뢰도는 어떨까? 네트워크화된 컴퓨터와 분포된 파일 덕분에 중요한 정보가 사라지거나 도난당할 염려는 없다. 하나의 시스템이 고장을 일으키면, 비상사태에 대비해서 자동적으로 계속 보관해온 보완 데이터를 사용함으로써 다른 시스템이 그 자리를 대신하게 된다. 정보의 도난을 막기 위해 스마트 카드 시스템은 사용자들로 하여금 카드 소유자의 목소리나 지문을 통한 신중한 신원확인을 할 수 있도록 도와준다. 마지막으로 만일 카드 자체를 분실할 경우 소유자는 단지 의사의 컴퓨터로 연결되는 전화 라인을 통해 다소 긴 신분증명 절차를 밟으면 되는 것이다. 물론 완전한 것은 아무것도 없다. 하지만 그러한 시스템을 사용한다는 것은 종이로 된 기록을 저장하거나 발송하거나 관리하는 것보다 당연히 나은 방법이 아닐까?

셔츠 주머니에 들어갈 만한 크기의 그러한 장치들이 대규모 데이터베이스에 개인의 의료기록이 집중적으로 몰리는 것을 막지 못할지는 모르지만, 넓게 분포된 시스템과 마찬가지로 매끄럽게 작동하는 것은 사실이다. 각 병원은 네트워크와의 접속이 가능한 데이터베이스 시스템에 의료기록을 보관하면서 합법적인 문의자에게 정보를 제공할 수 있다. 필요한 허가 코드는 기본적인 의료 데이터, 보험보상 범위 등과 함께 각 환자의 지갑 안에 들어 있을 것이다. 또한 스마트 카드는 일반적인 은행 신용카드로도 사용할 수 있다. 따라서 즉각적인 상환을 원하는 보험회사에 돈을 지불할 수 있을 뿐 아니라 세금에 관계된 전자 영수증을 정리해 보관할 수도 있다.

눈과 귀

사용자에게 편의를 제공하는 이러한 시스템이 점차 향상되면 지금과는 전혀 다른 새로운 응용이 개발되어야 할 것이다. 딕 트레이시(Dick Tracy)의 팔찌 라디오가 등장한 이후 전화기를 휴대한다는 것은 대부분의 전위적인 공상소설에서 흔히 볼 수 있는 장면이었다. 그러나 기존의 테크놀로지를 조금만 더 확장하면, 만화가들이 간과한 특징을 더함으로써 현실이 소설적인 허구의 세계를 추월하는 것도 충분히 가능한 일이다.

회의에 참석하기 위해 짐을 꾸리면서 어떤 마이크로폰을 휴대해야 할지를 결정하는 21세기의 상황을 생각해보자. 오늘날의 손목시계가 그렇듯이 미래의 마이크로폰 또한 개인용 장신구가 될 것이다. 미래에는 많은 사람들이 하나의 마이크로폰이 내장된 옷핀, 허리띠 버클, 브로치, 또는 넥타이핀보다는 몸의 여러 부분에 여러 개의 마이크로폰을 착용하게 될 것이다. 그렇게 함으로써 생겨나는 연합력은 마치 오늘날 전자적으로 조종되는 레이다 안테나들이 공중을 향한 것과 마찬가지로 관심 대상이 있는 곳의 음향 배열을 겨냥할 수 있도록 서로의 전지출력을 상관시킬 것이다.

이러한 장치를 모두 한데 연결하면 옷을 입는 데 상당히 불편할 수도 있겠지만, 각 마이크로폰 패키지에는 극미 라디오 트랜스미터가 내장되어, 주머니나 백 속에 있는 지갑 크기의 셀 방식 전화기에 연결될 것으로 예상된다. 당연히 회의에 참석하려는 사람은 무선 이어폰도 휴대할 것이고, 따라서 홈베이스와의 송수신 겸용 링크가 형성되는 것이다.

오디오 장치와 연결하는 데는 사용자의 안경 한 구석에 장착되는, 홍채 크기쯤 되는 한 쌍의 비디오 카메라만 있어도 충분할 것이다. 마이크로폰과 마찬가지로 한 쌍의 비디오 카메라에는 라디오 송수신기가 내장될 것이며, 이는 지갑 크기의 중계 전화기를 거쳐 홈베이스로 연결될 것이다. 따라서 홈베이스의 컴퓨터는 사용자가 대하게 되는 사람과 사건들을 「볼」수 있고 「들을」수 있게 되며, 연속 회의(repeat meetings)에서 프롬프터(prompter) 역할을 수행하기 위해 정보를 저장한다.

이름이나 얼굴을 기억하지 못하는 일벌레 과학자에게는 엄청난 득이 아닐까? 시간이 지나면서 각 시스템은 사용자의 축적된 경험에 비례해서 광대한 비디오 도서관을 형성하게 될 것이다. 그렇게 되면 사용자들은 메모리에만 의존할 필요가 없다. 사용자들은 프롬프터 컴퓨터의 연출로 롤러덱스(roladex : 명함첩)와 같은 풍부한 주소록의 도움을 받을 수 있게 되는 것이다.

예를 들면 어떤 사용자는 그의 홈베이스 프롬프터에게 『만나서 반갑습니다』라고 인사를 건넨 어떤 얼굴을 특별히 기억하라고 명령할 수도 있다. 그에 대한 응답으로 프롬프터의 역할을 수행하는 컴퓨터는 「성문(聲紋 : voice-print)」데이터베이스에 저장된 음성 샘플과 같은 정보원에 대한 조회를 거쳐 과거의 대화에서 들은 이름과 문제의 얼굴과의 연결을 시도할 것이다. 동료 참가자의 이름표를 훔쳐보려고 이리저리 시선을 움직이는 것보다는 훨씬 나은 방법이 아닐까?

프롬프터 컴퓨터는 같은 기계에서 움직이는 또 다른 프로그램인 「비서」와의 연결을 통해 손님들의 리스트, 약속 예정표, 그리고 신원을 확인하는 데 도움이 됨직한 여러 가지 목록들을 읽을 것이다.

어쨌든 컴퓨터의「눈」에 비친 인간들의 얼굴은 서로 비슷해보이지 않겠는가! 그렇기 때문에 별도의 정보가 필요한 것이다.

청하기만 하면 원하는 것을 얻을 수 있게 해주는 테크놀로지의 이러한 도움으로, 사용자는 특정 얼굴과 일치할 가능성이 가장 높은 이름을 얻기 위해 단지 대용의 암호구(code phrase)를 말하기만 하면 된다. 확신이 서지 않는 경우에는 프롬프터가, 그 사람과 사용자가 마지막으로 어디에서, 어떻게 만났는지 상기시켜줄 수도 있다. 그렇게 되면『이봐요, 지난 주에 자이언트 구장에서 만났었지요?』와 같이 말할 경우 범하게 되는 상대방의 신원에 대한 오판을 방지해주는 좀더 품위 있는 방법이 되지 않을까?

좀더 실용적인 면을 살펴보면, 학생들은 강의와 세미나, 그리고 심지어는 비공식 토론과 관계된 자료를 유지하는 데 그와 같은 시스템을 이용할 수 있다. 이미 강의 노트 대신 노트북 컴퓨터를 이용하는 학생들이 많아진 오늘날, 비디오 클립을 더한다는 것은 지나친 비약만은 아닌 것이다. 게다가 21세기를 살아나갈 사람들이「정보」로 다가가기 위한 모든 수단들을 따져볼 때,「전문적 지식」에 대한 중요성은 더욱 커질 것이다. 사람들이 서로의 지식을 공유하도록 돕는 것은 가치 있는 투자인 것이다.

리무진 네트워크

시스템 통합이 개인의 생활을 개선시키는 데 도움을 주는 것과 마찬가지로, 천칭의 다른 한쪽 끝——인간 사회가 의존하고 있는 물리적인 기본시설——에도 같은 원리가 적용된다. 예를 들어, 밑그림 단계에 있는 대량 수송수단에 대한 계획이 하룻밤 사이에 현실로 이루어졌다고 상상해보자. 그것이 우리의 모든 교통문제를 해결해줄 것인가? 나는 그렇다고 생각하지 않는다. 어쨌든 미국을 포함한 대부분의 산업화된 사회의 주택단지는 반 세기 이상에 걸쳐 자동차들과 공존해왔다. 전용 주차장도 없고 고속도로와도 멀리 떨어진 사무실용 빌딩, 공장, 학교, 교회, 또는 쇼핑 센터를 상상할 수 있겠는가? 일반적으로 대량 수송수단으로 출근하는 교외 통근자들조차도 자동차를 타고 지역 정거장으로 가야 하는 것이다.

이러한 상황에서 이른바 자동차와 연애하는 미국인들을 나무랄 수 있는 것일까? 빗속에서 버스 정거장까지 지루한 길을 걸어가고 싶은 사람은 없지 않은가? 따라서 자동차의 숫자는 수용할 수 있는 도로나 주차공간보다 더 빠른 속도로 증가한다. 내가 사는 뉴저지 주의 경우만 하더라도 1980년대의 10년 동안 30만 대의 자동차가 늘어난 데 비해 도로망에서는 이렇다 할 변화가 없었다. 교통사정이 점점 더 나빠지는 것은 당연한 일이다.

하지만 나는 수송기관에 시스템 통합을 적용할 수 있다고 믿는다. 그렇게 되면 「일터로 가는 것」은 단지 컴퓨터를 이용한 자택근무와 아침 저녁으로 겪어야 하는 교통지옥 사이의 선택권만을 제시하지는 않을 것이다. 알맞은 기술과 제대로 된 계획에다 약간의 운만 따른다면 모든 지표면을 콘크리트로 덮지 않고서도 오늘날의 고속도로 정체를 극복하는 것은 충분히 가능한 일이다.

내가 제시하는 계획안은 본질적으로 통근자들에게 운전기사가 딸린 리무진에 버금가는 서비스를 제시함으로써 그들의 자동차로부터 떼어놓는다는 것이다. 물론 거기에는 계책이 있다. 리무진 서비스의 가격을 부담스럽지 않은 적정한 수준으로 유지하려면 각 리무진을 이용하는 승객들의 수가 많아야 한다. 그러나 테크놀로지는 그러한 부담을 현저히 완화시킬 수 있다. 문제의 해결과정을 살펴보도록 하자.

당신이 고객이라고 가정하자. 당신은 운송 서비스 센터에 연락해서 당신의 이름, 목적지, 그리고 일종의 전자 신용장을 보낸다. 조차원은 불과 몇 분이 넘지 않은 배차간격을 알려주며 선택시간을 물어온다. 당신은 집을 나서는 데 필요한 것을 챙길 시간이 충분한지 확인해보면서 적당한 시간을 선택한다. 왜냐하면 리무진은 정확히 약속시간에 도착할 것이며, 그것을 기다리게 하는 데는 상당한 부가 요금이 추가될 것이기 때문이다.

리무진이 제시간에 도착한다. 등과 발받침을 앞뒤로 조절할 수 있는 안락한 좌석이 마련된 호화로운 밴(van)이다. 당신이 밴에 올라타고 자리에 앉으면 운전사는 판독기로 당신의 신용카드를 읽는다. 밴이 속도를 내기 시작하면 당신은 키를 두드려 즐겨 마시는 음료수를 주문하고 신문을 읽는다거나 다른 승객과 잡담하면서 편안한 자세를 취한다.

운전사는 당신이 첫번째 환승지점으로 향하는 동안 승객들을 태우고 내리기 위해 여러 번 정차한다. 당신의 앞에 있는 패널은 당신이 환승할 시간과 당신의 여행에 대한 예상 소요시간을 알려준다. 신호음이 울려 살펴보니 일정이 변경되었다고 알려온다. 평소에는 두 번 하던 환승이 오늘은 한 번으로 충분하다. 노선을 정하는 시스템이 오늘 아침 당신을 직장까지 데려다 주는 좀더 빠른 길을 방금 찾아냈기 때문이다.

지정된 지점에 밴이 접근하자 당신이 갈아탈 자동차가 특별한 표시가 되어 있는 곳에 멈춰 서 있는 게 보인다. 그 차의 승객 두 명이 당신 뒤에 오는 밴을 기다리기 위해 지붕 있는 벤치로 나가가고 있다. 환승에는 신호등이 바뀌는 정도의 시간이 소요될 뿐이다.

　이러한 시스템의 성공은 승객들을 매끄럽게 환승시킬 수 있는 능력에 달려 있다. 어쨌든 저렴한 비용으로 문 앞에서 다른 문 앞까지 직접 데려다 주는 서비스를 마다할 사람은 얼마 되지 않을 것이다. 그렇다면 어떻게 「조차원(인간 또는 컴퓨터)」이 이렇듯 매끄러운 환승을 만들어낼 수 있는 것일까? 이는 모든 차량의 위치, 모든 승객들의 개별적인 목적지, 그리고 교통상황에 대한 신속하고 완전한 정보와 문제의 서비스업이 지닌 내부적 구성요소를 통해 가능하다.

　대체로 그러한 시스템의 구성요소만큼은 이미 가까이에 있는 듯하다. 위성을 이용한 위치탐사장치는 길이 12m 이내의 차량 하나하나의 위치를, 지구상의 어느 곳에 있든지 정확히 나타낼 수 있다. 그 기계장치는 여전히 엄청난 가격이긴 하지만, 일본에서는 이미 수천 대의 자동차가 이용하고 있다. 일반 전자제품의 가격이 계속 내려가고 있는 상황을 볼 때, 몇 년 이내에 위치탐사장치의 가격이 고급 CD 플레이어의 가격과 비슷해질 것이라는 예상을 할 수 있다. 물론 그때가 되면 새 차를 구입하는 사람에게는 위치탐사장치가 CD 플레이어 만큼이나 흔한 물건이 될 것이다.

　현재의 오퍼레이션 방식에서는 각 차량에 내장된 자동조정장치가 전자식으로 저장된 적절한 도로지도를 불러내 계기판 화면 위에 관심 지역을 설정한다. 운전자가 목적지를 선택하면 시스템은 길을 정하고, 컴퓨터에서 산출되는 음성 언어로 운전자를 돕게 된다. 『오른쪽에는 극장이 있습니다. 다음 교차로에서 좌회전할 준비를 하십시오.』운전자가 잘못된 방향으로 접어들면 시스템은 잠시 기다리다가 (핸들을 돌리고 있는 운전자가 동요하지 않도록) 바른 길로 자동차를 되돌리기 위한 적절한 지시를 내린다.

이런 유용한 기술을 염두에 두고 생각할 경우 미래의 택시 회사들이 운영방식을 어떻게 개선해야 하는지 쉽게 상상할 수 있다. 오늘날 조차원이 상처투성이의 송수신 겸용 무전기로『지금 위치가 어딥니까?』란 말을 얼마나 자주 되풀이하고 있을지 상상해보라. 차량에 탑재된 자동조정장치가 변화를 가져올 수 있다. 길을 잃는 경우도 없을 것이고, 도로 위에서 낭비되는 시간도 줄어들 것이다. 조차원들은 서로 다른 길 위에서 각 택시가 보내는 차량 진행상황에 대한 보고를 접수함으로써 정체지점을 알아채고 택시 운전자들로 하여금 우회할 수 있도록 해준다.

이와 같은 시스템을 밴 서비스에 적용할 경우, 위치탐사장치는 택시의 경우와 마찬가지로 각 차량의 위치를 중앙 정보저장 컴퓨터로 보고할 것이다. 이 정보저장 컴퓨터는 인간 조차원에게 여러 가지 정보를 제공한다. 그리고 시간이 지나면서 대부분의 조차업무를 대신할 수 있는 시스템으로 발전하게 될 것이다. 인간 조차원이 택시를 타려는 사람과 이용가능한 택시를 1대 1로 연결시켜주는 데는 그리 큰 어려움이 없는 반면, 여러 대의 밴과 여러 명의 승객들이 관계된 계획은 상당히 큰 슈퍼컴퓨터와 대단히 세련된 소프트웨어의 계속적인 주의가 필요할 것이다.

그러나 슈퍼컴퓨터의 가격은 필연적으로 하락할 것이고 소프트웨어의 능력은 더 강화될 것이며, 고속도로의 사용료는 늘 그랬듯이 계속 인상될 것이다. 따라서 정보의 시원스러운 공유는 지금 대부분의 사람들이 겪고 있는, 주차장이 무색할 정도의 정체로 인한 고역으로부터 미래의 교외 통근자들을 해방시켜줄 것이다.

시스템 통합

지금까지 설명한 시스템——전자 집사, 신분 증명 스마트 카드, 눈과 귀, 그리고 리무진 네트워크——은 좀더 광범위한 것의 몇 가지 예에 불과하다. 실제로 현대 생활의 각 상황은 시스템 통합의 기회로 가득하다. 한 문제에 대해 오랫동안 애기하는 대신 기어를 바꾸고 다음 단계로 넘어가도록 하자. 어쨌든 진정한 하모니는 통합된 시스템의 목록만이 아니라 그 이상의 것을 요구할 것이다.

설명을 위해 우선 이 시스템을 사용하는 미래의 누군가가 어느 평범한 하루를 보내면서 만들어낼 수도 있는 상호작용에 대해 생각해 보도록 하자. 예를 들어, 마이클이 갑작스럽게 친구들을 집으로 초대하게 되었다고 가정하자. 우리는 다음과 같은 장면을 생각할 수 있을 것이다.

마이클은 오랜만에 옛 친구 두 명을 우연히 만난다. 사업목적으로 들른 그들과 함께 할 수 있는 시간은 그 날 저녁이 전부이기 때문에 그는 친구들과 함께 그 곳에서 오래 전부터 알고 지내는 몇 사람을 저녁식사에 초대해서 파티를 여려고 한다. 당장 준비해야 할 것이 많아진 마이클은 「가사 보조자(home assistant)」에게 도움을 요청할 것이다.

「가사 보조자」는 마이클과 친구들이 대화하는 도중 손님 명단에 올라 있는 사람들에게 전자 초청장을 띄우고, 초청객들의 기호에 맞는 메뉴를 선택하는 데 제안을 하고, 그들의 숫자에 알맞은 음식을 준비한다. 그러나 아무리 뛰어난 가정부의 도움을 받는다 하더라도 반드시 마이클의 개인적인 주의해야 할 일들이 있기 때문에 예정표에서 별도 항목에 대한 조정이 이루어져야 한다. 예를 들면 집에서 키우는 개를 수의사에게 데려가는 일은 마이클이 직접 참여해야 할 일이다.

이러한 일을 처리하는 과정에 하모니 시대의 테크놀로지는 바로 가까이에서 신중하게 마이클의 명령을 기다리는 조수들로 이루어진 팀을 제공한다. 지금까지 우리는 비서, 집사, 그리고 개인 운전기사의 임무를 수행하는 시스템을 보아왔지만, 시스템의 역할에 더 많은 항목을 보태는 데는 전혀 어려움이 없다. 그러나 내가 강조하고 싶은 것은, 하모니는 그러한 시스템의 많고 적음보다는 그들 간의 협력이 이루어지는 것을 더 중요하게 여긴다는 점이다.

모든 이들의 모든 요구를 만족시키겠다는 목적으로 설계된 거대한 시스템은 자체의 무게 때문에 붕괴되고 만다는 것을 우리는 경험을 통해 알 수 있다. 따라서 하모니 시대의 시스템 통합은 개인적인 생활에서는 물론, 업무에서도 여러 가지 종류의 전자 조수들이 필요하다. 어쨌든 인간은 서로 모순된 시스템 사이에서 우왕좌왕하는 것 말고도 할 일이 많지 않은가.

판매자의 입장에서 보면 미래 교역의 상당 부분은 시스템 통합에 대한 관리와 공급을 수반할 것이다. 우리가 이미 보았듯이 시스템 통합의 기회는 앤더슨 컨설팅과 같은 수십억 달러짜리 기업을 이미 많이 양산해냈다. 그와 동시에 증가하고 있는 정보상품과 시스템 공급자들은 이제 자신의 상품을 통합된 해결방법으로 패키지화한다.

과거에는 대규모 시스템 통합의 가장 성공적인 실례를 단일 판매자들(single vendors)에서 찾아볼 수 있었다. 그 가운데서도 IBM의 시스템 네트워크 구성(Systems Network Architecture)과 벨 시스템(Bell's System)사의 완성(end-to-end) 시스템은 주목힐 만한 실례다. 그러나 미래의 상황은 달라질 것으로 예상된다. 초기의 시스템 통합자들은 정보처리의 상호운용을 책임지기 위해, 마치 자신과의 고독한 시합을 벌여나가듯이 독자적으로 부품을 생산하고 그들 고유의 표준을 세웠지만, 이제 그러한 시절은 완전히 지나간 듯하다.

오늘날에는 고품질의 대안이 도처에 깔려 있다. 현혹적이고 당황스럽기까지 한 선택의 기회가 널려 있는 지금, 시스템 통합 컨설턴트들이 서비스를 위한 시장을 신속하게 찾아내는 것을 의아하게 생각할 필요는 없다. 개별적인 요구에 따라 구입가능한 최고의 구성요소를 결합하고 재단하는 귀중한 서비스를 제공하는 이 시스템 통합자들은 계속 늘어날 것이 확실하다.

물론 그와 동시에 여러 설비 생산자들이 제공하는 통합된 복수 시스템(multivendor offerings) 또한 보게 될 것이다. 두 가지 모두에서 서로 다른 이점을 찾을 수 있다. 판매할 제품을 스스로 생산하지 않는 통합자들은 그만큼 객관적인 입장을 취하게 마련이다. 반면 특정 시스템을 통합하려는 시도는 생산자들로 하여금 새로운 제품을 생산하도록 자극할 수도 있다. 한쪽은 이미 존재하는 것에 대해 좀더 광범위한 목록을 제공해주는 데 반해, 다른 한쪽은 가능한 어떤 것을 제시해준다. 실제로 미리 결정된 이러한 차이점이 들어맞는 경우는 거의 없다. 예를 들어, 앤더슨 컨설팅은 독점적인 소프트웨어를 제작함으로써 시장에서 구입할 수 있는 것 이상의 무엇인가를 제공한다. 그와 동시에 거대한 정보회사들이 채택한 사업부 구조(business-unit structure)는 여러 기업들 사이의 제휴를 좀더 쉽게 만들어준다. 상황에 따라 한 회사의 컴퓨터부는 계열회사가 아닌, 큰 입찰을 준비하는 다른 회사의 네트워킹 장비를 포함할 수도 있다.

내 견해로는 서로의 협력을 가능하게 해주는 제품을 높게 평가하는 시장은 판매자들 사이에 강한 협동심을 고취시킬 것이다. 물론 시스템 통합자들은 일정 단계까지는 서로 경쟁할 것이지만, 자신의 시스템과 다른 공급자의 시스템에 대한 상호운용의 가능성 또한 확보해두어야만 할 것이다. 고립무원의 지경에 빠지는 것을 반가워할 고객은 없을 것이다. 그런 면에서 이 경쟁력 높은, 호환성을 가진 시스템 시장은 앞에서 언급한 경영간부 교육과정을 생각나게 한다. 동료들과 협력할 수 있는 능력을 실제로 발휘하는 사람에게만 밝은 미래가 주어지리라는 것을 잘 알고 있는, 그래서 서로「협력」함으로써 선택과제를 놓고 서로「다투는」중역 후보자들.

과거의 조직인과 마찬가지로 지금도 유리한 고지를 장악하는 데는 협력이 필요하다. 그러나 하모니 시대에는 경쟁과 협동이 공존하는 상황이 단순히 하나의 조직 내부에서 그치지 않고 경제 전반에 걸쳐 발생할 것이다.

우리는 좀더 상호 협력적이고 조화롭게 짜여진 테크롤로지의 구성요소를 토대로 하모니의 마지막 단계 —— 테크놀로지와 자연이 향상된 관계 —— 로 넘어갈 수 있을 것이다.

환 경

인 간의 생명이 지구의 자존 능력에 달린 것과 마찬가지로 산업
화된 문명의 산출물은 자연이 인내하는 한계를 벗어나서는 존
재할 수 없다. 따라서 테크놀로지와 자연 간의 조화에 깊은 관심을
기울여야 한다. 우리가 경제에서 정보의 역할을 얼마나 중요시하는
가에 관계 없이 육체적인 행복은 제조, 에너지, 그리고 교통수단과
같은 상업의 물리적인 특성에 달려 있다는 것은 변함 없는 사실이
다.

  사회가 쓰레기 처리, 교통량 과잉, 그리고 건강의 위협 등에 대한
문제를 해결하기 위해 고군분투하는 가운데 소비자의 불만은 늘어만
간다. 그러나 이러한 부정적인 반응은 긍정적인 메시지를 담고 있

다. 모든 요구의 부정은 잠재적으로는 요구의 긍정과 동일한 의미를 지닌다. 어쨌든 수요는 비즈니스 기회의 씨를 뿌린다. 감히 말하건 대 경제적 문제로 시달리고 있는 대부분의 실업가들은 환경에 대한 관심을 기회라기보다는 손실이라고 생각한다. 그리고 오늘날의 탁상안은 그러한 믿음을 한껏 뒷받침해주고 있다. 정부가 자동차나 과자에서 배출된 찌꺼기 처리비용을 제조업자에게 청구할 경우 어떤 일이 벌어질지 상상해보자. 당장은 그들을 대신해서 다른 누군가가 그 비용을 부담하고 있지만 세상은 변하게 마련이다.

회계 시스템을 바로잡는 데 오랜 시간이 걸릴 수도 있지만, 어떤 사법권——그 중에서도 특히 유럽의——은 이미 이 방향으로 나아가기 시작했다. 어쨌든 우리는 쓰레기를 버리는 데 드는 비용을 지불해야 하며, 경제적 활동으로 파괴되고 있는 천연자원에 대한 대가를 감당해야만 한다. 이러한 비용 중 상당 부분이 규정에 따라 생산자측으로 옮겨감으로써 제조, 출하, 재료의 재이용 등과 관련된 문제점들은 일반적으로 완화된다. 그리고 토론을 해나가면서 알게 되겠지만, 자연환경에 관련된 문제점을 해결하는 데 드는 별도의 노력이 최종적으로는 이득이 되는 경우가 자주 있다. 따라서 테크놀로지와 자연 사이의 간극에 다리를 놓는 것은 유익한 일인 동시에 이익을 얻는 기회이기도 하다.

자연은 모든 물질을 공기, 물, 그리고 빛으로 재정리함으로써 생체공간에 존재하는 온갖 종류의 생물들을 유지시킨다. 더 나아가서 이러한 생물들도 차례로 자신을 유지하기 위해 물질을 재정리한다. 한 그루의 나무는 하층토로부터 수분과 광물질을 빨아들이고 주위의 공기로부터 이산화탄소를 섭취해서 새로운 나무 껍질, 나뭇잎, 그리고 가지로 변화한다. 한 쌍의 개똥지빠귀는 작은 가지를 이용해 둥지를 짓고, 침팬지는 개미를 잡기 위해 가는 나뭇가지에서 나뭇잎을 제거하며, 한 무리의 인간들은 포크스톤에서 칼레를 잇는 터널을 파기도 한다.

인간들은 물질을 목적에 맞게 새로운 모습으로 만드는 능력에서 타의 추종을 불허한다. 부작용을 일으키는 인간 문명의 인공물은 도처에 깔려 있다. 우리가 살고 있는 별이 가진 자원을 마음대로 포식해나갈 경우 우리 눈 앞의 모든 풍경은 파헤쳐진 상처와 쓰레기 더미로 뒤덮이게 될 것이다.

인간들이 물리적 환경에 가하는 충격은 산업화로 인해 가속화되어 왔다. 그리고 현대 기술은 우리의 손아귀에 한층 더 강한 권력을 쥐어주었다. 이 힘은 환경에 대해 부정적인 충격의 위험을 가지고 있는 반면, 과거에 행한 무단횡령에 대한 보상방법을 제시함으로써 새로운 비즈니스 기회의 토대를 마련하기도 한다.

예를 들어, 무지막지한 어획과 무제한적인 하천 개발은 한때 풍부했던 태평양 연어를 멸종 위기로 몰아넣었고, 그 후 몇몇 부화장이 이 아름다운 물고기의 수를 늘리는 데 노력했다. 그들은 매년 강과 시내에 수천 마리의 새끼 연어들을 풀어놓으며 바다로 흘러갔다가 성장해서 다시 돌아오기를 빌었다. 그러나 막상 성장한 연어들이 나타났을 때, 각 부화장은 노력의 대가를 측정하는 데 가장 원시적인 방법밖에는 사용할 수 없었다. 조그만 새끼 연어가 주체할 수 없는 금속 꼬리표를 매단다는 것은 생존을 위협할 수도 있었기 때문이다.

그러나 최근에 와서는 새로운 꼬리표를 다는 기술이 개발되어 그 문제는 거의 해결되었다. 오늘날 미국 서북부의 여러 강에서 발견되는 연어 무리는 자연환경 복구에 내한 인간의 노력이 성공적이었다는 사실을 증명해주고 있다. 그리고 그러한 성공의 상당 부분은 정보의 도움으로 가능했던 것이다.

1970년대 초반 카이스 제퍼츠(Keith Jefferts)라는 이름의 젊은 원자 물리학자를 마주할 기회가 있었던 사람은 아마도 주머니칼로 소나무 못에 얇은 금을 새기던 그의 모습을 기억할 것이다. 제퍼츠의 새김질은 중대한 목적을 갖고 있었다. 그는 사람의 머리카락 두께에 불과한 미세한 스테인리스 철사의 확대 모델을 만들고 있었던 것이다. 제퍼츠는 이것을 스테인리스 실에 적용함으로써 각 감개 분량의 실에 한 가지씩 확인표시를 새겨 넣는 데 성공할 수 있었다. 가장 중요한 것은 그의 코드가 아주 짧은(3mm) 표본만으로도 특정 감개의 스테인레스 실에 대한 확인을 가능케 했다는 점이다.

오늘날 연어 부화장은 제퍼츠가 운영하고 있는 노스웨스트 해양 기술연구소(Northwest Marine Technology)에서 구입한, 코드가 표시된 스테인리스 실을 피하 주사기를 사용해 새끼 연어의 코 연골에 주사한다. 사실 그것은 설명하는 것보다도 쉬운 일이다. 작은 물고기를 손에 쥐고, 물고기의 코 모양으로 움푹 패인 토스터 크기의 박스 한 면에 물고기의 코를 누른 채 발로 페달을 밟으면 되는 것이다. 그런 식으로 물고기에 특정한 표시를 해놓는다. 각 부화장은 다양한 종류의 스테인리스 실을 사용함으로써 물고기의 크기나 방생 시기 또는 방생 장소와 같이 진행과정에서 변동될 수 있는 사항을 나중에 확인할 수 있도록 해주는 표시를 삽입할 수 있다.

계획의 마무리 단계에서는 서북부 지방에 있는 대부분의 통조림 공장에 장치된 자력계를 이용한다. 이 기계는 공항에서 보안 검사를 받기 위해 통과하는 「문틀」과 대단히 비슷한 역할을 한다. 그런 문틀이 주머니 속에 열쇠 꾸러미를 넣은 탑승객에게 반응하는 것과는 달리, 이 통조림 공장에 설비된 기계는 스테인리스 실 조각이 들어 있는 연어가 통과할 때 신호음을 낸다.

신호음을 들은 통조림 공장의 노동자는 연어의 코 부분을 베어내 스테인리스 조각을 꺼내고, 작은 서식에 기입하고, 우편 요금후납 봉투에 넣는다. 그 봉투들은 퓨젓사운드에 있는 아름다운 섬 가운데 하나에 자리잡은 연구실로 배달된다. 그 곳의 기술자는 스텐인리스 실 조각을 회수하고 현미경을 사용해 코드를 판독한다. 이를 통해 특정 부화장은 그 곳에서 내보낸 연어의 크기와 포획 위치를 알게 되며, 통조림 공장의 직원은 계획 과정을 마무리시켜준 데 대한 보답으로 소정의 금전적 보상을 받는다.

그러나 인간들이 손상시킨 자연을 회복시키는 데는 좀더 많은 것들이 필요하다. 환경에 대한 관심이 되살아난 여러 가지 예에도 불구하고, 앞으로도 얼마나 많은 일이 남아 있는지 알아보기 위해서는 동유럽의 딱한 상태를 주시할 필요가 있다.

서로 명확한 차이가 있음에도 불구하고 아름다운 자연경관을 스모그로 뒤덮인 잿더미로 바꾸어버린 계획경제의 관료들은 구식 자본주의 기업에서 대등한 위치에 있는 사람들과 많은 점에서 서로 유사하다. 경제 공황기에 피츠버그의 굴뚝 사진이나 동유럽 국가의 채탄부 사진을 떠올려보자. 만일 차이점이 있다면 그것은 종류가 아니라 정도일 것이다.

이 책에서 우리는 내부 중심적인 서류사무와 외부적인 관심으로부터의 고립 사이의 관계에 대해 살펴보았다. 그 맥락에서 보자면, 상명하달 방식의 5개년 계획에 의거해 산업 토대를 세우고 움직인 동유럽의 관료들은 역사적으로 가장 고립된 사람들임에 틀림없다.

그러나 우리는 이 예에서 국가 계획의 엄청난 실패 때문에 계획

자체의 개념을 간과해서는 안 될 것이다. 계획경제 경영자들만을 만족시키는 데 애쓴 관료주의적인 격리와 마찬가지로, 다른 모든 것들을 도외시하는 이익추구는 역사적으로 막대한 손실을 가져왔다. 영국은 19세를 풍미한 자유 방임주의 시대 동안 「어둡고 흉악한 제조공장(dark and satanic mills)」에 대한 유감스러운 기록을 남겼다. 사려 깊은 관찰자라면 그러한 기록을 통해 경제적 파장의 반대편 끝에서도 얼마든지 환경에 대한 해악이 생겨날 수 있다는 사실을 발견할 수 있을 것이다.

비록 한결같이 발전해나가고 있지는 않지만 계속 커져가고 있는 환경보호에 대한 관심은 대부분 선진공업국가들에서 찾아볼 수 있다. 필요와 기회는 서로 보조를 맞추는 법이다. 소비자들은 삶을 가능하게 해주는 물리적인 환경에 해를 입히지 않는 동시에 생활수준을 유지시켜줄 제공물을 요구할 것이고, 기업은 그것을 공급해주어야만 한다. 책장 가득 환경을 다룬 책으로 채울 수 있을 만큼 환경문제는 인간 활동의 다양한 영역에서 찾아볼 수 있다. 따라서 다음에 전개될 내용에서는 그러한 항목을 모두 언급하기보다는 몇 가지의 실례를 들 것이다. 우리는 각각의 예에서 제조, 재생 이용, 핵에너지, 그리고 운송수단 등 경제와 생태환경을 구성하는 중요 부분에 대해 다루는 동시에 상호 충돌과 개선의 가능성을 진단할 것이다. 무관심한 사람들에게는 오늘날의 환경문제가 지닌 딜레마가 엄청난 돈을 삼키는 수렁으로만 보일 수도 있다. 그러나 과거의 상황을 되새겨보자. 페더럴 익스프레스가 생기기 전에는 과연 몇 명이나 되는 「무관심한 관찰자」가 우편배달에서 사업의 기회를 발견할 수 있었는가? 따라서 환경에 대한 충족되지 않은 요구들을 관찰하는 가운데, 누군가는 분명히 나머지 사람들이 단지 문제라고 여기는 곳에서 이익의 기회를 찾아낼 수 있을 것이다.

무공해 제조

제조 공업의 전 분야가 철저하고 정밀한 검사를 필요로 하지만, 안고 있는 문제점이 크게 다루어지는 경우가 거의 없는 산업분야가 하나 있다. 대체적으로 대부분의 사람들은 그것을 긍정적으로 받아들이기까지 한다. 하지만 몇 가지 알아야만 할 사실이 있다.

좀더 안전한 대용물이 문제를 완화시켰다고는 하지만 이 산업분야에서는 여전히 전 인류를 몇 번이나 죽이고도 남을 만큼의 독극물을 사용하고 있다. 이 독극물은 재생 이용되는 경우가 거의 없다. 유독성 폐기시설로 실려가는 경우도 거의 없다. 그렇다면 그것은 어디로 가는가? 최종 생산물에 남게 되는 소량을 제외한 나머지 대부분은 가까운 수로를 타고 흘러간다. 영향력은 대단히 불안하게 다가온다. 1994년 미국 환경보호청의 보고에 의하면 미국 내 공해의 72%가 이런 유해 방출물로「오염된」강에서 검출되었다고 한다.

또한 이들 화학물질은 이러한 산업에 종사하는 사람들에게 대가를 요구하기도 한다. 일반인보다 많은 운동량과 적은 흡연량 덕분에 당연히 건강해야 할 이 노동자들의 뇌암, 골수종, 비호지킨성(non-Hodgkins) 임파 육아종, 그리고 그 밖의 암에 대한 비율은 다른 업종에 종사하는 노동자들과 비교했을 때 현저하게 높았다. 어떤 조사에 따르면 이러한 산업에 관계된 노동 인구의 흑색종 환자 비율은 전체 국민의 약 여섯 배에 달한다고 한다. 치명적인 피부암의 일종인 흑색종은 햇빛에 장시간 노출———이 특정 산업과 관련된 또 다른 위험이다———됨으로써 유발되기도 하지만 갖가지 화학물질 또한 병의 주요 원인으로 작용한다.

너무 작은 산업분야이기에 용서받고 있는 것일까? 전혀 그렇지 않다. 이 분야에 종사하는 노동 인구는 미국 내에서만도 어림잡아 200만 명에 이르며, 연간 생산액은 1,000억 달러가 훨씬 넘는 규모다. 그렇다면 그것은 어떤 산업일까? 이는 다름아닌 식량과 섬유를 생산해내는「농업」이다. 문제의 독극물은 동물과 식물의 생명 유지 과정을 방해하도록 제조된 물질인「살충제」와「제초제」다.

식량생산과 관련된 인공적인 기술의 사용은 고대 메소포타미아 시대로 거슬러 올라가지만 곤충을 막기 위한 화학물질의 사용이 널리 보급된 것은 20세기에 접어들면서의 일이다. 게다가 최근까지 화학물질은 상당히 원시적인 방식으로 사용되어왔다. 이제는 성인이 된 내 아이들의《월드북 백과사전(World Book Encyclopedia)》을 보면 『비산납은 곤충들을 죽인다』라고 쓰여 있다. 그것은 사실이다. 한때는 널리 이용되었던 이 납과 비소의 합성물은 치명적인 화학물질이다.

미국 질병관리국(U.S. Centers for Disease Control)에 의하면, 인체 내의 혈류에 단지 좁쌀만한 크기의 납이 녹아 있다 하더라도 중추신경 조직에는 감지할 수 있을 정도의 영향을 미치게 된다. 물론 납의 양이 많아지면 인간의 생명을 앗아가게 된다. 납이 지닌 엄청난 유독성은 고대 그리스 시대부터 알려진 사실이지만, 1970년대 들어 환경보호에 대한 관심이 일기 전까지 좀더 안전한 대용물을 찾는 연구가 거의 없었다. 방금 언급한 백과사전의 설명이 그 때까지의 현실을 대변하는 것이었다.

최근 들어 상황은 많이 호전되었다. 이제 대부분의 농장주들은 유독물을 원료로 제조되는 살충제 대신 시간이 경과하면 비독성 물질로 분해되는 합성 화학물질을 사용한다. 특히 농약 찌꺼기가 마지막에 가서는 우리의 음식과 식수로 스며든다는 사실을 생각한다면 커다란 진보라고 할 수 있다. 그러나 살충제가 이제 더 이상 중금속 오염의 주된 원인은 아니라 하더라도, 다른 원인들은 여전히 남아 있는 것이다.

비록 연필심에서 치명적인 납이 사라진 것이 한 세기도 더 된 옛날 일이라고는 하지만, 대부분의 사람들처럼 나는 아직도 이 낯익은 필기 도구의 심을 납(lead)이라고 부른다. 연필심은 이후 줄곧 점토와 흑연(graphite)만으로 만들어지고 있다. 따라서 영감을 얻으려고 자주 연필 심을 빼는 사람들은 납 중독에 대한 걱정 같은 것은 하지 말기 바란다.

반면에 우리가 일반적으로 사용하는 배터리의 대부분은 다량의 중금속을 함유하고 있다. 그리고 배터리의 사용은 점점 늘어나는 추세다. 만일 내가 사는 집을 태양전지로 바꾸려면, 가족을 비바람치는 날씨에서 보호할, 최소한 사흘 간 사용할 수 있는 양의 전기를 저장해둘 필요가 있다. 우리 가족은 하루에 보통 약 20kW를 소비하고, 자동차 배터리는 약 1kW의 전력을 저장할 수 있으므로, 우리 집의 태양 에너지 시스템에는 최소한 60대의 자동차에 사용되는 만큼의 배터리가 필요할 것이다. 그러나 배터리는 평균적으로 단지 몇 년밖에 사용할 수 없다. 따라서 대략 계산을 하자면, 태양 에너지 시스템을 이용하려면 몇 주마다 한 개씩의 배터리를 구입해야(그리고 처분해야) 한다는 말이 된다. 우리가 전기 에너지를 저장하는 다른 수단——예를 들면 플라이휠(fly wheel)과 같은——을 찾지 못할 경우 배터리의 철저한 재활용에도 불구하고 태양열 전기는 배터리 제조입과 관련 사업의 수요를 대폭 증대시킬 것으로 예상된다.

가장 쾌적한 자연환경을 만들기 위해서는 방금 언급한 농업의 예와 마찬가지로 각 생산과정이 갖는 영향력을 총체적으로 분석해야 할 것이다. 비록 지금은 납이나 카드뮴과 같은 중금속을 광전지 전기생산에 이용하는 사람이 얼마 되지 않지만, 배터리에 의존하는 모든 시스템이 우리의 생활권 안으로 이런 물질을 대량 끌어들일 가능성을 갖고 있다.

배터리라는 생산물과 재활용을 처음부터 하나가 되게 함으로써 배터리 사용의 증가가 불러올 충격을 최소화시킬 수 있을 것이다. 더 나아가서 제조업체들이 생산과정에 재활용 개념을 첨가한다면, 천연자원의 절약은 인간의 올바른 선택에 대해 상당한 보상을 하게 될 것이다.

재활용

경제공황이 진행되던 1932년은 새로운 사업을 시작하기에는 특히 나쁜 시기였지만 모든 난관을 극복한 유능한 사업가가 한 명 있었다. 39세의 독학 기술자였던 니콜라스 마르칼러스(Nicholas Marcalus)는 아주 적은 자본과 엄청난 노력, 그리고 놀랄 만큼 단순한 아이디어를 통해 음식 포장재료(wrap) 생산업체인 마르칼러스 제조회사(Marcalus Manufacturing Company)를 설립했다.

당시 주부들은 남은 음식을 기름종이로 싸곤 했다. 그러나 종이는 특히 날이 더울 때는 서로 달라붙기 일쑤였다. 종이 뭉치에서 필요할 때마다 한 장씩 종이를 떼어내는 데 어려움을 겪던 밀더스 마르칼러스(Mildus Marcalus)는 발명가인 남편에게 좋은 방법이 없겠느냐고 물었다. 마르칼러스는 아내의 질문에 대해 진지하게 생각했고,

그 과정에서 오늘날의 마르칼 제지 회사(Marcal Paper Company)의 초석이 된 「절취 선이 있는 두루마리 왁스 종이」의 특허권을 획득했다.

마르칼러스는 비록 발명가로 인생을 마감했지만, 그가 이룬 성공의 상당 부분은 그의 날카로운 사업적 감각에 힘입은 것이었다. 음식 포장재료에서 다른 종이 제품으로 사업을 확장해나가던 그는 공급자들에 대한 의존도를 낮추기 위해 작은 제지공장들을 매수했다. 경쟁자들과는 달리 공급자로부터 자유로워진 그는 뉴저지 주 패터슨 부근에서 사업을 합병·정리했다. 그 곳에서 그는 그 지역의 인쇄회사들이 배출해낸 「폐지」를 처분하겠다고 제의함으로써 천연자원의 원가를 줄이는 기막힌 방법을 찾아냈다.

판매량은 계속 증가해갔고, 마르칼 제지 회사는 더 많은 폐지를 확보하기 위해 시정기관에 접근했다. 지금 그 회사는 미국의 6개 주에 있는 지역사회로부터 날마다 500t이 넘는 양질의 폐지를 수령하고 있다. 놀라운 것은 마르칼 제지 회사가 이런 대량의 폐지를 수령하는 데 한 푼도 들이지 않는다는 점이다. 시정기관은 폐지를 자비로 제조공장까지 운반해주기도 한다. 10t 분량의 폐지를 내버릴 경우 뉴저지 주의 모리스카운티 사람들은 1,500달러의 세금을 납부해야 하지만, 같은 양의 폐지를 마르칼 제지 회사의 제조 공장까지 옮기는 데는 단지 150달러를 약간 웃도는 정도의 비용이 들기 때문이다. 마르칼의 제조 공장에서 멀리 떨어진 곳에서는 절약효과가 조금 감소되기는 하지만, 쓰레기 매립지가 점점 줄어들고 있는 상황에서 펜실베이니아와 뉴잉글랜드 등과 같은 먼 곳의 시당국들조차도 이러한 협정이 이익이라는 사실을 인식하고 있다.

마르칼은 재생종이 제품의 생산을 더욱 늘리기 위해 미국 수정 공사(U. S. Postal Service)의 배달되지 않는, 엄청난 분량의 제3종 인쇄물——정기간행물이 아닌 인쇄물——을 새로운 「가상 숲 (virtual forest)」으로 삼으려는 구상을 갖고 있다. 어쨌든 이 경쟁력 높은 생산업도 혼자의 힘만으로는 불가능한 것이다. 혁신적인 생산공정에 힙입어 마르칼의 제조 공장은 다른 제조회사들이 사용하는 염소 표백제 없이도 잡지, 광고 우편물, 사무실용 종이 등의 혼합물로부터 종이 타월, 냅킨, 그리고 화장실용 휴지를 생산해낸다.

용수——종이 산업에서 대단히 중요한 항목이다——는 정화되어 재이용된다. 현장의 폐열 발전소는 열과 전기를 산출하고 생산에 사용하고 남은 나머지를 지역 공익시설에 판다. 이러한 것은 환경에 대해 책임감 있는 행동의 전형을 보여주고 있다. 마르칼의 사업방식이 민간 환경보호단체들은 물론 주 정부의 환경보호청과 연방 환경보호청으로부터도 호평을 받은 것은 사실이지만 원래 사업의 동기는 다른 데 있었다. 그의 손자이며 현재 마르칼의 기업 홍보담당 부사장인 피터 마르칼러스(Peter Marcalus)의 말을 들어보자.

『우리 모두는 나의 조부가 살면서 사업을 해나갔던 대공황기의 「물림옷 사고방식」을 물려받은 듯하다. 그것은 제2의 생명이 있는 생산품은 무엇이라도 낭비하지 않겠다는 정신에서 나오는 것이다.』

환경에 대한 인식이 늘어나면서 이른바 「물림옷」들은 2차적인 제품이라는 오명을 더 이상 달고 다니지 않아도 되었다. 실제로 오늘날에는 예상치 못한 여러 곳——예를 들면 고급 승용차와 같은 ——에서 그러한 사례를 발견할 수 있다.

『범퍼를 당신의 트렁크 안에 넣으세요』라는 BMW의 광고가 나오게 될런지도 모른다. 현재 BMW사의 신형 3-시리즈 모델들은 재사용 계획의 일부로 트렁크 내부를 범퍼로 만들어낸다. 일반적으로 폐차의 금속 부분이 제련소로 보내지는 데 비해, 나머지 부분은 쓰레기 매립지로 가는 것이 보통이다. 그런데 BMW사는 이 제트 원 로드스터(Z1 roadster) 모델을 통해 〈비즈니스 위크(Business Week)〉지가 「처음부터 재활용하기에 적합하게 설계된 최초의 자동차」라고 평가한 자동차를 소개했다.

특히 BMW의 공학자들은 신형 자동차의 대부분을 열경화성 플라스틱 대신 열가소성 플라스틱으로 대체하려고 노력했다. 두 가지 물질의 차이점은 무엇일까? 후자는 금속처럼 녹기 때문에 재생 처리자가 낡은 부품을 갈고 새 부품으로 주조할 수 있는 데 비해, 전자 —— 예를 들어, 베이클라이트(Baklite)와 같은 —— 는 생산 과정에서 화학적인 변화를 겪는다. 따라서 열경화성 물질은 재사용하기 위해 용해시킬 수 없다. 주전자의 손잡이 등에 이용되는 열경화성 물질은 열에 쉽게 녹지 않는다는 분명한 이점이 있다. 그러나 자동차 부품에 쓰이는 구조상의 합성물로서는 아무런 가치도 제공하지 못한다.

BMW측의 설계자들은 재활용을 촉진하기 위해 부품을 확인하기 쉽고 분해하기 간편하도록 만드는 동시에 플라스틱 내에 금속 부품을 삽입하는 것을 피한다. 따라서 신형 재활용 자동차를 운전하는 미래의 소비자들은 점점 줄어드는 폐품 처리장과 쓰레기 매립지에 반해, 점점 늘어나는 초록빛 풍경을 즐길 수 있게 되는 것이다. 어쨌든 2000년이 되면 유럽에서만 매년 2,000만 대의 폐차를 수용할 수 있는 폐차장이 필요하게 된다. 그렇다면 과연 도로보다 더 좋은 장소가 있을까?

오늘날 유럽의 자동차 회사들에게 계속 증가하고 있는 폐기물 처리는 더 이상 남의 문제가 아니다. 독일의 폴크스바겐(Volkswa-gen) 사는 이제 골프(Golf : 폴크스바겐에서 제작한 자동차 모델)를 구입하는 사람들에게 자동차의 수명이 다하면 회사에서 되돌려받겠다는 보증을 한다. 게다가 언론의 보도에 의하면 가까운 미래에 독일은 정부 차원에서 여러 생산품들에 그러한 방침을 광범위하게 적용할 것으로 보인다.

그러나 경우에 따라서는, 예방만으로는 오염의 결과로부터 우리의 환경을 구하지 못할 수도 있다. 특히 그 가운데 우리에게 역사상 가장 도전적인 재활용 과업을 제시하는 것이 하나 있다.

원자력과 문제점

피에르 퀴리(Pierre Curie)와 마리 퀴리(Marie Curie)가 파리의 아파트로 몇 톤의 역청 우라늄광(pitchblende)을 가져온 데 대해 같은 아파트에 사는 이웃들이 불평했다 하더라도 당시의 대중매체는 특별한 관심을 갖지 않았을 것이다. 대신 19세기 말을 살아가던 파리 사람들은 이 특이한 젊은 부부의 이상한 행동에 아마도 어깨를 한 번 으쓱했을 것이다. 물리학자였던 퀴리 부부는 역청 우라늄광에서 방사성 에너지의 원인이 되는 요소를 찾고 분리해내기 위해 한 차 분량의 광물을 구입했던 것이다.

퀴리 부부는 집 안의 찬장을 가득 메운 방사성 광물을 여러 가지 구성 성분으로 분해하기 시작했다. 몇 년 간의 엄청난 노력과 함께 인간의 역사를 바꾼 발견이 뒤따랐다. 방사성(radiant properties)을 갖고 있었기 때문에 그들에 의해 라듐(radium)이라는 이름이 붙여진 원소의 발견은 퀴리 부부의 가장 유명한 업적이지만 그들이 이룬 성과는 그 밖에도 많다.

그 가운데 폴로늄(polonium) ——— 퀴리 부인의 모국인 폴란드를 따서 지어진 이름이다 ——— 이라는 원소의 발견은 가장 충격적인 것이다. 퀴리 부인은 힘든 정련과정을 통해 얻은 빛나는 물질을 지칠 대로 지친 두 명의 과학자가 희열에 찬 눈으로 바라봤을 때의 무한한 행복감을 몇 년이 지난 후에도 여전히 기억하고 있었다. 당시 두 사람은 자신들의 앞에 놓인 그릇 속에 담긴 물질이 지닌 위험성을 깨닫지 못하고 있었다.

폴로늄은 자연적으로 발생하는 원소 가운데 가장 강한 방사성을 지녔고 그 때문에 가장 치명적인 물질이다. 그 위험성은 플루토늄을 능가할 정도다. 아파트 내부로 퍼져서 날마다 그녀의 피부와 의류에 달라붙곤 했던 폴로늄과 기타 여러 물질들이 67세로 세상을 떠난 마리 퀴리의 죽음과 아무 관계도 없었다고 말하기는 곤란하다. 그러나 그녀는 숨을 거두기 전에 자신의 딸이 노벨상을 수상하는 광경을 지켜보는 진기한 경험을 했다.

이렌 졸리오 퀴리(Iréne Joliot-Curie)는 부모의 연구실 겸용 아파트에서 태어나 그 곳에서 어린시절을 보냈다. 한 살 때 이미 폴로늄과 플루토늄의 발견을 지켜본 그녀는 일생을 「방사능」 연구에 바쳤다. 「방사능」이란 자신들에게 불멸의 영예를 선사했지만 궁극적으로는 죽음을 불러온 물리적 현상을 표현하는 말로서, 퀴리 부부가 붙인 이름이다. 비참하게도 이렌 퀴리 또한 백혈병 ——— 방사선 노출과 밀접하게 관련된 암의 일종 ——— 으로 59세의 나이에 세상을 떠났다.

파리의 작은 가내 연구소에서부터 제2차 세계대전 당시의 맨해튼 프로젝트와 같은 거대한 사업에 이르기까지 착수된 크고 작은 여러 가지의 실험들은 새로운 지식과 새로운 테크놀로지를 생산했다. 그 중에서도 가장 주목할 만한 것은 원자폭탄이었다. 그리고 나가사키와 히로시마에 원자폭탄이 투하되고 몇 년이 흐른 후 좀더 파괴적인 폭탄이 만들어졌다. 수소폭탄(hydrogen bomb)은 우라늄과 플루토늄처럼 무거운 원자핵을 「분열」시키는 대신, 가벼운 원자핵을 「융합」해 하나의 무거운 핵으로 변화시키는 과정을 통해 에너지를 얻는다고 해서 붙여진 이름이다. 개별적인 폭탄의 폭발력이 강해지면서 폭탄의 수는 늘어났으며 보유하는 국가들도 많아졌다.

그러나 핵에 관계된 기술은 핵폭탄 외에도 다른 적용범위들을 찾아냈다. 오늘날 아주 기본적인 원자폭탄을 만드는 데 무엇이 필요한지 알아내는 일은 〈사이언티픽 아메리칸(Scientific American)〉지를 몇 권 보관할 정도로 과학에 관심을 가진 사람에게는 그다지 어려운 일이 아닐 것이다. TNT로 만들어진 속이 빈 구체의 내부에 한 양동이 분량의 플루토늄을 골고루 뿌린 후 전체를 두꺼운 강철 외관으로 덮는다. TNT를 터뜨리면 플루토늄을 안쪽으로 밀어내고 필요한 연쇄반응을 위해 그것을 뭉쳐놓는 폭발이 생긴다. 플루토늄을 한데 모아두는 내파가 없으면 연쇄반응에서 비롯되는 열로 인해 플루토늄은 산산이 흩어지게 되고, 결과적으로 핵반응은 대격동의 상태에 다다르기 전에 정지된다. 반면에 만일 방사성 물질 내로 냉각제가 공급되면 열은 달아나게 되고 방사성 물질이 에너지를 산출하는 능력을 잃을 때까지 핵반응은 계속 진행된다. 핵반응에서 발생하는 열은 군함을 움직이거나 전기를 생산하는 데 사용되며, 최근에는 우주선의 동력 공급에까지 사용되기도 한다.

이렌 퀴리는 죽기 몇 년 전에 민간용 전기 발전기로 사용하기 위해 설계된 세계 최초의 원자로를 볼 수 있었다. 1954년 노동절에 드와이트 D. 아이젠하워(Dwight D. Eisenhower) 대통령은 미국 해군의 원자력 군함 계획을 주도한 하이먼 릭오버(Hyman Rickover) 해군 제독의 감독하에 듀케슨 전기(Duquesne Light)사와 웨스팅하우스가 합작으로 펜실베이니아 주의 시핑포트에 건설한 6만 4,000kW짜리 시험 발전소를 순시했다.

그 당시의 원자로는 배보다 배꼽이 더 큰 경우였다. 원자로에 발생하는 증기는 배의 추진기가 아니라 전력 발전기의 굴대를 돌리는 데 쓰이는 것이었다. 발전소를 건설한 회사들은 해군에서 제시한 청사진을 조금씩 확대하면 되었다. 그러나 경제학은 다른 평가를 내렸다. 소규모 원자력 발전소는 헐값에 전기를 생산하는 석탄 발전소와 비교될 수 없었던 것이다. 웨스팅하우스와 이 새로운 기술의 경쟁자인 제너럴 일렉트릭(General Electric : GE)사는 설계도면으로 되돌아가야 했다.

1963년 GE는 각각 50만 kW 이상을 산출할 수 있는 고정 가격의 원자력 발전소들을 제시했다. 웨스팅하우스가 곧 GE의 뒤를 따랐다. 공익 설비기관들이 원자력 발전소를 매수하기 시작했지만 이 제작사들의 결산서는 무시무시한 결과를 보이고 있었다. 그 후 3년 간에 걸쳐 두 회사는 12개 정도의 발전소를 지었고, 그 과정에서 10억 달러의 손해를 보았다.

그렇지만 GE와 웨스팅하우스는 포기하지 않았고 대신 발전소가 생산하는 힘을 100만 kW 수준으로 끌어올렸으며 비용을 줄이는 방법을 지속적으로 연구했다. 하나의 영역을 위해 생겨난 테크놀로지가 다른 영역으로 확대된 것이다. 치밀한 설계를 필요로 한 해군측에서는 사실 사용비용에 대해서는 거의 생각하지 않았다. 그들에게 중요한 것은 상상할 수 있는 가장 삼엄한 통제 속에서 일하는, 우수한 교육과 엄격한 훈련을 거친 조작자들을 신뢰할 수 있다는 점이었다. 평범한 발전소와는 사뭇 다른 풍경이었다.

유감스럽게도 승리자는 신중함이 아닌 열의였다. 원자력 발전기는 날개 돋친 듯 팔려나가기 시작했으며 평균 2주에 한 건씩의 주문을 받을 정도로 인기였다. 그러나 연구 노력과 시간이 줄어들자 당연히 문제가 생기기 시작했다.

1970년대 중반에 들어서자 미국에서는 6주마다 하나의 원자력 발전소가 계획에 없었던 폐쇄를 맞았다. 이에 비해 현재 일본 내의 원자력 발전소들은 더 적은 유지비로 20배나 긴 시간 동안 고장 없이 작동하고 있다.

일본은 물론 두 가지의 이점을 가지고 있다. 하나는 질에 대한 열렬한 헌신이고 다른 하나는 미국의 실패 —— 특히 스리마일(Three Mile) 섬에서의 계속된 사고 —— 로부터 얻은 교훈이다. 스리마일 섬에서의 사고가 발생하기 전까지 대체적으로 미국의 핵 안전관리는 추락하는 747기와의 정면충돌이나 지진이 전혀 없었던 지역에서의 로스앤젤레스 정도의 지진과도 같은, 발생확률이 거의 없는 시나리오에 초점이 맞추어져 있었다. 게다가 조작자들은 위험신호등이 반짝거리는 것을 단지 경보 시스템의 고장이라고 여길 만큼 인간의 착오가 불러올 수도 있는 사태의 가능성을 무시했다.

미국의 원자력 산업은 여전히 일본의 수준에 훨씬 못 미치는 신뢰도 차원에서 머물러 있는 상태다. 그러나 이제는 유관 과학자연합회(Union of Concerned Scientists)와 같은 신랄한 비판자들까지도 상당한 발전이 진행되고 있다는 것을 인정한다. 사회적인 관심이 이미 사용된 핵연료 처리에 관한 문제로 옮겨갔기 때문이다. 그러므로 오늘날의 원자력에 관한 논쟁은 미국 정부가 과거에 핵실험을 했던,

그래서 이제는 불모의 땅이 되어버린 지역의 지하 깊숙이 핵연료를 묻어야 한다는 계획안을 집중적으로 검토하고 있다.

발전소에서 사용된 핵연료를 현재의 기술로 지하에 매장하면 땅속에 묻혀 있는 자연 그대로의 방사성 원광보다도 인간에게 오히려 덜 해롭다는 사실은 문제의 계획안에 나타나 있다. 그럼에도 불구하고 이 문제에 대해 좀더 나은 해결책은 생각보다 가까운 곳에 있는 것 같다. 그것은 바로 재활용 방법이다. 핵반응을 겪는 특정 연료봉 내의 우라늄은 다른 물질들과 알맞게 배합될 경우 상당한 에너지를 산출하는 플루토늄으로 변한다. 그런데 유감스럽게도 플루토늄 또한 쉽게 원자폭탄으로 전용될 수 있는 물질이다. 많은 사람들이 플루토늄의 재활용에 대해 미심쩍어하는 이유도 그 때문이며, 지미 카터 (Jimmy Carter) 행정부가 적어도 미국 동력산업과 관련된 핵연료의 재활용을 전면 금지했던 것도 그런 이유에서였다.

역설적이지만 인도, 이스라엘, 그리고 북한처럼 달리 핵무기를 구할 길이 없는 나라들이 이 수단을 이용해 핵보유국의 대열에 끼여들고 있는 데 반해, 미국은 단순한 플루토늄 폭탄보다 훨씬 강력한 무기들을 대량 비축해놓고 있다. 과연 미국이 더 많은 플루토늄을 갖게 됨으로써 세계적인 힘의 균형에 변화가 생기는 것일까? 사용한 연료봉을 지하에 매장한 후 10만 년 동안 방치해둘 것이 아니라, 그것을 재생해서 거기에서 생기는 플루토늄을 생산적인 데 사용하는 것이 어떨까?

하지만 이러한 주장이 지닌 장점과는 상관 없이 내가 원자핵의 재사용이 유망하다고 말하고 싶은 데는 구소련이 비축해놓은 핵무기 처리 문제라는 이유 때문이다. 월드워치 연구소(Worldwatch Institute)의 추정에 따르면 그 무기들을 해체하면 100t이 넘는 플루토늄과 기타 폭탄 제조용 방사성 물질이 산출된다고 한다. 어떤 사람들은 지구로부터 먼 우주공간이나 활화산의 중심으로 발사하는 것을 제안하기도 하지만, 그러한 계획의 실행 가능성은 아직 불확실하다. 한편 특수 제작된 동력로 내에서의 핵반응을 통한 물질변환에는 이미 확립된 처리기술 —— 핵반응을 거쳐 플루토늄을 생산하는 것이 아니라 없애버리는 —— 이 적용되고 있다.

그러한 변환은 원자로 설계의 차이에 따라 서로 다른 양의 동력을 산출할 수 있게 된다. 단적인 예로 최근 일본에서 개발된 한 원자로는 1년 동안 1t이 훨씬 넘는 플루토늄을 소비하는 동시에 평균치의 발전소 하나가 생산하는 만큼의 전력을 산출해낸다. 일본은 향후 5년 간 약 20개의 원자력 발전소를 건설함으로써 지금까지 전체 전력의 25%를 차지하던 원자력의 비중을 50%까지 끌어올리겠다는 계획을 세워놓고 있다. 이 시스템을 플루토늄 소비에 이용하게 되면 몇년 안에 구소련의 비축량 전부를 없애는 데는 충분할 것이다.

최근까지는 사용된 연료봉 속에 포함된 플루토늄의 양이 무기 관련 플루토늄의 양을 초과했지만, 현재 협정에 의한 군비확장 제한과 미국에서 점차적으로 늘어가는 원자력 발전소가 복합적으로 작용해 그와 같은 상황은 역전되었다. 오늘날 사용된 연료봉에 포함된 플루토늄은 약 300t에 이르고 그 양은 점점 늘어나는 추세다. 과연 미국은 스스로가 초래한 이 치명상으로 인해 계속 고통받아야만 하는가? 유럽은 무인 사막 지대가 부족함에도 불구하고 장기적인 처리 문제에서 훨씬 더 쉬운 해답을 가진 듯하다. 독일, 스위스, 그리고 주변 국가들은 사용한 연료봉의 재활용을 위해 프랑스로 보냄으로써 핵쓰레기 처리와 같은 골치 아픈 문제로부터 해방될 수 있을 뿐만 아니라 발전소에 필요한 광물의 채굴량을 줄일 수도 있는 것이다.

프랑스에서는 연료봉에 포함된 플루토늄과 기타 물질을 재생해서 새로 사용할 수 있는 연료봉을 만든다. 그 과정에서 비교적 소량의 초방사능 물질(경제적으로 무익한)이 액체가 되어 나온다. 이 물질은 취급과 저장의 편의를 위해 유리알로 변환되는데, 최소한 200년 —— 이는 그 물질의 방사성을 99% 없애는 데는 충분하지만 플루토늄의 방사성을 그러한 수준으로 떨어뜨리는 데는 형편없이 모자라는 시간이다 —— 동안 안전하게 보관되어야만 한다.

상당수의 미국인 과학자들과 공학자들은 이러한 방식으로 각각 전체 전력의 75%와 25%(50%로 향해 가는)를 생산하는 프랑스와 일본을 보면서, 전체 전력의 20%에 불과한 미국의 원자력 비율이 증가하기를 바라고 있다. 그러나 현재 우리가 직면한 핵폐기물의 문제를 해결하지 않은 채 원자력의 규모를 증가시킨다는 것은 국민의 허락을 결코 얻어낼 수 없는 일이다. 반면에 문제의 해결책이 재활용이라면 환경보호에 관계된 여론을 일본형 원자로 주위로 집중시킬 수도 있을 것이다.

세계 최고의 원자력 시스템을 보유한 일본은 재생가능한 에너지 자원의 효율적인 이용계획 —— 예를 들면 2010년까지 전체 가정의 50%에 태양열 온수 난방기를 설치하겠다는 확고한 계획 —— 을 세우면서 동시에 에너지 손실을 줄이는 데도 전념하고 있다. 평균적으로 일본 국민들은 미국인들의 3분의 1 수준에 불과한 양의 전기를 소비한다.

한 가지의 테크놀로지만으로는 에너지를 생산해낼 수 없는 듯하다. 미래에 더욱 큰 역할을 담당하게 될 태양 에너지 기술도 사실은 환경에 상당한 영향을 미치게 된다. 월드워치 연구소에 따르면, 미국 내의 에너지 수요를 충족시켜줄 태양 에너지 발전소를 건설하는 데는 비용, 에너지 저장 문제, 그리고 기술적인 가능성은 말할 것도 없거니와 뉴저지 주의 세 배에 달하는 5만 9,000m² 정도의 땅이 필요하다.

원자력이냐 태양 에너지냐 하는 논쟁은 진짜 중요한 문제점을 개진하는 원천이 될 수 있는데도 불구하고 양쪽의 지지자들은 너무 성급하게 『우리 쪽의 테크놀로지가 문제를 해결할 수 있다』라는 태도를 취한다. 분명한 입장은 당당하고 기분 좋은 것일지는 모르지만 어떤 면에서는 그 이상의 발전에 대한 필요성을 저해시키기도 한다. 그러나 좀더 알찬 경제로 가는 가장 확실한 길을 제공하는 것은 결국 그 필요성이 아닐까?

대중매체의 관심을 끌어모으기 위한 적극적 행동주의는 지금도 계속되고 있다. 그러나 지금껏 별로 주목을 끌지 못하는 사건들이 사실은 더 큰 충격을 가져왔다. 특히 미국의 전력산업은 더 이상 독점판매권에 의지할 수 없게 되었다. 따라서 과거에는 어쩔 수 없이 독점판매의 포로가 될 수밖에 없었던 공익설비의 고객들은, 이제는 기존의 동력선을 이용해 주(州) 외부로부터 송전받을 수 있게 됨으로써 전기 제공자를 선택할 수 있게 되었다.

전력산업에 처음으로 소개된 경쟁력은 10년 앞서 일어난 전자통신 부문에서의 규제철폐와 마찬가지로 기술혁신을 촉진시킬 것이다. 예를 들어, 내가 몇 년 동안 일한 적이 있는 뉴저지 주의 홈델(Homdel) 연구소는 연소 대신 화학적 반응을 거쳐 전기 에너지를 산출하는, 대단히 효율적인 「연료전지」를 이용해 열과 전기를 공급받게 될 전망이다. 그러나 벨 연구단지의 연구원들은 그러한 혜택을 조금도 입을 수가 없다. 그 지역의 동력회사는 단지 이 장래성 있는 테크놀로지를 일찍 도입하기 위해 그 설비를 선택한 것이었다. 연료전지는 기존의 발전소가 일정량의 연료에서 생산해내는 에너지의 두 배에 가까운 양을 만들어낼 수 있다. 따라서 판매할 수 있는 에너지를 더욱 많이 보유하게 되어 잠재적인 경쟁자들에 대한 경쟁력을 강화할 수 있다는 이점을 갖고 있다. 동력산업 부문에서 움트고 있는 경쟁력은 과거 제강산업의 전반적인 발전을 촉진시킨 미국의 기업형 제강공장(mini-steel mills)과 같이 더 나은 에너지생산과 더 안전한 사용을 선도해야 할 것이다. 변화는 단기적으로는 혼란을 초래할 수도 있지만 장기적으로는 바람직한 것이다. 고객들은 일반적으로 경쟁력이 가져다 주는 가격인하 혜택을 누릴 것이고 창조적인 판매자들은 새로운 기회를 찾게 될 것이다. 그리고 에너지 생산과 다양한 생산형태들이 우리의 환경에 가하는 위험이 감소함으로써 우리 모두는 안도할 수 있게 될 것이다.

교통수단

새로운 발전소에 대한 계획에는 반드시 이의 제기가 뒤따르게 마련이지만, 과연 새 차를 사려는 이웃의 권리를 누가 감히 부정할 수 있을까? 그러나 그럴 수도 있는 이유가 분명히 있다. 오늘날의 자동차는 최소한 표면상으로는 테크놀로지의 승리로 보인다. 제조품으로서 그리 비싼 편도 아니고, 초기 제품에 비해 신뢰노노 향상되었고 디자인 면에서도 다양해졌다. 또한 자동 브레이크 장치(ABS)에서 자동차에 열쇠를 두고 내리는 운전자를 일깨워주는 음성녹음 등 다양한 기능을 선보이기도 한다. 그리고 자동차의 신뢰도가 높아진 것만큼 자동차에 대한 우리의 의존도도 높아졌다.

그러나 과거의 경우를 생각해보자. 1959년까지만 해도 사고나 레저용 자동차 운전이 가족의 통근 및 통학과 함께 가장 큰 몫을 차지하고 있었다. 나머지 —— 쇼핑이나 개인적인 용무 —— 는 뒷전의 일이었다. 그런데 1990년에는 쇼핑과 개인적인 용무를 위한 자동차이용이 216%라는 엄청난 증가를 보이게 되었고 상황은 완전히 뒤바뀌었다.

교외에서 생활하는 가족들이 각기 다른 곳에서 개인적인 업무에 치중함에 따라 한 가정에서 여러 대의 자동차를 보유하는 것은 이제는 평범한 풍경이 되었다. 미국 내에서 과거 20년 간 세 대 이상의 자동차를 소유한 가정이 네 배로 증가하여 전체의 20%에 이르게 되었으며, 대도시들을 둘러싼 주택지에서는 그보다도 더 높은 비율로 증가했다. 대단한 낭비가 아닐 수 없다. 회계감사원(General Accounting Office)에 의하면 미국 내에서 단지 고속도로의 정체현상으로 인한 생산력 손실이 연간 1,000억 달러에 달한다고 한다.

그런 엄청난 사회적·경제적 손실을 볼 때 문제를 해결할 수 있는 새로운 행동이 요구되는 것은 당연한 일이다. 그러나 불행하게도 필요한 노력 가운데 대부분은 단편적인 해결을 목표로 진행될 뿐이며, 오히려 어떤 것들은 역효과를 내기까지 한다. 월드워치 연구소에 따르면 채소로부터 얻은 가솔린 대용물 —— 옥수수에서 추출된에탄올과 같은 —— 은 전체의 생산 사이클을 놓고 볼 때 대기 오염도를 증가시킨다고 한다. 그러나 기존 차량보다 더 가볍고 효율이 좋은 자동차 개발계획에 대해 반기를 들 수 있을까? 또는 기존 도로보다 훨씬 높은 수용능력을 약속하는 스마트 고속도로(smart highways)에 대해서는 어떤가? 인텔리전트 고속도로 시스템(Inelligent Vehicles Highway Systems : IVHS)은 더 적은 콘크리트를 사용하고서도 더 많은「차선」을 제공하게 되겠지만, 결국 토지사용 측면에서는 과거의 다차선식 고속도로에 대한 집착이 빚은 우울한 결과를 낳게 될지도 모른다. 고속도로의 수용능력을 두 배로 올린다고 가정하자. 도시의 일반 도로는 어떻게 될 것인가? 워싱턴 D.C.와 같은 중간 크기의 도심지에 지금보다 두 배나 큰 주차장을 만든다는 것은 3평방 마일 이상의 땅과 약 60억 달러의 비용이 든다는 의미다. 게다가 그 곳에서의 삶의 질은 어떻게 되겠는가?

계속해서 예를 들 수도 있지만 요점은 이미 명확히 드러난 듯하다. 단순히 기존 차량이나 고속도로를 개량하는 것만으로는 문제를 악화시킬 수도 있다는 말이다. 반면에 IVHS 테크놀로지로의 전체론적인 접근은 사회적인 의무를 완벽히 수행하는 도로를 가능하게 한다. 스마트 카드를 이용한 통행료 자동징수가 적용되면 교통혼잡에 따라 차등 징수되는 요금체계에 힘입어 불안정한 차량흐름을 좀더 고르게 조절할 수 있을 것이며, 대중교통 수단의 이용 또한 촉진될 것이다. 게다가 개량된 IVHS를 이용하면 현장에서 버스, 승합용 자동차에 대한 우선권을 부여할 수 있기 때문에 다승객 탑승(multipassanger ridership)이 장려될 것이다.

교통량이 대중수송 수단에 집중되면 성공적인 비즈니스에서 가장 중요한 세 가지 요소, 즉 「위치, 위치, 또 위치」라는 옛말은 도시 근교의 스프롤(sprawl) 현상을 부추기는 오늘날의 제도적인 성향을 역전시킬 것이다. 그 과정에서 대기오염, 소음, 교통사고, 그리고 환경에 대한 여러 가지 모욕 또한 서서히 사라지게 될 것이다. 수송 시스템이 환경과 더 바람직한 관계를 맺게 되면 인적·물적 자원을 더 효율적으로 사용할 수 있게 되며, 결국 새로운 비즈니스의 기회가 창출될 것이다.

핵심사항

여전히 대부분의 실업계에서는 환경에 대한 주의를 환기시키는 일에 부정적인 눈길을 보내지만, 다른 쪽에서는 그러한 불만족을 더 긍정적인 것 —— 잠재적인 수요의 원천 —— 으로 받아들인다. 바로 여기에 유리한 대응책을 식별해내는 비결이 있다. 앞에서 언급한 시스코 시스템의 이야기에서, 통신능력의 결핍에 따른 불만족은 엄청나게 성공적인 비즈니스의 발단이 된 「루터」를 탄생시켰다. 환경의 예를 놓고 볼 때, 1년마다 미국의 교통정체 속에서 사라져가는 1,000억 달러는 제8장에서 언급했듯이 컴퓨터로 처리되는 밴 시스템처럼 좀더 효율적인 대안을 이끌어낼 수 있는 동기를 마련해주는 것이다.

과거 대부분의 경제적 불만족은 공급부족에서 비롯되었다. 그러나 오히려 과잉 생산능력 때문에 골머리를 앓을 정도로 대규모 제조는 그러한 문제를 깨끗하게 해결했다. 한 국가가 다른 국가를 「덤핑」이라는 죄목으로 고소할 경우에도 비난의 대상은 유해한 불량품이 아니라 양질의 상품이다. 여전히 전통에 얽매인 채 현행 제품의 영역에서만 치열한 접전을 펼치고 있는 기업들 덕분에, 처음으로 수요를 창출해낸, 더 나은 삶에 대한 욕구를 제쳐두기는 쉬운 일이다.

오늘날 우리 사회의 물질적 욕구를 채워주는 분야 가운데 대부분은 포화상태에 이른 것처럼 보인다. 그러므로 기업적인 관심은 「더 나은 삶에 대한 욕구」 가운데 아직 채워지지 않은 측면으로 옮겨져야 할 것이다. 그리고 그 결과 하모니 시대의 주된 가치원인 환경의 향상과 관련된 시장이 더욱 강조되는 것이다. 하모니 시대의 비즈니스는 서로 반대되는 곳에 위치해 있는 인간의 생산물과 자연과의 상충을 야기하지 않고, 우리의 생명을 유지시켜주는 것을 파괴하지 않으면서도 우리의 삶을 풍요하게 하는 데 일익을 담당해야 할 것이다.

10

쟁 점

하모니 시대의 테크놀로지는 우리의 자연 환경, 그리고 무엇보다도 인간 사용자들과 좀더 잘 조화되어 작용할 것이다. 그러나 우리가 새로운 이익의 기회를 이용할 때 어떤 뜻하지 않은 위험들이 도사리고 있지나 않을까? 우리는 점점 가까워지고 있는 이 하모니 시대를 위해 자신과 우리의 비즈니스에 대해 어떤 준비를 해야 할 것인가? 우리 모두에게 좀더 알맞은 세계를 창조하기 위해 이 새로운 시대를 어떻게 형성해나가야 할 것일까?

아무도 미래를 확실하게 예측할 수는 없지만 유용한 교훈을 찾기 위해 과거를, 시사적인 경향을 찾기 위해 현재를 깊이 있게 관찰할 수는 있다. 그렇다면 그런 식으로 제1상에서 소개된 양파 질, 그리

양의 시대	질의 시대
생산 기계적 테크놀로지	프로그램 가능한 제어
규모의 경제	속도의 경제
사전계획 강조	소비자 의견 및 반응 강조
계급 중심적 구조	팀 위주의 조직
크기에 의한 가치	수행능력에 의한 가치
서로 고립된 테크놀로지	테크놀로지의 부분적 일치
환경에 대한 개발	환경보호에 대한 관심

고 질과 하모니에 대한 대조로 되돌아가보자. 우리가 이미 논의한 바와 같이 양의 시대와 질의 시대 대조에서 나타난 주요 특징은 위와 같다.

제2장에서 우리는 제조업 부문에서 일어난, 기계적 테크놀로지에서 프로그램화된 제어로의 변화에 대해 살펴보았다. 모니터·제어장치로서 컴퓨터를 사용하는 일이 보편화되자 생산자들은 비용을 여러 과업에 분배함으로써 낡은 제도가 펼쳤던 규모의 경제를 무의미한 것으로 만들었다. 오늘날 제조업체들의 운명은 규모가 아니라 공정속도에 좌지우지된다. 예를 들어, 이제 PC 비즈니스에서 생산자들은 단지 그들의 비용을 산업 기준치(industry norms)와 일치시키기 위해 6일마다 그들의 재고자산 회전을 실행해야만 한다.

특수 목적을 위한 기계류—— 출발점에서부터 단지 한 방향으로만 작동되는 기계류—— 에서 요구되는 치밀한 사전계획 대신, 프로그램화된 기계들은 서로 잘 맞물려 돌아가기 위해 다른 기계들과의 접촉이 필요했다. 그리고 이러한 조정은 질을 향상시켰기 때문에 낡은 제조방식은 급속히 사양길로 접어들었다.

그러나 폐쇄적인 계급주의가 계속 군립하던 사무실의 상황은 달랐다. 어쨌든 구멍이 났다고 해서 배가 전복되는 것은 아니었다. 컴퓨터를 사용하는 공장은 작업능력 면에서 경쟁자를 앞섰지만 서류사무를 간소화하는 데 컴퓨터가 한 기여는 그다지 대단한 것은 아니었다. 그리고 컴퓨터가 서류업무의 간소화를 촉진시켰다 하더라도 그것은 언제나 사무상의 내부적인 것에 국한되어 있었다. 단지 진행을 가속화시킨다는 것은 잘못된 방향으로 더 빠르게 나아간다는 의미일 수도 있었다. 질의 시대를 풍미했던 대부분의 사무실이 컴퓨터를 사용했든 사용하지 않았든 간에, 서류사무의 진창에서 허우적거렸던 것은 어쩌면 당연한 일이었는지도 모른다.

그러나 우리가 이미 살펴본 바와 같이 컴퓨터와 통신의 합병은 한때 인간 매개자들에 의존해야만 했던 직접 정보접근을 많은 사람들에게 제공해줄 수 있다. 그러므로 비록 한 명의 사무원이 지닌 업무 수행능력을 그대로 복제할 수 있는 컴퓨터는 없지만, 컴퓨팅과 통신의 올바른 결합이 여러 부서들을 전체적으로 대체할 수 있는 경우는 많다.

회사들이 테크놀로지를 이용해 비용을 절감하고 치열한 경쟁을 통해 질을 높여감에 따라 시장에서는 과잉공급 현상이 일어나고 기회는 다른 곳으로 이동해간다. 따라서 지속적인 기술발전, 재고용을 갈구하는 노동 인구, 그리고 상품의 홍수가 합쳐진 결과는 질의 시대가 빚어낸 가치체계의 뿌리를 침식하고 있다. 그리고 그 이상의 변화를 예고하는 징조가 곳곳에서 뚜렷하게 발견된다. 특히 억만장자를 꿈꾸는 사람들의 수가 점점 늘어나고 있으며, 최근 생겨난 요구에 따라 그들이 가치 없는 영역으로부터 이익을 찾아냄으로써 경제의 가치 지도(value map)를 수정해야 할 필요성이 발생했다.

일본인 경쟁자들이 제시한 TV가 고장률도 낮고 더 우수한 성능을 발휘한다는 사실이 소비자들에게 널리 알려신 후 미국의 TV 생신자들이 제품을 판매하는 데 고초를 겪었던 사실을 기억해보자. 그러나 실상 요즈음에는 완전하게 작동하는 TV라 하더라도 단지 성능이 양호하다는 것만으로는 이익이 있는 판매를 보장받지는 못한다. 결국 앞으로 다가올 시대에는 새로운 특성 —— 특히 다른 장비 및 가정용 조종장치와 연결될 수 있는 기능 —— 이 가치를 규정짓게 될 것이다.

우리는 역사학적인 성향이 강한 독자를 위해 초기의 가내공업 시대와 그 뒤를 잇는, 대량생산을 주인공으로 한 양의 시대 ——「산업」혁명이라고 부르는 변환기 —— 의 대조표를 만들 수도 있다. 그러나 초(超)대작 영화와 마찬가지로 혁명 또한 속편을 만들어낸다. 일반적으로 양에서 질로의 변화를 구분짓는 몇십 년이라는 시간은 「정보혁명」으로 불리고 있다. 그러나 그 변화는 그 이상의 변화를 위한 예고편에 불과했다. 그렇다면 직접 정보접근이 몰고온 변화는 과연 혁명이라고 불릴 수 있을 정도로 중요성을 입증받은 것인가? 여기저기 「혁명」이라는 꼬리표를 붙여대는 전문가들을 위해 「제2의 정보혁명」 정도면 적당하다는 생각이 든다. 그렇다면 제1장에서 언급한 질과 하모니에 대한 대조를 다시 한번 상기해보도록 하자.

질의 시대	하모니 시대
프로그램 가능한 제어	직접 정보접근
속도의 경제	편리성의 경제
소비자 의견 및 반응 강조	인간화 중심
팀 위주의 조직	건축적 조직
수행능력에 의한 가치	결합력에 의한 가치
테크놀로지의 부분적 일치	테크놀로지 통합
환경보호에 대한 관심	환경 재생

이미 살펴본 바와 같이 하모니로의 변화는 개별적인 제품에서 통합된 서비스로 가치의 중심을 옮긴다. 앞에서 언급한 개별 주문제작 TV처럼 선택사양과의 상호작용을 통해 판매시점에서「디자인」에 참여함으로써 대체로 각 소비자는 가치창출의 협력자가 되는 것이다.

결국 하모니로의 움직임은 전체적인 가치창출 과정에 더욱 강한 결합력을 가져다 준다. 테크놀로지는 사용자, 그리고 주위 환경과 더욱 잘 조화될 것이고, 기업과 종업원들의 초점은 내부적인 사정에서 고객들로 옮겨질 것이며, 일반인들은 신산업 시대의 경제에 기여하고 또한 이득을 얻기도 하며 제각기 더 나은 삶을 살며 일하게 될 것이다.

이 책에서 나는 막 모습을 드러내기 시작한 하모니 시대에 대해 대충 윤곽을 잡아보려고 했다. 그러나 미해결상태로 남아 있는 문제는 아직도 많다. 우리의 사회적·경제적 선택은 그러한 윤곽에 명확한 색깔을 입힐 것이며 덧칠을 하게 될 것이다. 그런 맥락에서 이 마지막 장은 테크놀로지와 인간 사용자에 관련된 두 가지씩의 쟁점에 관해 살펴볼 것이다.

과거의 경험으로 미루어 보건대, 테크놀로지가 더욱 유용해질수록 그것을 더욱더 많이 활용하게 된다는 사실을 알 수 있다. 그리고 어떤 것을 더 많이 활용하게 되면 그것에 대한 우리의 의존도 또한 높아지게 된다. 그러한 인공물로 직조된 그물에 점점 더 많이 의존하게 됨에 따라 혹시 편의의 성장이 위험을 증가시키는 것은 아닐까? 따라서 구매자들은 테크놀로지를 선택하는 사람으로서「신뢰도」에 대해 면밀한 검토와 신중함이 필요하다.

내일의 네트워크화된 세계를 살아나갈 대부분의 사람들은 테크놀로지의 파손에 따르는 위험성을 극복할 수 있는 여백을 확보하려는 노력 이외에도 가급적이면 「사적 자유」에 대한 달갑지 않은 침해를 줄이려고 할 것이다. 비록 그러한 사실에 대해 깊이 주목하는 이들은 거의 없지만, 일상생활 속에 널리 퍼져 있는 각 전자 트랜잭션은 데이터를 만들어낸다. 그러나 미래에는 더 많은 사람들이 새롭게 등장하는 테크놀로지가 제공할, 사적 자유를 강화시켜주는 능력을 이용하게 될 것이다.

시스템의 파손과 행동에 대한 감시로부터 우리를 안전하게 지켜나가는 것과 아울러, 테크놀로지에 관한 그릇된 생각에서 비롯되는 침해로부터 자아에 대한 개념을 보호해야만 할 것이다. 대부분의 사람들이 컴퓨터의 「의인화(anthropomorphization)」는 거의 무해한 개념으로 생각하지만, 인간의 「의기화(擬機化 : mechanomorphization)」에 대해서는 거부감을 갖고 있다. 만약 우리가 컴퓨터를 전자두뇌로 생각한다면, 그 반대로 우리의 두뇌를 생물학적 컴퓨터로 생각할 수도 있지 않겠는가? 개인적으로 나는 좀더 효율적인 노동의 분배를 환영한다. 왜냐하면 우리가 수행하는 기계적인 허드렛일을 기계에게 맡김으로써 기계만으로는 감당하기 힘든 인간생활의 다른 부분에 우리의 관심을 집중시킬 수 있기 때문이다.

미지막으로 어떠한 종류의 도구든 간에, 그것을 소유하고 있는 사람들의 기능과 생산력은 향상되게 마련이다. 따라서 테크놀로지의 발전은 이미 「가진 자」와 「못 가진 자」로 구분된 「경제적 격차」를 더욱 심화시킬 것인가? 만일 우리의 아이들을 위해 안락한 세계를 만들고 싶다면 단순히 가난의 확산에 대항하는 박애에서 그칠 것이 아니라, 더 나은 메커니즘을 찾아야만 할 것이다. 이 문제는 결코 쉽지 않은 듯하지만 전혀 해결될 가망이 없는 것도 아니다. 물리적인 소유와는 달리 지식과 정보의 축적은 다른 이들과 공유하더라도 사라지는 것이 아니기 때문이다.

이러한 쟁점에 대해 논의하면서, 모든 테크놀로지는 인간의 손과 그것을 지휘하는 인간의 마음으로부터 나온다는 것을 기억하도록 하자. 따라서 다가올 미래의 삶과 일의 형태는 인간의 손에 달려 있다는 사실도 기억하도록 하자.

신뢰도

일반 소비자들에게뿐만 아니라 상대방에게도 복잡한 테크놀로지의 집합체를 판매하려고 노력하는 기업들을 볼 때 무엇보다 먼저 떠오르는 간단한 질문이 있다. 『과연 그게 잘 작동될까?』

직업상 신기술에 관해서는 일반적으로 비관론자의 입장에 서야 하는 나는 『무슨 결함이 있지 않을까?』라고 자문하곤 한다. 그러나 ATM의 경우를 보자. 처음으로 이 기계에 대한 이야기를 들었을 때 나는 금전 출납계원들이 때때로 실수하거나 심지어는 예금자의 돈을 갖고 도망칠 수도 있다는 생각을 했다. 따라서 돈을 받아서 계정잔액을 변경할 수 있는 이 기계는 내게 퍽 섬뜩하게 느껴졌다. 만성 근심증을 가진 나로서는 ATM의 광범위한 보급이 그저 놀라울 뿐이었다. 그렇지만 그 모든 걱정에도 불구하고 기술적으로 숙달된 범죄자들이 심사숙고끝에 단행할 ATM의 악용에 대한 가능성을 잊고 있었다.

ATM 범죄를 막기 위한 방편의 대부분(나의 것을 포함한)은 비인가자가 ATM에 접근하는 것에 집중되었다. 그러나 역으로 비인가 ATM이 사람에게 접근할 수도 있다는 생각을 가진 사람은 아무도 없었다. 따라서 어느 날 코네티컷 주의 맨제스터에 있는 한 상점가에 합법적으로 보이는 ATM이 등장했을 때 현금을 찾으려던 행인들은 당연히 그것을 사용했다. 그러나 아무도 현금을 인출할 수 없었다. 그 기계는 고객의 요구를 거부하고, 결과적으로 고객으로 하여금 다른 ATM을 찾아가도록 했다. 그러나 이미 그들의 카드 구좌번호와 그들이 누른 비밀번호가 남겨진 뒤였다. 그 기계를 사용하려고 했던 사람들은 대부분 고개를 갸우뚱거리며 곧 다른 곳의 ATM을 찾아 발길을 돌렸다. 은행 거래명세서에서 생각지도 않았던 인출기록을 발견할 때까지 그 기계를 의심한 사람은 아무도 없었다.

사라진 돈의 액수는 저축대부조합에서 일어나는 아주 작은 실수에도 못 미치는 것이었지만, ATM에 대한 일반인들의 신뢰도를 대변해 준 그 사건은 모든 신문의 1면을 장식했다. 비록 보기 드문 사건이었지만 다시 일어나지 않을 것이라는 단언을 할 수도 없다. 그 사건에 놀란 ATM 소프트웨어 기술자들은 사용자가 기계의 합법성 여부를 판단할 수 있도록 새로운 기능을 보강할 것이다.

이러한 실수를 ATM 시스템 설계자들의 탓으로 돌린다는 것은 합당한 일이 아니라는 생각이 든다. 어쨌든 ATM은 탄탄하게 확립된 은행의 로비에서나 사용됨직한 기계로 보일 뿐이었다. 슈퍼마켓과 골목 곳곳에까지 널리 보급되리라고 누가 예상할 수 있었을까? 그러나 진실로 신뢰할 수 있는 테크놀로지를 설계하는 데에는 바로 그런 선견지명이 필요하다. 미래의 시스템들이 우리의 하모니 기준과 시장의 인정을 받기 위해서는 그 시스템의 사용과 오용에 따르는 모든 가능성을 예측하고 그 대응책 또한 강구되어야 한다.

미래에 필연적으로 겪게 될 복잡성의 단계적 확대로 인해 어떤 사람들은 만약 할 수만 있다면 발전을 멈추라고 요구할지도 모른다. 그러나 그러한 방침은 용인할 수 없는 장애를 불러온다. 예를 들어, AIDS를 상대로 벌이는 격렬한 싸움을 생각해보도록 하자. 인체의 자연적인 저항력으로부터 AIDS 바이러스를 보호하는 단백질 코팅에 대한 연구를 하고 있는 분자 생물학자들은 코팅 표면의 각 분자 모양을 밝혀내는 데 몰두하고 있다. 더욱 새롭고 성능이 우수한 정밀기계가 그러한 연구현장에 거의 매달 새롭게 등장한다. 누가 그런 흐름이 멎기를 바랄까? 교육, 수송, 그리고 공업적 생산성 등의 문제에서 탈피하고도 의학분야에 지속적으로 최신 의료기계를 도입시킬 수 있는 방법은 없을까?

다행히도 컴퓨터 과학은 계속해서 안정된 진보의 흐름――― 앞에서 언급한 객체 지향형 프로그래밍처럼――― 을 따르고 있다. 이러한 진보는 이어서 소프트웨어 기술자들이 소프트웨어의 질을 높이는 데 도움을 준다. 거의 완벽에 가까운 오늘날의 하드웨어와 마찬가지로 소프트웨어는 세부항목에 대한 단계적인 연구와 세련된 검사전략으로 발전한다. 실제로 어른 키 높이의 책장에 가득한 책에서 발견되는 단 하나의 오자와 비교될 정도로 결함률이 낮아진 것도 사실이다.

그러한 결함률은 매우 낮은 것이라고 생각할 수도 있지만 통합된 시스템이 하루 동안 얼마나 많은 프로그램과 상호작용하게 될 것인가를 생각해야 한다. PC식 전자우편 시스템을 막 사용하기 시작했을 당시 내가 겪었던 경험을 잠시 생각해보도록 하자. 그 이전까지 내 「우편물」은 비서와 내가 단말기를 이용해 접촉할 수 있었던 공용 컴퓨터에 보관되어 있었다. 반면에 새로운 시스템에서는 전자 우편이 내 PC로 직접 들어오게 되었고, 그에 따라 비서가 내 전자서신을 지속적으로 파악할 수 없게 되었다.

이러한 문제를 처리하기 위해 나는 시스템 관리자에게 「긴밀한」

개조, 즉 드나드는 모든 메시지들에 대한 자동복사기능을 요청했다. 그러나 어떤 일이 일어났던가? 제3자에게 메시지를 보낼 때는 아무런 문제가 없었다. 그러나「비서」에게 메모를 보내는 경우, 사본뿐만 아니라 원본까지 건네지게 되었다. 그것만으로도 이미 문제가 되는 것이었다. 그런데 그 시스템은 그 사본의 사본을 보내고 다시 사본의 사본의 사본을 보내는 식으로 비서의 우편함이 더 이상 사본을 저장할 수 없을 때까지 계속해서 보냈던 것이다.

그러한 문제가 나타났을 때 나는 자동복사기능에 다음과 같은 수정을 가할 수 있었다.「들어오고 나가는 모든 메시지에 대한 자동복사. 단, 비서에게 가는 것은 제외.」그렇게 함으로써 우편 프로그램과 믿음직한 상호작용을 해나갈 수 있게 되었다.

컴퓨터 보급이 확산되고 상호작용함에 따라 컴퓨터가 맡게 되는, 점점 더 다양해지는 과업은 역시 점점 늘어나는 소프트웨어의 도움을 필요로 하게 될 것이다. 그런데 우리는 소프트웨어 제작 팀이 소프트웨어를 검사하면서 그 안에 있는 결점(bug)을 모두 찾아낸다는 것을 믿을 수 있을까? 아니면, 그들이 발견해내지 못한 결점이 정확히 몇 개라고 어떻게 단정할 수 있을까?

놀라운 사실이지만 통계학자들은 후자의 질문에 대해 간단히 답하는 방법을 이미 생각해냈다. 현대의 검사방법은 하나의 검사 팀에게 어떤 새로운 프로그램의 질을 조사하는 과업을 맡기지 않고, 하나의 임무를 두 개의 독립된 팀에게 맡겨서 결과를 비교하는 방식을 선호한다. 첫번째 팀이 110개의 결점을 발견하고 두 번째 팀은 111개의 결점을 찾아냈다고 가정하자. 그렇다면 실제 결점은 몇 개인가?

그 질문에 답하기 위해서는 또 다른 하나의 정보가 필요하다. 첫번째 팀이 발견한 결점 가운데 두번째 팀이 발견한 결점과 일치하는 것은 몇 개인가? 만약 이 두 팀의 조사에서 109개의 결점이 서로 일치한다면, 찾아내지 못한 결점은 몇 개 되지 않는다는 것과 계속적인 조사를 통해 나머지 발견할 수 있을 것이라는 결론을 내릴 수 있다.

그러나 두 팀이 발견한 결점 가운데 단 한 개만이 일치했다고 가정해보자. 그것은 발견되지 않은 결점이 약 1만 개나 된다는 의미와 같다. 그런 경우 별도의 검사는 별 도움이 안 된다. 오히려 코드의 생산과정을 개선하는 것이 더 나은 방법일 것이다. 완벽에 이른다는 것은 우리 능력 밖의 일이겠지만, 어쨌든 특정한 수준의 신뢰도를 예상하는 전략——예를 들면 지원(back up) 시스템을 조치하는 방법과 같은——을 세워 결함에 따른 결과를 예방할 수는 있다.

소프트웨어 제작자들이 처음부터 잠재적인 실수를 피하기 위해서는 상품 자체의 무결점을 보장해야 할 뿐 아니라, 사용자가 기본 소프트웨어(prototypes)와 가능한 한 많은 상호작용을 이루게 함으로써 소프트웨어 제작과정에 대한 사용자의 참여를 강화시켜야 할 것이다. 그러나 아무리 장기적인 안목을 지닌 제작자와 명료한 생각을 지닌 사용자라 하더라도 제작될 당시의 지식수준을 뛰어넘지는 못한다. 따라서 최고의 시스템이라 할지라도 여전히 미지의 바다를 항해할 인간 항해사를 필요로 하는 것이다.

시스템이 미리 예정된 배경 내에서 아무리 확실하게 작동된다 하더라도 ATM의 예에서 본 것처럼 다른 모든 가능성들을 하나도 빠짐없이 규명할 수 있는 사전계획이란 없다. 컴퓨터와는 달리 인간이 엄밀한 규칙을 응용함으로써 문제를 처리하는 경우는 드물다. 우리는 컴퓨터보다 작은 실수들을 더 자주 범하지만, 좀더 큰 상황을 통제하는 데는 컴퓨터보나 훨씬 더 익숙하다. 그리고 이런 차이점이 중요한 역할 분배를 낳게 된다. 기계는 언제나 더 넓은 시야를 지닌 인간의 제어 아래 핵심적인 세부항목을 다루어나가야 할 것이다.

결국 사용의 용이함은 신뢰도를 확보하기 위해 시스템 통합과 보조를 맞추어야만 할 것이다. 각 시스템 사이의 연결이 시스템의 복잡성을 높임에 따라 그것을 제어하는 인간의 능력도 함께 보조를 맞추어나가야만 하는 것이다. 따라서 사용이 용이해야 한다는 것은 단지 편의성의 수준에서 그치는 것이 아니라 반드시 필요한 조건이 되는 것이다. 고도로 컴퓨터화된 세계는 인간의 판단을 필요로 한다. 결과적으로 현재 서류업무에 종사하는 많은 사람들이 새로운 고용의 기회를 찾게 될 것이다.

당신이 두 개의 자동 트랜잭션 시스템 가운데 하나를 선택할 수 있는 선택권을 가졌다고 생각해보자. 그리고 그 중에서 인간이 서비스를 제공하는 것은 한쪽 뿐이다. 당신은 과연 어떤 쪽에 당신의 비즈니스를 맡기겠는가? 부수적으로 완전 자동화된 시스템을 구입하는 사람도 있겠지만, 나는 인간의 제어를 필요로 하지 않는 시스템에 나의 돈을 위임하는 것을 상상할 수 없다.

그런 맥락에서 볼 때 나는 사용의 용이함이라는 개념은 제어의 용이함을 수반해야만 한다고 생각한다. 그리고 바로 그것이 앞에서 언급한, 컴퓨터화된 21세기의 수송 시스템이 인간 운전자를 대상으로 삼고 있는 이유이기도 하다. 유용한 능력을 가진 인간들을 전반적으로 포함하는 미래의 통합된 환경에서는 컴퓨터화된 수많은 조수들의 서비스를 이용하지 못할 이유가 없다. 물론 높은 수준의 서비스를 환영하는 사람에 한해서만 그렇다.

사적 자유

개인적 선택에서 경제적 이점에 이르기까지, 여러 가지 이유로 인해 별도의 비용을 들인다거나 편의를 상실한다거나 하는 일이 없다면 개인과 기업은 자신들의 활동과 상황에 관계된 정보로 접근하는 것을 제한하기를 원할 수도 있다. 어쨌든 시스템 제공자들은 최신 테크놀로지의 풍부한 컴퓨팅 능력 가운데 일부분을 고객이 원하는 사적 자유를 보장하는 데 이용해야 하지 않을까?

다수의 고객들이 적극적인 대응책을 선택하지 않는 이상, 기록관리에 대한 개선이 없다면 익명에서 비롯되는 자유의 일부를 상실하게 되는 것은 피할 수 없는 일이다. 예를 들면 비디오 대여점의 점원에게 자신의 신분을 밝히는 대신 보증금을 맡기는 사람들의 수는 많지 않을 것이다. 그리고 그런 일상적인 선택이 데이터 베이스를 형성한다. 개인화시키는 서비스의 역할이 커질수록 개인 신상명세(person-specific) 기록도 늘어날 것이다.

사적 자유에 대해 관심을 기울이지 않는다면, 앞에서 언급한 생활환경—각자의 행동이 같은 마을에 사는 「주민들」의 눈에 보이는 작은 마을—에서의 일상생활을 상상할 수 있다. 자동예금과 주문형 서비스가 다양한 이점을 제공하는 것만은 틀림없는 사실이지만 그러한 환경이 모두에게 적합한 것은 아니다. 과거 작은 마을의 거주자들이 참견하기를 즐기는 이웃을 피해 다른 곳으로 이주해간 것은 그 때문이다. 그러나 지구를 전체적으로 감싸는 네트워크화된 마을에서 어떻게, 어느 곳으로 이주할 수 있을 것인가?

하모니 시대에는 위치에 관계 없이 친구, 동료, 그리고 지원 등에 대해 편리한 접근을 제공한다. 그러나 개인과 그들의 행동 하나하나를 탐지하는 시스템이 줄곧 시중을 드는 것을 모두가 원하지는 않을 듯싶다. 다행히도 현대의 암호화 기술(encryption technology)은 미래의「마을 주민들」이 사적 자유를 보장받고 아울러 어떠한 접근도 용이하도록 해줄 것이다. 이러한 기술은 대부분 군사 목적으로 발달된 것이지만 대규모 수요가 발생한다면 더욱 광범위하게 사용될 수 있을 것이다.

그러나 대부분의 사람들이 돈을 투자할 정도로 사적 자유를 중요한 것으로 생각할까? CD-ROM 테크놀로지의 탄생으로 백과사전 분량의 내용을 한 장의 작은 원반에 담아낼 수 있게 되자 로터스 디벨로프먼트(Lotus Development)사는 PC 사용자들을 위해 미국 내의 수천만 가정의 이름과 주소, 그리고 적당한 마케팅 데이터를 포함한 소비자 인명록을 소개하려고 했다. 그러나 곧바로 엄청난 항의의 목소리가 들려왔고 로터스는 그 계획을 취소할 수밖에 없었다. 이미 오래 전부터 소액의 사용료만 지불하면 누구나 그러한 정보에 대한 이용이 가능했다는 사실에 대해 관심을 갖는 사람은 아무도 없는 듯했다. 사실 사적 자유가 존재한다고 생각하는 한 그것이 반드시 필요하지는 않다. 그러나 어떤 기업가가 사적 자유 보호장치 ─── 고객들이 자신에게 필요하다고 생각하지 못한 어떤 것 ─── 를 구입하도록 고객을 설득할 방법을 궁리할 수도 있다. 그리고 그런 일이 일어날 경우 다른 판매자들도 자신의 제품과 서비스에 암호화 기술을 진작 적극적으로 활용하지 못한 사실을 후회하며 박차를 가할 것이다.

암호화에 대해 알아보기 위해 시계를 50년 전으로 되돌려보도록 하자. 1943년이었다. 당시 열 살짜리 소년이었던 나는 캡틴 미드나

이트 비밀함대(Captain Midnight's Secret Squadron)의 일원임을 표시하는 배지〔내가 기억하기로는 10센트짜리 동전 한 닢과 오벌틴(Ovaltine) 병에 붙은 상표 두 장으로 교환할 수 있었던 것이다〕를 달고 있었다. 라디오에서 방송되는 「캡틴 미드나이트(Captain Midnight)」 시리즈가 끝날 때마다 아나운서인 피에르 앙드레(Pierre Andre)는 오직 「우리 일당」만이 이해할 수 있는 일련의 번호를 낭독하곤 했다. 바로 『상어 접근 중!』과 같이 중요한 내용이었다.

이미 짐작했겠지만, 원 안에 1~26까지의 각 번호에 철자가 비순차적으로 표기된 다이얼——— 다이얼 자물쇠에서 볼 수 있는 것과 같은——— 이 부착된 우리들의 배지는 암호 해독기 역할을 했다. 아나운서가 『오늘밤의 코드는 k-4입니다』라고 하면 우리는 그대로 다이얼을 돌리고, 암호화된 메시지 내에서 각 숫자에 대응하는 철자를 알아내 그 메시지를 해독하는 것이었다.

비밀함대의 적들(nemeses)——— 「사악한 상어 아이번과 그의 딸 퓨어리」——— 은 우리가 가진 배지를 하나도 눈치채지 못했다. 만약 그들이 성공했더라면 캡틴 미드나이트와 오벌틴을 마시는 그의 부하들은 서로 비밀리에 연락할 수 없었을 것이다. 어쨌든 각 배지에는 전체적인 암호 시스템에 대한 해독방법이 있었던 것이다.

반면 현대의 시스템은 그보다 나은 보호방법을 제시한다.

CNN을 시청하는 사람이라면 누구든지 1991년 걸프전에서 그 테크놀로지가 수행한 중추적인 역할을 기억할 것이다. 미사일이 날아다니고 폭격기의 융단폭격 장면이 화면의 대부분을 장식했지만 전쟁은 이라크 군대를 북쪽으로 내몰았던 민첩한 지상공격에 의존하는 것이었다. 결국 적의 측면을 치는 구식전술을 지향하는 중무장 기갑부대가 사막으로 들이닥쳤던 것이다.

비록 TV시청자들은 정확히 인식할 수 없었겠지만, 여기에서도 어김 없이 테크놀로지는 결과를 결정하는 데 중요한 역할을 했다. 내가 말하려고 하는 아이템은 신문에서도 거의 찾아볼 수 없었던 것이다. 육군측은 촬영에 적합하지 않은 그것을 공표하는 일에 그다지 적극적이지 않았다. 그런데도 부시 대통령의 참모 가운데 어떤 한 고급장교는 그것을 연합군측의 가장 중요한 무기라고 단언했다.

그것은 무엇이었을까? 그것은 단지 특수기능을 가진 한 대의 전화기였다. 그 전화기를 사용해 서로 연락할 경우 각자 단 하나의 버튼을 누르는 것만으로 대화내용에 대한 안전성이 완벽히 보장되었다. 결과적으로 연합군측의 탱크부대 지휘자는 적의 도청에 대해 조금도 염려할 필요 없이 부대의 위치를 지원 포병대에 알려줄 수 있었다. 반면 이라크측의 무전내용은 연합군측의 첩보기관에 속속들이 전해졌다. 일방적으로 한쪽만이 상대의 위치를 파악하고 있을 때, 그 전쟁의 결과를 상상해보라.

그러한 전화기를 소유하고 있으면 누구와도 비밀통화를 할 수 있다. 또한 이 기계가 적의 손에 넘어간다고 하더라도 남아 있는 모든 전화기의 안전성은 완전히 보장된다. 어째서 그러한가? 캡틴 미드나이트의 경우 철자와 숫자로 된 두 개의 원이 메시지들을 「암호화(철자에서 숫자로)」하고 「해독(숫자에서 철자로)」할 수 있게 해주었다. 그 전화기에는 암호화에 대응되는 해독화(코드를 음성 언어로) 처리방법을 숨긴, 「공용 키(public key)」라 불리는 암호화(음성 언어를 코드로) 시스템이 응용되었다. 이 시스템은 서로 연결된 두 대의 전화기가 무작위적으로 선택된 방식을 서로 교환하는 동시에 그에 대응하는 해독방식을 적용함으로써 도청을 피할 수 있도록 해준다.

걸프전이 끝나고 소련의 붕괴가 이어졌을 때 군사기술 공급자들은 자연스럽게 민간시장으로 눈을 돌렸다. 안전한 전화기라는 것은 안전성에 깊은 관심을 가진 사람들에게는 매력적인 상품임이 분명했다. 그 이전까지 사막의 폭풍(Desert Storm : 걸프전 작전에 붙여진 명칭)에 안전 전화기를 공급해오던 몇몇 회사들은 일반인을 대상으로 한 안전 전화기 사업에 착수했다.

그러나 그 기계들은 거의 소비자 손에 이르지 못했다. 반면에 제조업자들은 자체적으로 개발한 고성능 암호화 칩으로 대체하라는 정부의 친절한 제의를 받았다. 정부의 이타주의였을까? 결코 그런 것은 아니었다. 전문가들은 기존방법과 비교해서 이 새로운 칩이 비합법적인 해독화를 더욱 까다롭게 만들 수도 있다고 하는데, 사실 이 새로운 칩에는 오직 특정 정부 기관만이 은밀한 전자 뒷문(electronic backdoor)을 열 수 있는 열쇠가 들어 있다. 그러나 미국 정부의 이 시도가 성공하든 실패하든 간에, 미래의 대다수 국민들은 단지 하나의 버튼을 누름으로써 세상의 훼방꾼들로부터 자신의 대화를 보호하려고 할 것이다.

좀더 덧붙이자면「공용 키」암호화 기술은 소비자들에게 도청으로부터의 보호 이상의 어떤 것을 제공한다. 전자서명을 예로 들어보자. 금융거래와 관련해 주식 중매인에게 전자 메시지를 보낸다고 가정하자. 중매인이 그 메시지가 당신으로부터 온 것이란 걸 어떻게 알 수 있을까? 만약 그 중매인이 암호화된 메시지를 당신에게 되돌려보내길 원할 경우 그에게 암호화 방법(encoding recipe)을 보낼 수도 있겠지만, 그보다 당신은「자동해독장치(decoder)」를 보내려고 할 것이다. 후자는 다른 사람이 암호화된 메시지를 만들어내는 것을 사전에 예방하기 위한 행동이지만, 설사 그것을 누군가 읽는다고 해도 당신에겐 별 문제가 되지 않는다. 왜냐하면 비밀을 엿보는 사람보다는 날조자를 예방하는 것이 더 큰 관심사이기 때문이다. 암호화에 대응하는 해독화 방식에서 어떤 암호화 방식을 사용했는지 아무도 알아낼 수 없다면, 특정 해독기로 해석할 수 있는 메시지는 오직 그것을 작성한 사람만이 창조할 수 있게 된다. 전자우편을 통해 은행 수표를 보낸다고 가정해보자. 나는 암호화된 파일을 『이 파일을 유나이티드 저지 은행(United Jersey Bank)으로 보내고 본인이 귀사에 지불해야 할 83달러를 수금하시오』라는 명확한 메시지와 함께 내가 거래하는 지역 전기회사인 PSE&G사로 보낼 수 있다.

PSE&G측이 내 구좌에서 꺼낸 돈을 그들의 구좌에 집어넣기 전에 「수표」의 액수를 검사할 수 있도록 해독방법의 사본을 함께 보낼 수도 있다. 그러나 그들은 돈을 지불받으려면 내 메시지의 암호본을 회송해야만 할 것이다. 어쨌든 누구든지 『펜지아스의 구좌에서 83달러를 꺼내서 PSE&G에게 지불해주시오』라는 말을 쓸 수 있지 않은가? 따라서 내가 거래하는 은행은 수표에 「서명했다」는 사실을 내가 부정할 경우에 대비해 사인된 수표의 화상을 보관하고 동시에 그 메시지의 암호본도 간직하려 할 것이다.

언제까지나 보존되는 전자서명은 종이로부터의 탈출이라는 일반적인 실리성 이외에 사생활을 보호하는 흥미로운 방법을 제공해줄 수 있다. 은행에 특정한 액수의 현금(또는 다음에 나올 계획에 의해 익명성이 지켜질 전자수표)과 함께 내가 직접 만들어낸 암호화·해독화 방식(algorithm)을 준다고 가정하자. 은행측에서는 내가 전화를 통해 잔액을 알아볼 수 있도록 나에게 구좌번호를 제공하고 비밀번호를 알려줄 것이다. 그게 전부다. 그들에게 나의 이름이나 주소를 알려줄 필요가 전혀 없는 것이다. 내가 고안한 암호방식은 서명 역할을 할 뿐만 아니라, 신원을 드러내지 않고서도 내 구좌와 나를 연결시켜주는 기능을 수행할 것이다. 이를테면 「가명」의 역할을 맡는 것이다.

거래현황 명세서를 원할 경우 나는 단지 은행에 별도의 암호 키를 제공해주고 암호화된 거래현황 명세서를 인터넷에 널려 있는 전자게시판 가운데 하나에 넣어달라고 부탁하면 된다. 갱 단원이나 탈세자들은 혹시 스위스 은행들이 내국세 수입을 늘리려는 미국의 강요에 굴복하지 않을까 하는 생각에 더 이상 노심초사할 필요가 없다. 법을 집행하는 기관들이 접근 불가능한 암호의 등장을 가슴 아파하는 것도 무리가 아니다.

은행에 대해 소송이 제기되는 경우에는 내 부호화 방식(coding algorithm)을 설명함으로써 나 자신과 그 「가명」을 연결시킬 수 있으며, 비밀리에 진행시키고 싶은 거래라면 그것은 나의 본명을 대신할 수 있다. PSE&G로부터 내 「수표」를 받는 문제의 은행은 암호를 풀 수 없기 때문에 PSE&G의 고객 가운데 누가 지불한 것인지 전혀 알 수 없을 것이다.

이러한 계획이 일반 대중 사이에서 유행되든 그렇지 않든 간에, 범죄자들의 활동을 은폐할 수 있는 이런 호기를 범죄자들이 사양할리가 없다. 결과적으로 조심성 있는 비즈니스 활동은 정보를 도난당하고 나서 추적에 급급하기보다는 사전예방에 더 깊은 관심을 기울여야 할 것이다. 따라서 정보를 보호하는 일은 일상적인 거래에서는 단순히 선택적인 사항으로 남을 수도 있지만 작업장에서는 점점 그 중요성을 더해갈 것이다.

일반 시민들도 자신들의 활동 가운데 적어도 일부분만은 세상의 참견으로부터 해방되기를 원하겠지만, 개개인은 역시 자신의 행동에 대해 책임을 져야만 한다. 어떤 은행은 얼굴 없는 컴퓨터 코드에게 일정액의 재정적 가치를 부여할지도 모르지만 그것이 결코 신용보증이 되는 것은 아니다. 실명은 여전히 중요하다. 그러므로 우리의 존재(personae)를 암호화된 봉투 속에 집어넣음으로써 기계에게 더 유리해진 규칙에 의한 게임과 인간의 속성을 밝힐 수 있도록 도와주는 사회화된 행동 사이의 차이점에 대해 주의해야만 한다. 그렇게 함으로써 마음과 기계 사이의 혼동으로 인해 발생할 수도 있는 불행한 결과를 피할 수 있을 것이다.

의기화

오늘날 전세계에서 찾아볼 수 있는, 컴퓨터와 인간 사이의 표면적인 유사성의 예는 시간이 지나면서 더욱더 풍부해질 것이다. 기능이 더욱더 향상되어가는 제품과 서비스가 현대 생활에서 점점 더 큰 역할을 수행해감에 따라 인간 사용자들이 기계 보조자들의 행동을 모방하지 않을 것이라고 누가 장담할 수 있을까?

예를 들어, 컴퓨터를 이용한 교육 시스템을 보자. 네트워크화된 하나의 컴퓨터는 프로그램과 데이터를 다른 컴퓨터로 보냄으로써 그 소프트웨어 안에 들어 있는 지식을 나눠준다. 다시 말하면 기본적인 교습방법이 두 대의 기계 사이에서 진행되는 것이다. 그와 동시에 키보드를 두드려서 출력된 내용을 통해 세상을 배우는 사람들의 숫자는 증가하고 있다. 교육용 소프트웨어 제작자가 이 두 그룹의 학생들을 어떻게 구별할 수 있을까?

기계 방식의 교습에서 예상되는 이익——인건비의 절약을 포함한——을 생각할 때 컴퓨터를 통한 교육은 틀림없이 성공적인 사업일 것이다. 200년 전에 미국인들은 당시의 대중매체 ―― 예를 들어, 그 당시 신문에 발표된 적이 있는 「연방주의자(Federalist)」라는 기고문 ―― 를 기초로 의견을 피력했다. 오늘날에는 강요당하지만 않는다면 대학원생들조차도 그런 글을 읽으려고 하지 않는다. 15초짜리 인터뷰 내용이 여러 장의 게재문을 대신하기 때문이다. 무엇이 바뀌었나? 속성상 생태라는 것이 그다지 빨리 변화하는 것은 아니기 때문에 탄력적이고 적응성 강한 젊은 두뇌들이 오늘날의 매체가 그들의 지각 기관에 제시하는 환경에 맞춰 스스로를 조율했다고 볼 수밖에 없다.

학생 ―― 비단 어린이뿐만 아닌 ―― 각자의 발달과정에 따르는 컴퓨터의 역할은 진지한 관심을 요구한다. 무엇인가를 더 배우려고 작정한 성인들조차도 때로는 기계에 대한 정열이 그들의 판단력을 압도하도록 내버려둔다.

이 책을 쓰면서 나는 카운셀링을 필요로 하는 수많은 환자들이 언젠가는 컴퓨터 프로그램과 상담하게 될 것이라고 내다본 저명한 정신병리학자를 만날 수 있었다. 『가장 좋은 점은 컴퓨터를 통한 카운셀링은 「역전이(逆轉移 : countertransference」 현상 때문에 걱정할 필요가 없다는 것입니다』라고 그는 결론을 내렸다. 다시 말하면 환자가 무슨 말을 하거나 어떤 행동을 취하더라도 기계는 화내거나 자극받지 않는다는 것이다.

그러한 전자적 정연함(electronic neatness)은 다소 염려스럽다. 악의 없어 보이는 말씨와 몸짓에 대한 자신의 반응을 인식하는 행위는 임상의에게 좀더 깊은 의미를 깨닫게 해줄 수 있다. 이러한 맥락에서 볼 때 인간을 대신해 그러한 반응에 응하지 않는 기계로 대체한다는 것은 환자의(또는 고객의) 정보전달 능력을 감퇴시킨다. 따라서 감정이 부재하는 이 시스템은 더 깔끔한 길을 열어주기보다는 더 좁은 홈으로 우리를 이끈다. 통과하지 못하는 것은 폐기처분되게 마련이다. 나는 정보에서 숫자만 제외하고 나머지를 떼어버리기엔 그것은 너무 중요한 것이라고 말하고 싶다.

사업적인 시각에서 볼 때 비록 요즘 세상에 때대로 숫자에 몰두한 기업이 번창하는 경우도 있긴 하지만, 경영자라면 숫자에 지나칠 정도로 집착하는 것을 피해야만 할 것이다. 예를 들어 톰 피터스(Tom Peters)와 로버트 워터먼(Robert Waterman)이 공동저술한 1980년대의 초베스트셀러인 《우량기업을 찾아서(In Search of Excellence)》는 일정 기간 동안 소득 면에서 지속적인 성장을 이룩한 사실을 근거로 선발된 기업들의 장점에 대해 극구 찬양했다.

그러나 10년 후 이런 편협한 기준에 의한 선택방법을 다시 한번 살피게 된 피터스는, 그 기업들이 나중에 거둔 성과에서 두드러진 균열을 발견하게 되었다. 그것은 숫자만으로는 사업의 주도권을 쥘 수 없다는 사실을 극명하게 말해주는 것이었다.

기업의 경제적 성공은 꾸준하게 성장하고 있는 사업을 더욱 번창시키는 능력으로 인식되기도 했다. 그러나 메인프레임에서 네트워크화된 컴퓨터로의 전환과 같은, 변화하는 환경에 대처하기 위한 새로운 사업을 일궈내는 능력에 관해서는 아무런 실마리도 제공하지 않았다.

어쨌든 이러한 예를 통해 드러나는 것은 너무 소극적인 과거와의 결별에서 오는 문제가 아니라 너무 단호한 결별에서 비롯되는 문제다. 다른 모든 것들을 제쳐두고 재정에만 관심을 기울였던 그 기업들은 구성원들을 돈을 벌어들이는, 매매가능한 발동기로밖에는 보지 않았다. 그 곳에는 조직 이론가들이 말하는 「기업론(theory of the firm)」──── 하나의 조직이 조직을 이루고 있는 종업원들의 능력으로부터 이끌어내는 명확한 경쟁적 이점 ──── 이 존재하지 않는다. 단지 숫자에 근거해 취급받는 종업원들은 자신도 또한 똑같은 근거로 행동하기 시작한다.

의사결정을 하는 데 필요한 도움을 받기 위해 컴퓨터 방식의 정보 원천으로 시선을 돌림에 따라 관리자들은 속담에서 나오는 술주정뱅이의 딜레마라는 위험을 맞게 된다. 술주정뱅이는 동전을 잃어버린 어두운 도로 위에서 돈을 찾아야 하는가, 아니면 훨씬 더 명확히 볼 수 있는 밝은 가로등 아래에서 찾아야 하는가? 진짜 문제는 다른 곳에 숨어 있는데도 불구하고, 수치상의 문제에 광명을 던져주는 컴퓨팅의 능력 때문에 수많은 관리자들이 바로 그 활동무대 내에서만 해답을 구하려고 하는 듯하다.

초기의 컴퓨터에 심취한 열광자들은 마치 인간의 두뇌가 컴퓨터에 비해 별다른 능력을 갖추지 않았다는 듯, 이 불모의 숫자 연산기에게 「전자 두뇌」라는 작위를 수여했다. 그렇다면 이 책에서 그려온 테크놀로지 ──── 더 풍요하고 유연성 높은 ──── 에 대해서는 또 얼마나 많은 근시안적 단견이 생겨나겠는가. 컴퓨터가 말을 하고 얼굴을 인식할 수 있게 됨에 따라 미래의 관리자는 인간의 특징과 프로그래밍 사이의 치이점에 대해 깊고 지속저인 관심을 기울여야 할 것이다.

어쨌든 기계라는 것은 주식시세(ticker tapes)를 관찰하면서 시가폭(spread)이 유리한 거래의 가능성을 제공할 경우 파운드나 페소에 대한 연계 매매로 이익을 올려준다. 그러나 이러한 숫자 뒤에 숨은 참다운 의미 ──── 현실의 나라들과 현실의 사람들을 위한 참다운 경제학 ──── 를 파악할 수 있는 것은 인간의 마음뿐이다. 따라서 컴퓨터를 사용할 수 있는 능력을 갖춘 관리자들은 숫자에 정통해질수록 생각 없는 데이터가 단지 보여주는 사회적·경제적 현실에 대한 이해력을 키워나가야만 할 것이다.

빈 부

오늘날의 비즈니스계와 정부로부터 추앙받는 위치에 올라선 기업들에 의한 세계화, 시스템의 통합, 그리고 정보의 세계적인 전개에 힘입어 세계의 선진 경제 사이에서 더 긴밀한 비즈니스 연결이 형성되리라는 것을 의심하는 사람은 없으리라. 그러나 그 밖에 나머지는 어떨까? 테크놀로지가 진보함에 따라 후진국가들은 더욱더 뒤떨어지게 될 것인가? 다시 말해 가장 운 좋은 국민들에게 봉사하는 경제를 통합시키는 하모니 개념도 결국은 세계를 분리시키는 데 한몫 하게 되는 것은 아닐까?

그러나 희망은 존재한다. 1994년 1월1일 이후 정부를 상대로 무장투쟁을 시작한 남멕시코의 가난한 치아파스(Chiapas) 인디언들은 그들의 고충과 그에 대한 지원을 요청하는 글을 세계 전역의 전자 게시판에 게재했다. 그들은 모험심 강한 기자들이 그들의 투쟁을 세계에 알릴 때까지 기다릴 필요가 없었다. PC 한 대를 구해서 인터넷 사용자에게 연락을 취하기만 하면 되는 것이었다. 몇 정의 소총을 구하는 것보다 쉬울 뿐 아니라 장기적으로도 훨씬 효과적인 방법이었다. 이 예가 시사하는 것처럼 하모니 시대의 이점 가운데 적어도 일부분은 넓은 이익의 범위 안에서 스스로의 존재를 인식시킨 듯하다.

기술적인 면에서 보면 빈부 사이의 격차를 메울 수 있는 수단은 풍부한 것처럼 보인다. 가장 가치 있는 자원 중에서도 점차 늘어나고 있는 소프트웨어로부터 추출되는 자원은 물리적인 한계에 따른 어려움을 겪을 필요가 없다. 따라서 정보에 기초한 부(富)의 새로운 원천을 공유한다는 것은 그다지 많은 비용을 필요로 하지 않는다. 게다가「정보 기증자들」은 자신들이 제시한 정보에 따라 확장되는 시장과 예기치 못한 응용으로부터 이득을 얻을 수도 있다. 시장 경제로 활발하게 합류하고 있는 중국, 그리고 최근 들어 나타나기 시작한 인도의 참가는 이러한 결론을 뒷받침하고 있다.

이미 살펴본 바와 같이 테크놀로지로의 접근은 낡은 방식의 경제적 이점을 개량할 수 있는 능력을 제공해준다. 단지 원료에만 의존하는 경제 분야는 밝은 미래를 보장받을 수 없다. 유정(油井)이나 다이아몬드 광산을 주는 것에 대해 불평할 이유야 없겠지만, 국내 생산에 대한 수없이 많은 기회들을 간과해서는 안 된다. 예를 들어, 영국이나 노르웨이와 같은 나라들이 근해의 심해 유정으로부터 더 많은 원유를 끌어올리는 방법을 찾아냄으로써 석유 공급량을 늘린 데 비해, 프랑스나 일본의 선진 경제는 핵 에너지로부터 전력을 생산하는 탄탄한 방식을 채택함으로써 석유 수입에 대한 의존도를 현저히 낮출 수 있었다.

마찬가지로 내가 즐겨 읽는 신문의 과학 면에서는 인공 다이아몬드를 생산하는 실험기술이 꾸준히 진보하고 있다고 알려준다. 그리고 원료 판매상들에 대한 의존도 감소 현상——예를 들면 알루미늄 음료수 깡통 두께를 50% 정도로 낮추는 조립기술의 향상——은 일반인들이 알아차릴 수 없을 정도로 자주 발생하고 있다.

물리적인 일용품에 대해 언급한 위의 예들은, 이른바 저임 노동력에도 적용되는 것이다. 선진국의 기민한 관리자들은 생산공정의 설계에 세심한 관심을 기울임으로써 인건비의 불균형을 극복해내는 경우가 많다. 예를 들어, 어떤 사람들은 전세계적인 데이터 네트워킹이 출현함으로써 미국 내의 컴퓨터 프로그램 일자리 중 상당 부분이 제대로 교육받고 영어로 업무를 볼 수 있는 프로그래머들의 인건비가 미국보다 몇 배나 싼 나라들로 옮겨갔을 것이라는 생각을 했을 수도 있다. 그러나 그러한 움직임은 전혀 일어나지 않았다. 어떤 중개업자들은 그러한 서비스를 소규모 사용자들에게 제시하기도 했으며, 어떤 대규모 회사들은 그런 서비스에 대한 지점 운영도 실험했다. 그러나 재외 프로그래밍(offshore programming)은 그 산업 분야에서 아주 작은 발걸음도 내딛지 못했다. 어째서 그럴까?

소프트웨어 제작은 일련의 과정을 포함하는데, 실제로 코드 자체를 기록하는 일은 전체의 3분의 1에도 못 미친다. 거의 대부분의 작업은 고객이 원하는 것을 알아내고, 고객의 요구대로 프로그램이 작동되는가를 확인하는 일이다. 그리고 대체로 이 두 가지의 일 모두 모호성을 극복하기 위해 고객들과의 상호작용을 필요로 한다. 소프트웨어 제공자들이 해외로의 이전을 위해 남아 있는 부분들을 정확히 설명할 수 있게 되면 더 부가되어야 할 가치는 거의 남지 않는다. 어떤 경우에는 수작업의 도움 없이 컴퓨터가 스스로 설계에 대한 자세한 설명만을 갖고서도 요구되는 프로그램을 만들어내기도 한다. 의류나 식기류와 같이 간단히 설계할 수 있는 품목을 생산하는 것과는 달리 소프트웨어 제작이 저임금 국가들로 이전될 가능성은 희박하다.

반면 집적회로(integrated circuit : IC)는 대개 지리적으로 골고루 분포된 경로를 통해 설계된다. 대부분의 IC 제조업체들은 각 작업현장에 대한 대규모 자본투입을 될 수 있는 대로 줄이기 위해 가능하면 생산설비를 몇몇 지역에 밀집시키려고 노력한다. 그에 비해 설계자들은 개별적인 칩 설계를 위해 비교적 작은 팀만으로도 작업을 진행시켜나갈 수 있다. 따라서 칩 제조업자들은 고기능 주문 전자회로를 갖춘 정보시대의 자동 판매기와도 같은 설계 센터들을 될 수 있으면 고객들과 가까운 장소에 배치하려는 경향이 있다.

미국의 칩 생산업자들 가운데 이스라엘에서 대규모 사업을 계속하고 있는 사람들이 상당수 존재한다는 사실로 볼 때, 그와 같은 나라들은 IC 설계 센터 건설에 필요한 이점을 제공하는 듯하다. 이스라엘에서 이루어지는 칩 설계의 대부분이 다른 대륙에서 만들어지는 제품에 사용되고 있다. 그러나 여전히 상당 부분은 이스라엘 내의 공장으로 전달됨으로써 국내 노동력이 생산하는 완제품의 산출량을 높일 뿐 아니라 국내의 장비 제조업자들은 필요한 특수 칩에 더 쉽게 접근할 수 있게 된다. 이스라엘의 경제발전을 위한 훌륭한 후원방법이 아닐 수 없다.

그러나 모두가 동의하는 것은 아니다. 『감자 칩이건 실리콘 칩이건 무엇이 다른가? 칩은 칩일 뿐이다.』이는 첨단기술제품 제조부문에서 미국의 위상을 유지하기 위해 특별한 관심을 쏟는 것을 못마땅하게 생각한 부시 대통령 당시의 회의적인 관료가 자신의 입장에 대해 압력을 받았을 때 했던 말이라고 한다. 이 사람의 관점에서는 한 국가가 산출한 생산고의 달러 가치가 그 생산고를 산출한 제품과 서비스의 합보다 더 중요한 것이었다.

영향력 있는 어떤 학파는 경제적 발전을 투자와 관련짓는 데 비해, 나는 경제적 발전을 혁신과 연결짓는다. 양쪽의 생각 모두 궁극적인 진리에 대한 절대성을 띠는 것은 아니므로 좀더 자세한 내용에 관심 있는 독자들은 그 답을 나른 곳에서 찾아보았으면 한다. 내 관점에서 볼 때 산업혁명이 시작된 이후로 줄곧 지속되어온, 제조부문과 경제적 번영 사이의 전통적인 연결에서 조만간 어떠한 단절이 예상된다고 생각할 필요는 없는 것 같다. 분명히 지적 재산(intellectual property)의 경제적 역할은 꾸준히 그 중요성을 더해갈 것이지만 지적 재산에 대한 경제적 보상은 그것이 초음속기이든 한 켤레의 운동화든 간에, 대체로 생산물을 통해 오게 된다. 예를 들어, 반 톤 분량의 강철이 엄청난 비웃음을 샀던 구동독의 고물 자동차인 트레반트(Trebant) 대신 한 대의 벤츠(Mercedes) 승용차로 변모할 때 얼마나 가치가 높아질지에 대해 상상해보라.

나는 미래의 집적회로 산업이 엄청난 성장 가능성을 가졌다고 믿는다. 실제로 현재의 가장 정교한 전자제품들은 하나의 칩 크기나 그보다도 더 작은 크기로 축소될 것이 분명하다. 반도체 메모리 분야에서 우리의 현재 위치를 생각해보자. 최초의 DRAM(dynamic random acess memory)칩은 4,000 데이터 비트를 감당할 수 있었다. 지금은 4메가비트짜리 칩이 전자산업의 저장기계 역할을 맡고 있다. 그리고 진보는 계속되고 있다. 집적회로를 연구하는 나의 동료들은 현재의 디자인과 조립기술의 전개를 근거로 4기가비트짜리 칩이 2000년대가 시작되면서 시장에 모습을 드러낼 것이라고 확신한다.

한번 생각해보자. 현재의 400만 비트짜리 DRAM은 초기의 4킬로비트 칩의 1,000배나 되는 저장용량을 제공한다. 40억 비트짜리 칩이 탄생하면 우리는 또 다른 1,000이라는 인수를 보게 되는 것이다.

이것이 실생활에 어떤 의미를 부여할까? 당신이 보거나 전해 들은 것 가운데 가장 큰 전자제품 상점——TV, 스테레오, PC, 전자게임, VCR, 캠코더 등의 제품들이 줄줄이 들어선——을 그려보

라. 4기가비트 시대가 열리면 눈앞에 보이는 기구에 내장된 모든 전자회로들은 셔츠 주머니 안에서도 표시나지 않을 크기의 실리콘 속으로 들어가게 될 것이다.

지금부터 몇 년 후 그러한 칩의 디자인과 조립에 얼마나 많은 노력이 따르게 될 것인가를 생각해보자. 개별적인 기능의 단가는 생산량이 늘어날수록 떨어지는 것이 분명하지만, 이 중요한 부품이 제조가치에서 차지하는 몫은 점차 커질 것이다. 한때 실행되었던 조립작업의 대부분이 이제는「조립」공장들이 구입해서 짜맞추는 구성요소 안에서 이미 처리된 상태이기 때문에, 오늘날 그와 같은 공장들의 대부분은 점점 더 작은 공간을 사용하며 점점 더 많은 산출물을 생산하고 있다.

1960년대에 피델 카스트로(Fidel Castro)는 국내 제조를 촉진시키기 위해 알루미늄 취사도구에 대한 수입을 금지시켰다고 한다. 그 당시 최소한 쿠바인들이 구입하려는 양만큼에 대해서는 알루미늄 주괴(ingots)가 같은 무게의 냄비나 그릇보다 비쌌었다. 따라서 쿠바의 경우에는 비록 경제적 실패로 끝났지만, 현명한 정부라면 카스트로처럼 국내 제조업이 제공하는 고용기회들을 간과할 수 없을 것이다. 불행하게도 카스트로의 제도로는, 쿠바의 제조업자들이 그들보다 훨씬 거대한 경쟁자들이 갖고 있던 규모의 우월성———그 중에서도 특히 원료에 대한 유리한 이용방법———을 극복할 수 없었던 것이다. 그러나 오늘날의 유망 주자들 가운데 일부는 훨씬 높은 가능성을 지니고 있다. 앞에서 언급한 소프트웨어 부호화 부문의 경우, 미래의 프로그래머들은 실제적인 부호화가 시작되기도 전에 대부분의 가치가 부가되는 다단계식의 과정에 영입되기를 원할 것이다.

국내 IC 설계를 통해 가치창출에 참가함으로써 얻게 되는, 「가장 유리한 입장」을 위한 더 유망한 기회들과는 대조적으로, 컴퓨터를 이용한 설계가 점차 세계 전역으로 분산되어나가는 것은 반가운 일이 아닐 수 없다. IC를 생산하는 공장들은 대규모 투자가 필요하기 때문에 수익에 민감한 관리자들은 생산 라인을 계속해서 채워나가도록 노력해야만 한다. 다양한 고객과의 거래를 통해 기복이 심한 불안정의 충격을 완화할 수 있게 된다. 전자부품 납품업자로서 그 모습을 드러낸 IBM의 경우를 보라. 여전히 세계에서 가장 거대한 IC 생산자이며 제조부문에서 확고부동한 위치를 확보하고 있는 이 거인은 이제 부품판매를 국내 시장에만 국한시켜서는 더 이상의 이점을 찾지 못하게 되었다.

게다가 전자회로의 가격이 점차 저렴해짐에 따라 IBM은 지금의 기계 기술이 맡고 있는 역할을 점점 더 많이 담당하게 될 것이다. 기계식 타이머가 대부분의 가전제품들을 조정했던 시절을 기억하는가? 디지털 시계의 가격 폭락이 그러한 풍경을 변화시켰다는 것과 현재의 자전기식(electret) 마이크로폰이 한 벌의 누름 버튼보다 저렴하다는 것을 기억하자. 더 저렴함에도 불구하고 더욱 강력한 회로가 보편화됨에 따라 음성인식 회로는 전자 타이밍 회로만큼이나 값싸질 것이다. 여러 응용영역에서, 말하는 것이 쓰기나 타이핑보다 편리할 뿐만 아니라 가격마저도 저렴해질 것이다.

이와 같은 환경에서 전기제품 제조업자들은 그러한 절약 방안을 깨닫기 위해 부품 카탈로그에 적힌 내용을 훑어볼 여유가 없다. 그들은 그러한 기능을 부품에 확보해놓아야 하며 그것들을 처음부터 총체적으로 결합해야만 한다. 그렇지 않으면 남들이 만드는 제품의 판매자 역할에 만족해야 한다.

다행스럽게도 중앙화된 컴퓨팅을 전복시킨 마이크로프로세서는 데스크탑—— 어디에 위치해 있든 간에 —— 에게 슈퍼컴퓨터 규모의 데이터 프로세싱을 약속해준다. 결과적으로 전기적·기계적 설계 능력은 지리적인 장벽을 좀더 쉽게 극복할 것이다. 그리고 여러 곳에 분산되어 있는 설계 팀들은 그들이 보유한 워크스테이션—— 나날이 진보하는—— 의 통신능력을 이용할 수 있게 될 것이다. 그렇게 될 때 어떤 나라의 어느 그룹이 어떤 곳에서 세련된 하위 부품을 설계하더라도 다른 곳에서 설계된 하위 부품과의 완벽한 적합성이 보장되게 된다.

아무리 낙관적인 미래 시나리오라도 오늘날의 경제 선진국들이 주변 국가들보다 훨씬 유리한 위치를 차지하게 된다는 사실은 명백하지만, 점차 모습을 드러내고 있는 하모니 시대는 경제적 변화를 위해 분명한 기회들을 제공해야만 한다. 우리는 기계가 주도했던 과거의 생산 라인들이 어떤 식으로 같은 제품에 대한 대량생산을 선호했는가를 보았다. 그와는 달리 오늘날 대부분의 공장들은 다양한 제품들을 생산하는 데 주저하지 않는다. 실제로 어떤 제조 기술자들은 각각의 품목을 위해 기계설비를 개별적으로 재정비한다는, 이른바 특정 주문 품목 사이즈 계획을 추진할 정도로 제품생산의 다양화는 긍정적인 평가를 받고 있다.

앞에서 언급한 버턴이라는「전자 집사」시나리오에서 본 것과 마찬가지로 미래의 통합 시스템은 다수의 제공자들로부터 제공되는 제품들을 공급할 것이다. 새로운 사업으로 들어가는 이러한 길들이 반드시 성공을 보장하는 것은 아니지만, 적어도 새로운 경기로 새로운 선수들을 초대하는 것만은 사실이다.

하나의 생산자만으로는 미래의 사용자들이 요구하는 폭넓은 기능성을 전부 충족시킬 수는 없다. 따라서 미래의 시스템은 다양한 판매자들에게 수많은 부가장치——특정 목적에 이용되는 로봇에서 전자 게임에 이르는——의 기회를 제공할 것이다. 미래의 판매자들은 결과적으로 제대로 훈련된 종업원들을 찾을 수 있는 곳이라면 어디에서든지 사업을 운영할 수 있게 된다. 컴퓨터 방식의 설계기계와 데스크탑 방식의 통신은 그러한 판매자들로 하여금 공급자, 제휴자, 그리고 잠재적 고객과의 연결을 형성할 수 있도록 해준다. 따라서 새롭게 떠오르는 신상품 시장에 참가하기를 원하는 기업가들에게 지리적인 격차는 커다란 장벽이 되지 못한다.

그리고 이러한 제공물의 다양성으로 인해 새로운 시장에 활력을 불어넣어줄 새로운 상품과 서비스들이 생겨나게 될 것이다. 결과적으로 새로운 가능성을 손에 쥔 기업이 이득을 취하고 국민들에게 고용의 기회를 제공하는 동시에 사용자들은 향상된 생활을 영위하게 될 것이다. 물론 이러한 모든 것을 실현시키는 것은 우리의 손에 달려 있다. 경제적인 이점을 가진 나라의 국민들은 세계 무역의 성장과 그 결과 진행되는, 부와 빈의 사이에 존재하는 간극을 메우는 과정에서 많은 이익을 얻게 될 것이다.

따라서 하모니는 불협화음을 지속적으로 줄여나가는 데 치중해야 할 것이다. 이러한 개념은 테크놀로지의 무대에서 인간의 제작물과 그 사용자, 그것을 구성하는 각각의 요소들, 그리고 무엇보다도 그러한 제작물과 자연 사이에 존재하는 간극이 안고 있는 문제점들을 해결할 것이다. 비즈니스 측면에서 볼 때 하모니의 개념은 새로운 상업과 고용기회로 변화할 것이다. 그러나 우리는 좀더 먼 곳까지 나갈 수도 있다. 단지 소수만을 위한 경제가 아니라 모두를 위한, 진실로 바람직한 경제는 인간 사회에 존재하는 간극을 메우기 위해 사람들과 테크놀로지의 이용을 필요로 한다.

컴퓨터 설계를 전세계로 확산시켜나가는 동시에 가난한 사람들의 고충 해결을 위한 지구적 공개 토론장의 역할도 수행하는 전세계적 네트워크는 인간의 이익을 위한 인간의 독창력이 빚어낸 한 폭의 그림이라고 할 수 있을 것이다. 어쨌든 하모니는 우리가 만들어내는 것이다.

•

역자 약력

•

서울 출생
호주 퍼스 캐닝 칼리지 수학
미국 UC버클리대 수학

•

하모니시대

•

지은이 / 아노 펜지아스
옮긴이 / 강유구
펴낸이 / 박용정
펴낸곳 / 한국경제신문사
등록 / 제2-315(1967. 5. 15)
제1판 1쇄 인쇄 / 1996년 9월 15일
제1판 1쇄 발행 / 1996년 9월 20일
주소 / 서울특별시 중구 중림동 441
대표전화 / 360-4114
직통 / 313-8293 · 312-0063
FAX / 360-4552

•

✱ 파본이나 잘못된 책은 바꿔 드립니다.
ISBN 89-475-2180-9

•

값 8,500원

앨빈 토플러 選集

권력이동

앨빈 토플러 著
李揆行 監譯
〈양장본 / 10,500원〉

21세기를 향해 변화하는 폭력·富·지식 등 사회 각부문의 권력격변은 어떤 형태를 취하고 있는가? 이러한 격변은 어디에서 기인하는가? 앞으로 다가올 변화를 누가 어떻게 통제할 것인가? 이 책은 세계 곳곳에서 일어나고 있는 권력의 대지진과 격변을 놀라운 통찰력으로 예견한 力著. 「미래쇼크」「제3물결」에 이은 3部作의 완결편.

미래 쇼크

앨빈 토플러 著
李揆行 監譯
〈양장본 / 8,500원, 보급판 / 5,500원〉

인간에게 격심한 변화가 닥쳤을 때 인간은 도대체 어떠한 상태에 이르게 될 것인가? 그리고 어떻게 하면 미래의 변화에 적응할 수 있을 것인가? 오늘의 현대인에게 미래의 충격적 상황을 예시하고 이를 극복할 방향을 제시하고 있는 警世의 敎訓書.

제3물결

앨빈 토플러 著
李揆行 監譯
〈양장본 / 9,500원, 보급판 / 6,500원〉

기존질서의 붕괴와 전자문명의 개막이 가져다 준 생활패턴의 변화라는 격랑에 현대인은 표류당하고 있다. 우리가 어떻게 이러한 새로운 時代의 질서와 생활패턴에 적응하고 나아가 이에 능동적으로 대처해 나갈 것인가를 예리한 문명비판적 시각에서 제시해 주고 있다.

예견과 전제

앨빈 토플러 著
李揆行 監譯
〈254면 / 3,500원〉

생동감 넘치는 질의문답 형식을 빌어 현대의 경제, 노동의 미래, 여성의 역할, 세력균형, 비디오의 영향, 정치에 등장한 컴퓨터 그리고 사회주의와 자본주의의 미래에 대해 도전적 견해를 펼쳐 보이고 있는 토플러의 제3저작.

적응기업

앨빈 토플러 著
李揆行 監譯
〈218면 / 3,000원〉

급변하는 사회환경 속에서 기업이 어떻게 적응하고 정치·경제·문화적인 현상과는 어떤 관련을 갖고 있는가를 저자 특유의 관찰력으로 날카롭게 분석·비평한 비밀보고서 형식의 力著.

전쟁과 反戰爭

앨빈 토플러 著
李揆行 監譯
〈양장본 / 404면 / 8,000원〉

새로운 세기로 접어들고 있는 오늘의 지구촌에서 새 문명의 등장으로 촉발된 대규모 평화위협의 실상을 파악하고 「신세계질서」의 이행성을 예측하고 있다. 전쟁과 反戰爭에 관한 토플러의 방법론적 탁견은 전쟁을 예방하기 위한 평화적 해결책을 제시하고 기묘하고 신비한 미래사의 문을 활짝 열어줄 것이다.

韓經 베스트 셀러

경영혁명

톰 피터스 著
盧富鎬 譯
〈신국판 / 820면 / 13,000원〉

정보화사회는 불확실성이 심화된 사회로 기업경영의 경기규칙과 새로운 경영스타일 등 생존을 위한 변화는 가히 혁명적이라 할 수 있다. 이 책은 전통적 사고에 도전하고 조직이 사람을 위해 존재할 수 있도록 변화를 유도하는 45가지 경영 실천전략을 제시한 기업경영자의 「비즈니스 핸드북」

해방경영

톰 피터스 著
盧富鎬 外 共譯
〈양장 / 1,300면 / 19,000원〉

2000년대의 경영思潮는 무엇이며, 이를 주도할 기업의 생존철학은 무엇인가? 이 책은 장장 1300여 페이지에 걸쳐 좋은 기업을 만들기 위한 조직의 창조적 파괴와 일반통념으로부터의 해방을 핵심테마로 다루고 있다. 자유분방한 필치와 수많은 은유, 패러독스가 곳곳에 번득여 방대한 분량임에도 불구하고 읽는 동안 재미와 해방감·지적 충족감을 더할 수 있다는 것이 이 책의 또 하나의 매력으로 꼽힌다.

경영파괴

톰 피터스 著
安重鎬 譯
〈양장 / 374면 / 8,500원〉

이제 리스트럭처링·리엔지니어링으로는 급변하는 시대를 이길 수 없다. 기업의 조직은 상상을 초월하는 혁신적인 네트워크형이 되어야 한다. 이 책은 세계적 경영컨설턴트인 저자가 새롭고 번뜩이는 아이디어로, 기업을 운영하는 사람들이 재창조와 혁명을 향해 전진할 수 있도록 9개의 「넘어서」를 중심으로 구체적인 혁신방안을 제시한다. 변하지 않는 기업이나 조직은 망한다는 것이 저자의 한결같은 주장이다.

강대국의 흥망

폴 케네디 著
李日洙·全南錫·黃建 共譯
〈양장 / 720면 / 13,000원〉

역사학자이자 미국 예일대 교수인 저자는 이 책에서 지난 5세기 동안에 전개되었던 강대국들의 흥망성쇠는 그들의 경제력과 군사력의 변화 추이에 의해서 좌우되어 왔다고 진단하면서 앞으로 다가오는 21세기에는 미국·소련·서유럽 등의 쇠퇴와 중국·일본 등 아시아 강국들의 부상을 예언하고 있다.

21세기 준비

폴 케네디 著
邊道殷·李日洙 譯
〈양장 / 500면 / 9,000원〉

우리에게 충격을 던졌던 「강대국의 흥망」 저자 폴 케네디 교수가 다가올 21세기 문명세계의 각종 위기를 명쾌히 분석·정리한 力著. 이 책은 향후 30년 사이 우리에게 닥칠 도전들과 그 대응방법 그리고 인구폭발, 환경오염, 생물공학, 로봇, 통신수단, 가공할 파워의 양태 등을 특유의 통찰력으로 분석·예견하고 있다.

메가트렌드 2000

J. 나이스비트 외 共著
金弘基 譯
〈신국판 / 366면 / 8,000원〉

90년대는 정치개혁과 경이적인 기술혁신 등으로 지금까지와 전혀 다른 변화양상을 인류에게 줄 것이다. 이 책은 90년대의 변화로 경제호전, 예술의 번영, 시장사회주의의 출현, 복지국가의 쇠퇴 등 과거 어둡고 비관적인 세기말적 변화보다는 밝고 새로운 흐름을 부각시키고 있다.

메가트렌드 아시아

존 나이스비트 著
홍수원 譯
〈양장 / 402면 / 9,500원〉

미래예측가로 세계적 명성을 떨치고 있는 나이스비트는 21세기에는 아시아가 미국주도의 상품과 소비시장에 가장 중요한 경쟁자로 떠오를 것으로 내다보고 현재 역동적으로 변화하는 아시아의 모습을 8가지 트렌드로 분석했다. 특히 아시아와 세계라는 맥락 속에서 한국에 나타나고 있는 폭넓은 변화들을 살펴보고 한국이 아시아에 기여할 수 있는 방안도 짚고 있다.

20세기를 움직인 思想家들

기 소르망 著
姜偉錫 譯
〈신국판 / 426면 / 8,000원〉

20세기 사상계에 결정적인 영향을 끼친 사람들은 과연 누구인가? 프랑스의 저명한 경제학자이자 사회학자인 기 소르망이 29명의 생존해 있는 현대 최고의 사상가들과 직접 인터뷰를 통해 그들 자신이 선택한 분야에 전생애를 바친 사상과 사색의 놀라운 통찰을 기록·정리한 「살아있는 도서관」.

資本主義 종말과 새 世紀

기 소르망 著
金廷銀 譯
〈양장 / 628면 / 13,000원〉

세계적인 석학인 저자는 자본주의 체제를 위협하는 것은 「도덕적 불만」과 「자본주의에 대한 몰이해」라고 주장하고 러시아·중국·독일·인도 등 20여개국의 자본주의의 현재 모습을 생생히 그리고 있다. 또한 현재의 자본주의의 위기를 극복하기 위한 구체적인 실천방안에 대해서도 통찰하고 있다. 방대한 분량인데도 르포형식이어서 전혀 지루하지 않다.

未來企業

피터 F. 드러커 著
高柄國 譯
〈신국판 / 416면 / 8,000원〉

우리 시대의 가장 뛰어난 사회·경영학자이자 미래학자인 드러커의 「변혁시대 기업생존전략 연구서!」이 책은 세계경제가 빠르게 바뀌어 감에 따라 기업의 새로운 생존 경영전략 모델, 즉 기업이 살아남기 위한 5가지 변화조건을 예리하게 분석·고찰했다. 특히 사회·경제학 시각에서 세계경제 흐름을 통찰한 力著.

자본주의 이후의 사회

피터 F. 드러커 著
李在奎 譯
〈양장 / 328면 / 7,000원〉

사회주의권의 급격한 몰락 이후 탈냉전 분위기가 고조되고 있는 시점에서 향후 세계 변화가 주요 관심사로 떠오르고 있다. 저자는 이 책에서 향후 세계는 자본주의적 시장구조와 기구는 그대로 존속되겠지만 주권국가의 통제력은 약화되고 전문지식을 갖춘 지식경영자 중심의 글로벌화 사회가 될 것으로 예측하고 있다.

미래의 결단

피터 드러커 著
이재규 譯
〈양장 / 408면 / 9,000원〉

현대 경영학의 대부, 피터 드러커는 이 책에서 「스스로를 다시 생각함으로써 회생할 수 있다」고 전제하고 기업의 5가지 치명적 실수, 가족기업을 경영하는 규칙, 대통령을 위한 6가지 규칙, 새로운 국제시장의 개발, 3가지 종류의 팀조직, 오늘날 경영자들이 필요로 하는 정보 등 바람직한 미래를 실현하기 위한 방안을 제시했다. 21세기를 위한 새롭고 시의적절한 경영지침서.

株式市場 흐름 읽는 법

浦上邦雄 著
朴承源 譯
〈신국판 / 200면 / 4,000원〉

언뜻 보기에 무질서하고 예측이 불가능해 보이는 주식시장도 장기적으로 보면 특정한 네 개의 국면을 반복하고 있다는 것을 알 수 있다. 이 책은 이 네 개의 국면이 어떤 요인에 의해 순환되고 각각의 국면에서 어떤 종목이 활약하는가를 숙지할 수 있는 안목을 제시해주고 주식투자시 리스크를 피하는 방법에 대해서도 설명하고 있다.

2020년

해미시 맥레이 著
金光田 譯
〈양장 / 408면 / 9,000원〉

다양한 인종만큼이나 상이한 정치·경제체제와 독특한 문화양식을 지니고 있는 세계 각국은 저마다의 주무기를 앞세워 미래를 설계하고 있다. 경제평론가인 저자는 앞으로 국가경쟁력을 결정짓는 요인은 기술이 아니라 문화라고 강조한다. 현재 세계 각국이 처해 있는 상황을 바탕으로 치밀하게 전망한 2020년경의 세계 각국의 모습에서 우리의 진로는 어떻게 모색해야 할 것인가?

제 4 물결

허먼 메이너드 2세
수선 E. 머틴스 共著
韓榮煥 譯
〈양장·4×6판 / 239면 / 5,000원〉

21세기의 범세계적 기업을 위한 낙관적 비전을 제시하고 있는 이 책은 한마디로 앨빈 토플러의 《제3물결》을 넘어 장기적 미래의 비전에 집중하고 있다. 지금 우리가 공업화를 상징하는 「제2물결」에서 탈공업화적인 「제3물결」로 전이하고 있지만, 머지 않은 곳에서 새로운 차원의 「제4물결」이 밀려오고 있다고 진단하고 있다.

장사꾼으로 거듭나는 사무라이 혼

金亨澈 著
〈신국판 / 372면 / 7,000원〉

일본의 자민당 정권이 붕괴된 이후 연립정권이 난립하고 고베 대지진, 증권스캔들, 옴 진리교 사건 등이 일어난 격동기에 필자가 주일특파원으로 취재하며 느낌을 쓴 현장 르포다. 기자의 눈을 통해 「기모노 속에 감춰진 진짜 일본」을 만난다.

유머人生 1~5

韓國經濟新聞社 出版部 編
〈4×6판 / 244면 / 4,500원〉

많은 독자들이 1980년 12월부터 본지에 연재되고 있는 「海外유머」를 책으로 출판했으면 어떨지, 그런 계획은 없는지 물어왔다. 이 책은 독자들의 그러한 성원에 보답하자는 취지로 출판되었으며 우스갯소리 가운데서 인생의 묘미도 느끼고 영어공부도 할 수 있게끔 어려운 단어나 語句에는 주석을 달아 독자들의 이해를 돕고자 노력했다.

암 이렇게 하면 두렵지 않다

엘리자베스 웰런 著
민진식 監譯
〈신국판 / 350면 / 8,000원〉

암의 원인과 관계되는 발암물질, 역학조사, 그리고 생활주변에서 많이 발생하는 암의 위험요소에 대한 방대한 문헌과 보고서를 분석 정리했다. 또 이미 알고 있는 암 유발요인을 쉽게 설명하고 암 학자들의 연구결과와 철저한 문헌조사, 특히 인간에 대한 직접 연구결과에 근거한 암 원인을 전반적으로 개관하여 예방의학의 길을 제시했다. 감역자는 연세대 의대 암센터원장.

사장님, 원가를 아십니까

鄭明煥 著
〈신국판 / 220면 / 5,000원〉

원가의 개념을 정확히 이해하지 못하고 경영한 결과 장부상으로는 흑자임에도 결손이 나는 등 어려움을 겪는 경우가 흔히 있다. 이 책은 경영자는 물론 회계와 기획담당자를 포함한 기업 관계자들에게 원가의식과 관리회계의 개념을 심어준다는 취지에서 원가에 관련된 제반사항을 소설식으로 알기쉽게 다룬 力著

프로 영업인이 되는 길

시라이 기요시 著
朱明甲 譯
〈신국판 / 240면 / 5,000원〉

번번히 뛰어난 실적으로 동료들의 부러움을 사는 사람이 있다. 이런 사람은 흡사 영업의 귀재, 타고난 영업인처럼 보인다. 그러나 잘 나가는 영업사원과 그렇지 못한 영업사원의 차이는 반드시 있게 마련. 이 책은 결코 평탄하지만은 않은 영업의 세계에 입문하거나 프로로 거듭나기를 바라는 영업사원들이 갖춰야 할 지식에서부터 각양각색의 고객을 다루는 방법까지 100가지 성공비결을 공개하고 있다.

中國을 넘어야 한국이 산다

崔弼圭 著
〈신국판 / 260면 / 5,000원〉

최근들어 한국 기업의 중국 진출이 러시를 이루고 있으나 중국의 문화와 관습을 정확하게 이해하지 못한데서 많은 어려움에 부딪치고 있다. 이런 시점에서 쓰여진 이 책은 중국인들의 상술을 예리하게 파헤치고 있으며 한국 기업이 중국 현지에서 맞닥뜨리는 여러 사안에 관해 심도 있게 분석하고 대안을 제시하고 있다.

멀티미디어 시대

조지 길더 著
權和燮 譯
〈신국판 / 208면 / 5,000원〉

이 책에서 저자는 단순영상매체인 TV는 종언을 고하게 되었고 TV의 기능에 컴퓨터와 광통신 기능이 부가된 네트워크망을 갖춘 종합미디어로서의 텔레퓨터가 멀티미디어 시대에 주역으로 등장할 것을 예고한다. TV를 보면서 진행자와 대담을 나누고 가상현실을 즐길 수 있는 놀랍고도 신기하기까지 한 세계의 출현을 예고하고 있다.

기업혁신 팀경영

존 R. 카첸바크·더글러스 K. 스미스 共著
梁淺容 譯
〈신국판 / 364면 / 7,000원〉

구성원의 기술·경험·통찰력을 결합한 「팀」제는 개개인보다 월등한 업무능력을 지니고 있으며 업무의 내용이 복합적이거나 판단능력·경험이 필요한 경우 더욱 돋보인다. 이 책은 다양한 사례를 중심으로 집단적인 작업생산, 개인적인 성장 그리고 고능률 업무수행을 위한 팀경영의 비결을 소개하고 있다.

21세기 기업

제이 R. 갤브레이스 · 에드워드 E. 롤러 3세 共著
朴秀圭 譯
〈신국판 / 410면 / 8,000원〉

이 책은 21세기의 시장환경에 적응하고 살아 남기 위한 조직구조를 체계적으로 고찰하고 있으며 역동적인 환경에 대처할 관리관행과 경영체계를 심도있게 분석하고 있다. 또한 저자들은 지식업무 및 관리팀, 기량 중심의 인적자원 시스템 구축, 스태프진 분산과 네트워크 구축 등의 새로운 조직창출 방법을 다양하게 구사하고 있다.

기업간 · 업종간 전략적 제휴

조셉 L. 배더러코 2세 著
韓榮煥 譯
〈신국판 / 264면 / 6,000원〉

지식이 국가와 기업의 경계를 넘어 급속히 이동하고 세계화됨에 따라 새로운 기술과 제품이 정신없이 쏟아져나오고 있다. 이제 어떤 사회도 필요한 모든 기술과 제품을 독자적으로 해결할 수는 없다. 이 책은 많은 회사들의 요새와 같던 담을 무너뜨리고 경쟁예상자와 손을 잡고 제품을 생산하고 기술과 능력을 개발하는 방법을 보여주고 있다.

결혼경제학

八代尙宏 著
李 均 譯
〈신국판 / 200면 / 4,500원〉

결혼과 그 주변문제에 대해 경제학적 측면에서 분석했다. 모든 결혼이 정신적 · 물질적 행복을 보장해 주는 것은 아니다. 남녀의 결합으로 성립되는 「가정주식회사」는 운영의 묘에 따라 번창하기도 하고 파국을 몰고오기도 한다. 결혼적령기 남녀, 결혼생활을 하고 있는 모든 사람들을 위한 필독서.

정보고속도로의 꿈과 악몽

대니얼 버스타인 · 데이비드 클라인 共著
김광전 譯
〈신국판 / 472면 / 9,500원〉

세계적인 컨설턴트 버스타인과 컴퓨터 잡지 〈와이어드〉의 객원편집위원인 클라인이 정보고속도로와 디지털이 꿈꾸는 미래의 이상과 그에 따른 문제들을 분석하고 해결책을 제시했다. 특히 정보산업의 발전과정에서 진행된 미국과 세계적인 기업의 사업전략, 그들간의 싸움을 흥미진진하게 엮고 있으며 디지털 혁명이 몰고올 사회변화까지 상세히 설명했다.

거꾸로 선 아버지 바로 세우기

레벤 바-레바브 著
김광전 譯
〈신국판 / 348면 / 8,000원〉

정신과 전문의인 저자가 현대 가정이 지닌 문제점과 자라나는 아이들이 겪는 여러 가지 비극과 그 대안들을 정신분석학적 방법으로 제시했다. 오늘날 우리 사회가 안고 있는 청소년 문제의 근원은 대부분 가정에 있으며 특히 아버지의 역할이 부족한데서 비롯된다고 보고 있다. 훌륭한 아버지의 역할과 훌륭한 아버지가 되는 실용적인 아이디어를 구체적으로 제시하고 있다.

여자의 육체 남자의 시선

장 클로드 코프만 著
김정은 譯
〈신국판 / 392면 / 8,500원〉

독창적이고 신중한 연구라는 평을 받은 파리 5대학 사회학자의 흥미롭고도 심도 있는 저서. 저자는 2년 동안 해변에서의 토플리스 연구를 통해 은밀하면서도 흥미로운 규칙을 발견한다. 형태, 나이, 문화, 해변의 상황에 따라 여자들은 각기 나름의 행동규칙을 준수하며 자신들에게 보내는 시선의 신호를 이해하여 몸의 자세로 또는 적당한 제스처로 그것에 응한다고 보고 있다.

안자(상 · 중 · 하)

미야기타니 마사미쓰 著
신봉승 · 김하중 譯
〈양장 / 4×6판 / 384면 내외 / 각권 6,500원〉

열국의 제후들이 대륙의 패권을 놓고 싸우는 춘추 시대를 배경으로 격동의 역사를 헤쳐나가는 명재상 안자의 일대기를 그리고 있다. 난세 속에서도 안자는 충(忠)과 의(義)를 지키며 정도(正道)만을 걷는다. 국가 경영의 참다운 모습, 인간관계의 원형을 보여주는 그의 독특한 철학을 통해 당시의 시대정신과 사회상을 조명한다.

大商(상 · 하)

정종명 장편소설
〈신국판 / 상권 348면, 하권 336면 / 각권 6,000원〉

간신 유자광에게 핍박받고 공신 박원종의 비호를 받으면서 혁신정치의 풍운아 조광조에게 도전했던 조선 제일의 巨商 서용근의 일대기를 그리고 있다. 천부적인 장사꾼 기질과 저세술로 조선의 상권을 한손에 거머쥐고 정치권과도 밀착, 정권을 좌지우지했던 서용근의 파란만장한 생애가 흥미진진하게 펼쳐진다. 가공인물 서용근이 보여주는 일련의 정치행각이 특히 흥미롭다.